KB151421

지역사회복지론

Community Welfare & Practice

이평화
곽호경
김수목
김태화

박영story

머리말

지역사회복지는 사회복지의 마중물이요, 끝맺음이라고 할 수 있다. 사회복지가 발전을 거듭할수록 개인보다는 지역 위주의 전달체계가 발달할 수밖에 없는데, 이때의 지역사회복지는 지방자치가 그 성과를 좌우한다. 즉, 지방자치가 잘 이뤄지고 있는 서구 유럽을 비롯한 선진국에서는 지역사회복지 또한 활발하게 실행되고 있다.

기본적으로 사회복지는 각종 사회제도와 그 궤를 같이하며, 그 사회가 지닌 이데올로기에 따라 부침을 계속하며 변환한다. 19세기 이후 현대 산업자본주의 사회에서 사회현상이 급변하였듯이 사회복지역사 또한 수많은 변천을 거듭해 왔다. 특히, 지역사회복지는 지방자치와 맞물려 시대적 상황을 반영하며 발전하고 있다. 지역사회복지는 지역주민의 민주적 의사결정과 그 행사가 민주적이어야 한다. 즉, 지방자치가 민주적으로 주민역량강화가 이뤄질 때 건강한 지역사회복지가 진행될 수 있고, 이에 따른 중앙정부의 전달체계가 효과적일 수 있다.

최근 우리나라의 사회복지 영역 중에서 가장 큰 변화는 지역사회복지의 활성화이다. 즉, 지역사회복지는 개인, 집단, 이웃 등의 사회적 안녕을 위해 지역사회를 기반으로 하여 전개되는 복지활동을 의미하며, 인간관계나 사회제도에 바람직한 변화를 가져오고자 하는 목적으로 수행하는 사회복지의 한 과정이다. 즉, 지역사회복지는 지역사회에의 조직적이고 체계적인 개입을 통해 지역주민들의 삶의 질을 향상시키고자 사회복지의 지식과 기술을 활용하는 전문적인 실천방법이라고 할 수 있다.

이 책은 지역사회복지론의 학습을 위해 총 3부로 13장으로 구성하고 있는데, 사회복지의 모든 분야가 그렇듯이 이론과 실제를 적절히 배분하여 기술하고 있다. 그 내용은 다음과 같다.

PART Ⅰ. 지역사회복지의 이론적 기초

Chapter 1. 지역사회의 이해

Chapter 2. 지역사회복지의 이해

Chapter 3. 지역사회복지의 발전과정

Chapter 4. 지역사회복지의 철학

Chapter 5. 지역사회복지의 이론적 토대

PART Ⅱ. 지역사회복지실천의 이론과 방법론

Chapter 6. 지역사회복지실천의 이해

Chapter 7. 지역사회복지실천의 과정

Chapter 8. 지역사회복지실천의 모형

Chapter 9. 지역사회복지와 사회복지사의 역할

Chapter 10. 지역사회복지실천의 기술

PART Ⅲ. 지역사회복지의 실천체계

Chapter 11. 지역사회복지와 지방자치

Chapter 12. 지역사회복지의 추진기관

Chapter 13. 지역사회복지의 실행기관

'지역사회복지론'은 필수과목이어서 공동저자들이 스트레스를 많이 받는 과목이다. 이 책으로 공부하는 학습자들이 존재하기에 공동저자 모두는 조금이라도 더 많은 지식을 공유하고자 노력했음을 밝히고자 한다. 학습자 여러분들의 따뜻한 질책과 충고를 부탁드린다. 앞으로 우리 공동저자들은 더 좋은 내용으로 찾아뵐 것을 약속드린다. 끝으로 이 책의 출판을 위해 수고하신 피와이메이트 대표님과 관계자 여러분들께 진심으로 감사드린다.

2024년 2월
대표저자 **이평화** 박사

차 례

PART Ⅰ. 지역사회복지의 이론적 기초 / 13

Chapter 1. 지역사회의 이해   15

1. 지역사회의 개념   16
  1) 지역사회의 정의   16
  2) 지역사회체계   18
  3) 지역사회복지실천과의 연관성   19

2. 지역사회의 기능   21
  1) 퇴니스   21
  2) 길버트와 테렐   23

3. 지역사회의 유형   26
  1) 공간적 의미의 지역사회   26
  2) 기능적 의미의 지역사회   26
  3) 개인적 지역사회   27
  4) 새로운 형태의 지역사회   27

4. 지역사회의 평가 기준   27
  1) 좋은 지역사회 : 워렌   27
  2) 역량 있는 지역사회 : 펠린   29
  3) 이상적인 지역사회 : 린더만   30

5. 지역사회의 변화   30
  1) 지역사회의 구조적 변화   31
  2) 지역사회의 기능적 변화   33

6. 지역사회 이론과 관점   34
  1) 지역사회를 설명하는 이론   34
  2) 지역사회를 바라보는 관점   36

Chapter 2. 지역사회복지의 이해   41

  1. 지역사회복지의 등장 배경   42

    1) 지역사회의 구조적 변화   42

    2) 사회인구학적 변화   43

    3) 노인인구 증가와 가족구조의 변화   43

    4) 사회복지체계의 변화   44

    5) 지방자치제의 실시와 지방화시대   44

  2. 지역사회복지의 개념   45

    1) 지역사회복지의 정의   45

    2) 지역사회복지의 목적   47

    3) 지역사회복지의 특성   48

  3. 지역사회복지와 관련 용어들   50

    1) 지역사회복지   50

    2) 지역사회조직   51

    3) 지역사회 만들기   51

    4) 지역사회복지실천   52

    5) 지역사회보호   52

    6) 시설보호, 주거보호, 재가보호   53

    7) 정상화   54

    8) 탈시설화   54

    9) 시설의 사회화   55

  4. 지역사회복지와 사회복지의 관련성   55

    1) 사회복지와 지역사회복지   56

    2) 지역사회복지의 고유성   56

    3) 사회복지실천과 지역사회복지와의 공통점과 차이점   57

Chapter 3. 지역사회복지의 발전과정   63

  1. 영국 지역사회복지의 발전과정   64

    1) 초창기 : 1800년대 후반-1950년대 초반   65

    2) 태동기 : 1950년대-1960년대 후반   66

    3) 형성기 : 1960년대 후반-1980년대 후반   67

    4) 발전기 : 1980년대 후반-현재   69

  2. 미국 지역사회복지의 발전과정   73

    1) 태동기 : 1890년대-1910년대   73

    2) 형성기 : 1920년대-1950년대   74

    3) 발전기 : 1960년대-현재   75

  3. 한국 지역사회복지의 발전과정   78

    1) 태동기 : 1948-1970년대   79

    2) 정착기 : 1980-1990년대 초반   81

    3) 발전기 : 1990년대 중반 이후-현재   83

Chapter 4. 지역사회복지의 철학   89

  1. 가치   90

    1) 가치의 개념   90

    2) 가치의 범위   92

    3) 지역사회복지실천의 가치   94

    4) 지역사회복지실천과 가치 갈등   96

  2. 이념   97

    1) 인간의 존엄성   98

    2) 인도주의와 박애사상   99

    3) 사회진화론   100

    4) 민주주의   101

    5) 개인주의   102

    6) 경험주의   103

      7) 다양화   103

    3. 윤리   105

      1) 윤리의 개념   105

      2) 윤리강령   107

      3) 지역사회복지실천의 윤리   108

      4) 사회복지실천과 윤리적 갈등   109

Chapter 5. 지역사회복지의 이론적 토대   115

    1. 기능주의이론   116

    2. 갈등주의이론   118

    3. 체계이론   120

    4. 생태학이론   122

    5. 권력의존이론   125

    6. 자원동원이론   127

    7. 사회교환이론   129

      1) 교환행동주의   131

      2) 교환구조주의   132

      3) 교환형태주의   133

    8. 상호조직이론   136

PART II. 지역사회복지실천의 이론과 방법론 / 141

Chapter 6. 지역사회복지실천의 이해   143

    1. 지역사회복지실천의 개념   144

      1) 지역사회복지실천의 정의   144

      2) 지역사회복지실천의 목표   145

      3) 지역사회복지실천의 기능   147

   2. 지역사회복지실천의 원칙   148
      1) 로스의 주장   149
      2) 맥밀렌의 주장   154
      3) 존스의 주장   155
      4) 맥닐의 주장   156
   3. 지역사회복지실천의 구성체계   157
      1) 주체(기관)   157
      2) 객체(대상)   158
      3) 방법   160
      4) 자원(재원)   160
   4. 지역사회복지실천의 직접서비스   160
      1) 인구대상별 직접서비스   160
      2) 기능별 직접서비스   161
      3) 돌봄의 주체별 직접서비스   162

Chapter 7. 지역사회복지실천의 과정   165
   1. 문제 발견 및 분석   166
      1) 지역사회와 사회문제   166
      2) 지역사회 특성 이해   169
   2. 욕구사정   174
      1) 욕구의 개념   175
      2) 지역사회복지 욕구조사   176
      3) 욕구조사 자료수집방법   177
   3. 계획 및 개입   181
      1) 개입계획 수립   182
      2) 목적과 목표 설정   182
      3) 정책 및 프로그램의 개발   184

4. 프로그램의 실천   186
  1) 홍보활동   187
  2) 주민참가의 촉진   187
  3) 연락·조정 활동   188
5. 평가   189
  1) 평가의 구분   189
  2) 평가 내용   191

Chapter 8. 지역사회복지실천의 모형   195
1. 지역사회복지실천모형의 개념   196
2. 로스만의 모형   197
  1) 지역사회관심개발모형   199
  2) 사회계획모형   202
  3) 사회행동모형   204
3. 테일러와 로버츠의 모형   207
  1) 프로그램 개발 및 조정 모형   207
  2) 계획모형   207
  3) 지역사회연계모형   208
  4) 지역사회관심개발모형   208
  5) 정치적 권력강화모형   209
4. 웨일과 갬블의 실천모형   209
  1) 지리적 지역사회조직모형   210
  2) 기능적 지역사회조직모형   210
  3) 지역사회의 사회적·경제적 개발 모형   211
  4) 사회계획모형   211
  5) 프로그램 개발 및 지역사회연계 모형   212
  6) 정치·사회 행동모형   213
  7) 연합모형   214

8) 사회운동모형   214

5. 포플의 실천모형   216

1) 지역사회보호모형   216

2) 지역사회조직모형   217

3) 지역사회관심개발모형   217

4) 사회지역계획모형   217

5) 지역사회교육모형   217

6) 지역사회행동모형   218

7) 여권주의적 지역사회사업모형   218

8) 인종차별철폐 지역사회사업 모형   218

6. 실천모형의 선택   219

Chapter 9. 지역사회복지와 사회복지사의 역할   224

1. 지역사회관심개발모형에서의 역할   225

1) 안내자 역할   225

2) 조력자 역할   230

3) 전문가 역할   234

4) 사회치료자 역할   236

2. 사회계획모형에서의 역할   236

1) 계획가   236

2) 전문가   238

3. 사회행동모형에서의 역할   242

1) 그로서의 급진적 주장   242

2) 그로스만의 행동조직가   245

Chapter 10. 지역사회복지실천의 기술   249

1. 지역사회조직화   251

1) 지역사회조직화의 개념   251

2) 조직화의 원칙   253

3) 조직화의 단계   255

2. 네트워킹   257

1) 네트워킹의 개념   257

2) 네트워크의 차원   257

3) 네트워크의 구축 원칙   258

3. 임파워먼트   260

1) 임파워먼트의 개념   260

2) 임파워먼트의 방법   261

3) 임파워먼트의 과정   263

4. 옹호   264

1) 옹호의 개념   264

2) 옹호의 유형과 기술   266

3) 옹호의 방법   266

5. 동원   267

1) 동원의 개념   267

2) 인적자원 동원 전술   268

6. 사회행동   269

1) 사회행동의 개념   269

2) 기본 전략   271

PART III. 지역사회복지의 실천체계 / 275

Chapter 11. 지역사회복지와 지방자치   277

1. 지방자치의 개념   278

1) 지방자치의 정의   278

2) 지방자치의 목적 및 효과   280

3) 지방자치의 구성요소   282

4) 지방자치의 유형   283

2. 지방자치의 발전과정 284

1) 지방자치 도입기(1948-1960년) 284

2) 지방자치 중단기(1961-1990년) 285

3) 지방자치 부활·발전기(1991-현재) 286

3. 지방자치와 지역사회복지의 연계 287

1) 지방분권화와 지역사회복지 287

2) 지방자치와 지역사회복지의 관계 290

3) 지방자치단체의 지역사회복지 기능 292

4. 지방자치와 지역사회복지 전달체계 293

1) 지역사회복지 전달체계의 정의 293

2) 지역사회복지 전달체계의 기능 294

3) 지역사회복지 전달체계 개편의 필요성 295

4) 재원의 확보 296

5) 전문인력의 배치 297

6) 지방자치시대의 복지 불균형 298

Chapter 12. 지역사회복지의 추진기관 301

1. 사회복지공동모금회 302

1) 사회복지공동모금회의 성격 302

2) 사회복지공동모금회의 조직과 운영 304

3) 사회복지공동모금회의 사업 내용 305

4) 사회복지공동모금회의 배분 310

2. 사회복지협의회 312

1) 사회복지협의회의 성격 312

2) 사회복지협의회의 조직 및 회원 316

3) 사회복지협의회의 주요 사업 내용 317

3. 지역사회보장협의체   318
    1) 지역사회보장협의체의 성격   318
    2) 지역사회보장협의체의 구성   325

Chapter 13. 지역사회복지의 실행기관   331
1. 사회복지관   332
    1) 사회복지관의 성격   332
    2) 사회복지관의 사업   337
    3) 사회복지관 사업의 기능   340
2. 재가복지센터   342
    1) 재가복지서비스의 성격   342
    2) 재가복지서비스의 구성 및 실천모형   348
    3) 재가복지서비스의 사업 내용   352
    4) 재가복지센터의 운영   356

참고문헌 _ 362
찾아보기 _ 372

PART I

지역사회복지의
이론적 기초

Chapter 1. 지역사회의 이해

Chapter 2. 지역사회복지의 이해

Chapter 3. 지역사회복지의 발전과정

Chapter 4. 지역사회복지의 철학

Chapter 5. 지역사회복지의 이론적 토대

지역사회의 이해

개요

지역사회는 일정한 지리적 공간인 생활권 안에서 상호작용을 통해 공통된 이해관계나 문화 등을 형성하여 공통의 경험과 공동생활을 향유하는 일정 지역의 범위라 할수 있다. 지역사회는 공동의 관심과 이해관계를 가진 사람들이나 집단적 모임의 특성이 강조되며, 현대사회에서의 지역사회는 지리적 특성을 넘어 기능적 특성이 중요시된다. 여기에서는 지역사회를 학습하고자 한다.

학습목표

1. 지역사회의 기능 숙지
2. 지역사회의 변화에 대한 토의
3. 지역사회복지실천과의 연관성

학습내용

1. 지역사회의 개념
2. 지역사회의 기능
3. 지역사회의 유형
4. 지역사회의 평가 기준
5. 지역사회의 변화
6. 지역사회 이론과 관점

지역사회의 이해

1. 지역사회의 개념

1) 지역사회의 정의

지역사회는 개인과 가족의 삶이 이루어지는 장이자 시민사회의 기반이다 (최선희, 2023: 13-14). '지역사회복지'의 개념을 이해하기 위해서는 먼저 '지역사회'의 뜻을 살펴보아야 한다. '지역사회란 무엇일까?' 이 질문에 답하기 위해 지역사회라고 칭할 수 있는 것들의 예를 들어보자. 아마도 이웃이나 마을에서부터 시·군·구나 광역시·도에 이르는 다양한 크기의 지리적 공간 또는 행정구역들이 생각날 것이다. 그리고 그 안에서 생활하는 사람들이 그려지고, 이러한 사람들의 삶에 영향을 미치는 유형·무형의 내부적 여건이나 상황 등이 떠오를 것이다. 이들의 공통된 속성에서 지역사회의 뜻을 도출할 수 있다 (지은구 외, 2021: 13).

지역사회(community)라는 용어는 라틴어의 'communis'에서 유래된 것으로 communis는 com(함께)과 munis(봉사하는 일)의 합성어 commune(친하게 교제한다)의 의미에 -ity를 붙여 공동체, 공동사회라는 뜻하는 명사가 된 것이다. 전통적 견해에서 지역사회는 일정한 지역에서 정신적 공통사항을 바탕으로 혈연, 학연, 종교 등을 토대로 지역사회주민과 공동체 의식을 형성하는 한편, 정치, 문화, 역사를 함께하는 지리적 지역사회였다. 중세에 *communis*는 '동료나 성곽 내에 거주하는 사람들의 총체'를 의미하는 용어로 사용되기 시작했으나, 우리나라에서는 지역사회, 공동체, 공동사회의 의미로 사용하고 있다(김용환 외, 2022: 15).

지역사회(community)는 사람들이 모여 일상생활을 하는 지역을 말한다. '지역'이라는 말이 시사하는 바와 같이, 지역공동체에 대한 관심은 지리적 및 공간적 자연환경에 시각을 두고, 그러한 환경 가운데서 영위되는 삶의 특질을 밝히고자 하는 것이다. 이러한 시각은 인간 삶의 상당부분은 물리적 환경과의 관계에서 환경에 영향을 주기도 하지만, 환경으로부터 커다란 영향을 받는다는 사실을 인식하는 데서 비롯된 것이다. 환경은 삶의 터전이기 때문에 그 터전은 인간의 사회관계(인간관계)·가치관·신념·규범·행동양식에 영향을 미치게 된다(현승일, 2012: 301).

지역사회는 공동의 장소, 이해, 정체감, 문화와 활동에 기반을 두는 사람들이 구성한 사회단일체(Fellin, 2000)로, 일정한 지리적 공간 안에서 서로 사회적·심리적 인연을 가지고 있는 사람들(Mattessich et al., 1997)로 정의될 수 있다. 또한 지역사회는 일정한 지리적 공간인 생활권 안에서 상호작용을 통해 공통된 이해관계나 문화 등을 형성하여 공통의 경험과 공동생활을 향유하는 일정 지역의 범위라 할 수 있다. 이러한 공동체 개념으로 볼 경우, 지역사회는 공동의 관심과 이해관계를 가진 사람들이나 집단적 모임의 특성이 강조되며, 현대사회에서의 지역사회는 지리적 특성을 넘어 기능적 특성이 중요시된다(염일열 외, 2022: 13).

그러므로 지역사회란 하나의 장소에 살고 있는 사람들의 조직체로 공동의 관심과 공동의 이익행동을 추구하는 곳이 된다. 즉, 장소적인 개념을 강조하여 지역사회가 도시, 농촌, 이웃 등과 같은 지리적인 경계와 지리적 장소의 기능과 함께 공유하는 이익과 관심으로 지역사회를 바라보는 것으로 분류될 수 있다.

기능적 지역사회는 지리적 지역사회처럼 특정 공간 안에서 함께 거주하는 것과는 상관없이 공통의 이해관계나 관심을 공유하는 집단을 의미한다. 기능적 지역사회의 예로서는 문화나 취미생활에서부터 정치, 종교, 직업에 이르기까지 다양하며, 지리적 기반을 고려하지 않은 각종 종교모임이나 취미생활 동우회, 소수민족집단 등이 있다. 전통적인 지역사회는 분명 지리적 의미의 지역사회이다. 교통과 통신 수단이 잘 발달되지 않았던 시기에는 공간을 함께 소유하는 이웃들과 다양한 상호작용을 통해 공통의 관심사를 유지해 왔기 때문이다. 하지만 최근 들어 인터넷 혁명이 일어나고 교통망의 급속한 발전이 이루어짐에 따라 지리적 경계가 빠르게 무너지고, 지리적 의미의 지역사회보다 기능적 의미의 지역사회에 대한 내용이 강조되고 있다. 특히, 정주공간과 경제생활공간이 자연스럽게 분리되면서, 이러한 기능적 지역사회는 더욱 많이 형성되고 있다.

여기에 더해 IT기술의 발전과 SNS(social network service)의 활발한 사용은 가상공동체(virtual community)라는 새로운 형태의 지역사회 개념도 만들어 냈다. 가상공동체 또한 지역사회복지를 고민하는 많은 사람들이 관심을 가져야 할 부분이다. 이미 사회복지현장에서도 이러한 지역사회의 형태를 받아들여 가상복지관이나 가상공간에서의 상담 등 다양한 관련 프로그램들을 개발하고 있는 실정이다. 최근 들어 중요한 개념으로 등장하고 있는 플랫폼(platform)도 가상공동체의 일종으로 볼 수 있기 때문에 지역사회복지실천의 주요한 영역으로 고려해야만 한다(엄태영, 2021: 18 – 19).

이러한 개념들을 통합하여 볼 때, 지역사회는 지리적인 영역을 바탕으로 하여 구성원들이 집합적 동질성을 가지고 상호 행동하여 공동의 욕구를 충족시키고, 공동의 목적을 성취해 가는 기능적인 사회적 단위의 개념이다.

2) 지역사회체계

지역사회는 가족, 집단 및 조직과 같은 하위체계와 사회나 문화와 같은 상위체계의 사이에서 중간적인 역할을 하는 중요한 사회체계이다. 지역사회는 주민들의 공통적인 욕구를 충족시키고 문제를 해결하며, 그들을 사회화시키고, 그들에게 문화를 전달한다. 또한 지역주민 각자는 지역사회와의 상호작용을 통해서 지역사회의 발전에 기여하며, 지역사회로부터 영향을 받는다(장미리 외, 2022: 365).

『인간행동과 사회환경』
(장미리 외, 2022)

사회체계적 접근에서 지역사회는 지역사회 내의 다양한 하부체계들이 어떻게 상호작용하는지를 분석하는 데 초점을 둔다. 지역사회의 주요 단위는 주로 공식적 조직으로 정부기관, 종교단체, 학교, 보건조직, 사회복지기관을 포함한다. 가족이나 각종 모임 같은 비공식적 집단도 지역사회의 기능에 기여하므로, 이들의 활동도 관심 대상이 된다. 체계적 관점은 커다란 사회환경의 다양한 하부체계들이 지역사회에 미치는 영향을 인식하도록 도와주고, 지역사회가 더 커다란 사회환경에 영향을 주고받으며 변화하고, 내부적으로도 지역사회 내의 구성요소들이 상호교류하며 변화한다는 점을 인식하게 도와준다(표갑수 외, 2021: 348).

지역사회는 인간이 그곳을 떠나서는 살 수 없는 반드시 필요한 지리적 공간이며, 인간행동에 큰 영향을 미치는 사회적 단위이다. 특히, 지역사회는 종교단체, 학교, 대중매체 등을 통해서 개인의 행동에 중대한 영향력을 미치며, 산업체, 행정기관, 사법기관 등 다양한 지역사회기관들의 활동을 통해서 지역사회의 발전에 기여하고 사회통제의 기능을 수행한다. 지역사회는 사회의 중요한 부분이며, 그 자체가 하나의 사회이다. 지역사회는 그곳에 위치한 가족, 집단 및 조직의 행동에 영향을 미치며, 그들에게서 영향을 받으며 변화된다. 지역사회는 거의 모든 학문분야와 전문분야에서 주요한 관심사가 되고 있다(이근홍, 2020: 345).

3) 지역사회복지실천과의 연관성

인간은 지역사회 안에서 이루어지는 규범에 순응하는 과정을 통해 사회적 가치와 사회적 행동양식 등을 수용하면서 내면화되고, 자신의 통제력을 증대시키게 된다. 또한 지역사회구성원들 간의 협력과 결속력, 사회적 지지를 통하여 사회적 소외를 극복하게 되고 성격적 특징 중 이타성(altruism)을 발달시킬 수 있게 된다. 따라서, 지역사회는 인간다운 삶을 영위하고 유지시키고 발전시키는 장이 되며, 인간다운 삶을 영위하지 못할 때에는 서로 도움을 주어야 한다(도미향 외, 2022: 420).

지역사회는 지역사회복지실천의 중요한 자원으로서 깊은 의미를 가진다. 사회복지사는 지역사회 안의 중요한 인적·물적 자원을 발굴하고 동원해야 하며, 지역사회가 인간행동에 미치는 영향도 지역사회의 물리적·사회적 환경에 초점을 두어야 한다. 즉, 클라이언트 중심의 집, 건물, 농촌마을, 도시지역 같은 물리적 환경에 거주하는 사람의 생활양식, 연령, 성, 문화적 양식에 적합한 방식으로 가정생활, 대인관계, 직장생활, 종교생활을 하는 사회적 환경을 지원해야 한다. 지역사회복지실천은 클라이언트와 사회복지사, 그리고 자원봉사자나 후원자 등의 참여자가 함께 어우러져 이루어진다. 특히, 장애인, 어르신 등을 위한 장기적이고 다양한 서비스가 강조됨에 따라 여러 기관과 개인의 참여가 불가피한 상황이 확대되고 있다(표갑수 외, 2021: 355).

지역사회실천은 지역사회의 욕구나 문제를 예방·해결하기 위해 사회복지사가 그 지역사회의 제반 자원과 지역사회실천 관련 기술을 활용하여 개입하는 사회복지실천의 한 방법이기 때문에 지역사회를 사회복지실천의 클라이언트로 간주한다. 또한 사회복지사의 개입목표는 지역사회가 지니는 욕구나 문제의 예방이나 해결에 있으며, 지역사회실천은 철저히 사회복지실천의 전문 지식과 기술을 토대로 이루어지나 필요한 타 분야의 지식과 기술을 응용하여 활용한다고 하였다. 따라서, 사회복지사의 개인적 활동 못지않게 유용한 자원을 중심으로 사회연결망(social network)을 구축하여 활동하는 것도 사회복지사에게 중요한 과제가 되고 있다(김영철 외, 2022a: 375).

『인간행동과 사회환경』
(김영철 외, 2022a)

2. 지역사회의 기능

1) 퇴니스

지역사회는 일정한 지역에서 지역사회주민이 함께 거주하면서 상호관계를 맺고 생활하는 지리적 지역사회뿐만 아니라, 이해와 관심 및 기능적으로 생활하는 기능적 지역사회를 포함한다. 이러한 맥락 속에 퇴니스(Ferdinand Tönnies)는 1887년 그의 저서 『공동체와 사회(*Community and Society, Gemeinschaft und Gesellschaft*)』에서, 퇴니스는 지역사회 집단을 공동사회(Gemeinschaft)와 이익사회(Gesellschaft)로 분류하였으며, 본질의지에서 나타나는 어떤 사회적 실체의 일반개념을 공동사회, 선택의지에서 나타나는 사회적 실체의 일반개념을 이익사회라고 부른다. 즉,

『공동사회와 이익사회』
(2017년 출판)

공동사회는 본질의지에 의하여 형성되는 사회이고, 이익사회는 선택의지에 의해서 형성된다. 여기서 본질의지는 생활하면서 자연적으로 형성되는 감정을 의미하고, 선택의지는 이념적으로 형성되는 인위적 감정을 의미한다. 지역사회는 지리적 및 기능적으로 개인과 가족, 그리고 사회제도가 만나 구성되는 집단이다. 기능적 관점에서는 공통된 지역사회의 목적 및 기능, 그리고 지역사회가 그 목적을 달성하기 위해 기능적으로 필요한 노력을 어떻게 지속적으로 할 것인가를 강조한다.

퇴니스의 공동사회와 이익사회의 개념은 19세기 말 서구에서 일어나고 있었던 산업자본주의 발달을 그 배경으로 하고 있다. 이러한 분류는 전통적인 가족 중심의 농경공동체에서 전환하여 산업사회의 계약과 교환에 의해 등장하는 새로운 인간관계를 개념화했다. 퇴니스는 이 두 유형을 인간유대의 서로 다른 형태로 보았다. 이익사회의 특성이 공동사회를 대체하는 것이 아니라, 두 가지 유형 모두가 현대사회에서 불변적인 사회생활의 한 부분이 될 것이라고 보았다. 따라서, 지역사회는 비공식적이고 개인적인 관계로부터 공식적이고 제도적인 구조까지를 포괄하는 개념이다.

공동사회와 이익사회의 비교는 <표 1-1>과 같다.

〈표 1-1〉 공동사회와 이익사회의 비교

	공동사회	이익사회
연합체 **(소규모 대면적 관계)**	가족과 같은 혈연관계, 이웃관계, 친구관계	이해관계 회복, 사회적 연대의 가치 강조
	가족 중심의 비공식 복지	사회보험, 공공부조, 사회서비스 제도화 발전
협의체 **(대규모 비대면적 관계)**	공동의 노동과 직업적 소명에 기초, 길드나 교회	합리성, 이해타산에 기초, 기업, 회사, 국가의 관료제
	교회, 길드에 의한 초기 형태, 공식 복지, 조합 등	민간에 의한 자선적 복지 강조, 구성원에 한한 기업복지

자료: 우수명 외(2023: 17).

퇴니스의 입장에서 본 현재의 지역사회는 전통적인 공동사회가 점차 붕괴되고 있으며, 치열한 생존경쟁사회인 이익사회에서 살고 있다. 혈연·지역과 정신의 공통성을 바탕으로 이루어지는 사회는 현대에 들어와 희미해져 가고 있다. 따라서, 지역사회는 바로 도시화로부터 멀리 사라져 가고 있는 공동사회를 현대사회에 알맞게 적용하여 복원시켜 보려는 의도이다.

현대사회가 이익사회의 특성이 강하다는 측면에 기반을 둘 때, 지역사회는 좀 더 제도적이고 공식적이며, 실용적인 이해관계의 특성을 가진 개념으로 정의된다. 반면, 현재 이익사회의 특성을 인정하면서도 인간의 욕구란 이익사회적 특성의 공동체를 통해서만 해결되는 것이 아니다. 본질적으로 인간공동체는 공동사회의 특성을 갈망하는 존재이다. 지역사회 또는 커뮤니티의 개념은 비공식적 관계망, 문화적 고유성, 집단의 자연스러운 경험 등을 강조하는 것으로 개념화한다. 이런 측면에서 공동체로서의 의미를 잃어버린 지역사회가 요즘 들어 새롭게 관심의 대상이 되고 있다(우수명 외, 2023: 18).

2) 길버트와 테렐

길버트와 테렐(Neil Gilbert & Paul Terrell)의 저서 『사회복지정책의 차원 (*Dimensions of Social Welfare Policy*, 2012)』에 따르면, 모든 지역사회가 공통적으로 수행하는 주요 기능은 다음과 같다.

(1) 생산, 분배, 소비의 기능

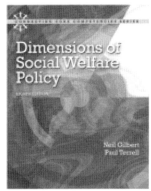

『사회복지정책의 차원』
(2012년 출판)

지역사회를 구성하는 주민들은 일상생활을 하는 데 있어서 필요한 물자(goods)와 서비스를 생산(production)하고, 분배(distribution)하고, 소비(consumption)하는 일련의 과정을 수행한다. 이러한 과정은 사람이 삶을 살아가는 데 있어서 가장 필요한 절차이다. 현대사회에서 지역사회주민에게 필요한 물자와 서비스를 생산하고 분배하는 기능은 주로 기업을 통해서 이루어지고 있으며, 정부기관, 전문기관, 교육기관, 그리고 종교단체 등도 경제적 기능을 담당하고 있다. 이러한 경제적 기능은 개인적 차원에서 볼 때, 생산방법과 개개인의 욕구충족방법에 영향을 주며, 지역사회 차원에서는 지역사회주민이 어느 정도 자립할 수 있는가를 결정한다. 또한 지역사회주민이 바람직한 삶을 영위하는 데 필요한 물자와 서비스를 어느 정도 제공할 수 있는가를 결정한다. 따라서, 지역사회는 생산·분배·소비의 기능을 담당하는 제도이므로 경제제도라고 할 수 있다.

(2) 사회화의 기능

사회화(socialization)의 기능은 지역사회가 공유하는 일반적 지식, 사회적 가치, 그리고 행동양식 등을 지역사회주민에게 전달하는 기능을 말한다. 지역사회주민은 사회화 기능을 수행하는 사회화 과정을 통해 다른 사회구성원과 구별되는 생활양식을 이해하고 배우며, 관습과 도덕 그리고 문화적 전통을 학습하게 된다. 이러한 사회화 과정은 한 인간이 태어나면서부터 가정을 중심으로 이루어지고, 학생이 되면 학교라는 공간 속에서 친구들과의 우정을 터득하고 지식을 배우게 된다. 또한 직장생활을 하면서는 직장의 동료와, 퇴직하고 난 후에는 지역복지관 등에서 새로운 동료와 삶을 지속하게 된다. 따라서, 지역사회는 사회화 기능을 담당하는 대표적 제도이므로 가족제도라고 할 수 있다.

(3) 사회통제의 기능

사회통제(social control)의 기능은 지역사회주민이 지역사회 내에서 사회규범(법, 도덕, 규칙 등)을 준수하도록 하는 것을 의미한다. 사회규범을 준수하도록 하는 통제력이 결여되면 지역사회는 사회질서가 파괴되어 비행과 범죄가 빈번한 사회해체현상이 대두될 수 있다. 사회통제를 담당하는 일차적 기관은 정부로서, 사법권과 경찰력을 동원하여 보편적으로 적용할 수 있는 법을 통해 통제력을 발휘할 수 있다. 또한 가정, 학교, 종교기관, 사회기관 등도 부분적으로 통제의 기능을 담당한다. 지역사회가 사회통제의 기능을 담당하는 대표적인 제도이므로 정치제도라고 할 수 있다.

(4) 사회통합의 기능

사회통합(social integration)의 기능은 사회체계(social system)를 구성하는 사회조직 간의 상호관계와 상호관계에 관련된 기능을 의미한다. 여기서 사회통합은 지역사회가 제공하는 제반 활동에 지역사회주민이 자발적으로 참여하는 것을 의미한다. 따라서, 구성원은 상호 간에 믿음과 신뢰를 바탕으로 협력해야 하고, 사회체계가 정상적 기능을 수행하기 위해 어느 정도의 결속력(solidarity)과 사명감은 필요하다. 지역사회는 사회통합기능을 담당하는 대표적인 제도이므로 종교의 기능을 수행하는 제도이다. 또한 현대사회에서는 정치적, 사회적, 그리고 경제적으로 급격한 변화를 경험하고 있으므로 사회통합의 기능이 강조되는 경향이 있다.

(5) 상부상조의 기능

상부상조(mutual support)의 기능은 지역사회주민이 기존 사회제도에 의해 기본적 욕구를 충족할 수 없는 경우에 강조되는 사회적 기능을 의미한다. 지역사회주민은 언제든지 개인적 사정으로 질병, 실업, 사고 그리고 사망 등에 이를 수 있다. 또한 경제제도의 실패로 자립할 수 없을 경우, 외부의 도움을 받게 된다.

전통사회에서 상부상조의 기능은 가족, 친척, 이웃 그리고 자선단체 등과 같은 일차적 집단에 의해서 주로 수행되었으나, 현대사회에서는 이러한 기능을 정부, 민간사회복지단체, 그리고 종교단체 등에서 수행하고 있다. 지역사회의 기능 중에서 상부상조 기능을 담당하는 대표적인 제도는 사회복지제도라 할 수 있다. 또한 현대사회는 다양해지고 복잡해짐에 따라 지역사회는 개인과 집단이 각각의 기능을 전문적으로 수행하면서 전문화된 사회제도로 나타난다.

(6) 방어

방어(defense)는 지역사회가 그 구성원을 보호하고 지키는 방법이다. 이러한 기능은 특히 안전하지 못한 지역사회에서 주요한 기능이 되어 왔다. 이러한 기능은 공간적 지역사회뿐만 아니라, 비공간적 지역사회에서도 관련되어 있는 기능이다. 예를 들어, 동성연애자 집단의 경우, 이러한 방어적 기능은 더욱 중요할 수 있는데, 이는 그들에게 피해를 줄 수 있는 집단이 있기 때문이다. 또한 외국에서 생활하는 이민자들의 경우에도 그 사회의 주류집단으로부터 자신들을 보호하기 위하여 방어기능을 갖게 된다.

(7) 의사소통

의사소통은 생각을 표현하는 '공통의 언어 및 상징(symbols)'을 활용하는 것을 의미한다. 이러한 의사소통은 현대사회에 있어서 하나의 독립된 기능으로 간주한다는 것은 매우 의미 있는 일로 보인다. 의사소통은 그것이 언어나 문자이든, 그림 또는 소리를 통한 표현이든 간에 사람들을 결속시키는 접착제적인 역할을 하는 기능이다.

3. 지역사회의 유형

지역사회의 유형은 다음과 같다(염일열 외, 2022: 11 - 13).

1) 공간적 의미의 지역사회

공간적 의미는 지리적·장소적 의미를 말하며, 지역사회는 전통적인 견해로 교역권 및 공동생활권과 같은 지역주민의 공통적인 생활기반인 일정한 지리적 공간을 중심으로 살고 있는 사람들의 집단을 의미한다. 즉, 사회적으로 동질성을 띤 지역으로서 주민들 간의 합의성, 일체감, 공동생활 양식, 공통적인 관심과 가치, 공동노력을 강조하며, 지리적인 특성과 지역 내에 거주하는 사람들의 상호작용에 있어서의 동질성을 동시에 고려하는 개념이다.

장소를 기반으로 하는 지역사회는 ① 생계욕구와 직면한 기능적·공간적 단위, ② 정형화된 사회적 상호작용의 단위, ③ 집합적 동질성의 상징적 단위로 규정된다. 장소에 기초를 둔 지역사회는 크기와 영역, 조밀도 등에 따라 변하며, 근린지역사회, 지방지역사회, 대도시지역사회 등으로 언급된다.

2) 기능적 의미의 지역사회

기능적 의미의 지역사회는 현대적 견해로 공통의 이해관계나 특성 등에 따라 모인 사람들의 집합체를 의미한다. 지역사회가 어떠한 기능을 수행하는가의 관점으로 지역사회의 목적, 기능 또는 욕구가 해결되어야 하는 문제의 측면에서 정의된다.

비장소적 지역사회는 동질성을 지닌 '공동체(communities of identification)'나 '이익공동체(communities of interest)'로 나눌 수 있다. 동질성의 공동체는 어떤 특성이나 신앙, 민족, 종교, 생활방식, 이념, 사회계층, 직업유형, 성적 지향성,

취미활동 등을 중심으로 형성하며, 이익공동체는 전문적 집단, 직장노조집단 등 구성원의 공동이익을 중심으로 형성한다. 특히, 담당기능의 특이성을 기준으로 도시를 분류하면, 종합도시, 행정도시, 광업도시, 공업도시, 상업도시, 교육도시, 섬유도시, 연구도시, 군사도시 등으로 구분이 가능하다.

3) 개인적 지역사회

개인적 지역사회(personal community)는 복합적 구조의 지역사회 내에서 개인을 중심으로 규정한 지역사회에 초점을 두는 것으로, 지리적 특성, 동질성을 지닌 특성, 이익을 중심으로 하는 특성 등을 모두 포함할 수 있다. 개인적 지역사회는 지역사회복지실천과정에서 지역의 문제와 욕구를 사정하고, 개입의 범위와 방법을 선택하며, 자원동원의 전략을 수립함에 있어서 중요한 기초자료가 된다(전남련 외, 2013: 21).

4) 새로운 형태의 지역사회

인터넷의 등장으로 새로운 형태의 지역사회가 나타나고 있다. 시간과 공간을 뛰어넘는 사이버 공간에서의 새로운 지역사회로 부상한 사이버공동체, 가상공동체(virtual community) 시대의 지역사회가 등장하고 있다.

4. 지역사회의 평가 기준

1) 좋은 지역사회 : 워렌

워렌(Roland Leslie Warren)의 저서 『미국 지역사회(*The Community in America*, 1987)』에 따르면, 좋은 지역사회의 기준으로 다음과 같은 조건을 충족해야 한다.

첫째, 지역사회의 구성원 간에 인격적 관계가 이루어져야 한다는 것은, 인간적인 교류가 필요하다는 의미이다. 즉, 최근 들어 무연사회의 특성을 가짐에 따라 고독사 문제가 나타나고 있는 현대사회의 지역사회문제를 꼬집는 기준이다. 이웃이 누구인지 모르고, 이웃과의 교류가 전혀 없는 상황은 바로 지

『미국 지역사회』
(1972년 출판)

역사회구성원 간에 인격적 관계가 없다는 의미이고, 결국 좋은 지역사회의 모습이 될 수 없다.

둘째, 지역사회 권력이 분산되어야 한다는 것은, 지역사회의 다양한 의사결정구조 속에 많은 사람들이 참여할 수 있는 구조가 마련되어야 한다는 의미이다. 이를 위해서는 지역사회주민들이 적극적으로 지역사회에 참여해야 하며, 참여할 수 있는 체계가 마련되어야 한다.

셋째, 다양한 소득과 인종, 종교, 이익집단이 포함되어야 함은, 사회통합적 관점을 이야기하고 있다. 즉, 저소득계층 밀집지역, 외국인근로자 집중거주지역 등의 특성보다는 다양한 계층과 인종의 사람들이 함께 어울려 살아가는 모습이 더 좋은 지역사회라고 할 수 있다.

넷째, 지역사회구성원의 자율권이 보장되어야 한다는 것은, 자신의 삶과 관련된 다양한 측면들이 타인에 의해 강압적이 아닌 스스로에 의해 결정될 수 있어야 한다는 의미이다.

다섯째, 지역사회와 관련된 정책형성과정에서 가능하면 갈등보다는 협력의 과정이 필요하다.

요약하면 다음과 같다.
① 지역사회구성원 간에 인격적 관계가 이루어져야 한다.
② 지역사회 내에 권력이 폭넓게 분산되어야 한다.
③ 다양한 소득과 인종, 종교, 이익집단이 포함되어야 한다.
④ 지역사회구성원들의 자율권이 충분히 보장되어야 한다.
⑤ 정책형성과정에서 갈등은 최소화되고, 협력은 최대화되어야 한다.

2) 역량 있는 지역사회 : 펠린

좋은 지역사회의 한 가지 조건으로써 지역사회 역량의 개념이 활용된다. 펠린(Phillip Fellin)의 저서 『공동체와 사회복지사(*The Community and the Social Worker*, 2000)』에 따르면, 역량 있는 지역사회란 다양한 지역사회구성원들이 필요로 하는 것에 적절히 대응하고, 지역사회문제와 일상생활에서의 도전을 해결할 수 있는 능력을 가져야 한다. 지역사회구성원들은 다음과 같은 요소를 가져야 한다.

『지역사회와 사회복지사』
(2000년 출판)

첫째, 지역사회에 대해 헌신적이라 함은, 지역사회의 각종 문제해결 등의 과정에 지역사회구성원으로 적극적으로 참여해야 한다는 의미이다.

둘째, 공유가치로 대변되는 지역사회의 이익에 대해 중요성을 인식한다.

셋째, 다양한 지역사회주민들과 긍정적이고 개방적인 관계를 지녀야 한다.

넷째, 각종 지역사회활동에 적극적으로 참여한다.

다섯째, 지역사회의 다양한 기능들이 적절히 수행될 수 있도록 하여 궁극적으로 지역사회 스스로 작동될 수 있도록 노력한다.

요약하면 다음과 같다.
① 지역사회에 대해 헌신적
② 공유가치와 이익에 대한 자기인식
③ 의사소통에 대한 개방적 태도
④ 지역사회 의사결정과정에 대한 광범위한 참여
⑤ 지역사회의 효능감과 임파워먼트에 대한 감각

3) 이상적인 지역사회 : 린더만

린더만(E. Lindeman)은 1921년 그의 저서 『지역사회(*The Community*)』에서, 이상적인 지역사회의 요건을 다음과 같이 제시한다.

① 지역사회는 질서를 통해 생명과 재산의 안전을 도모해야 한다.

② 지역사회는 경제적인 안정으로 소득이 보장되어야 한다.

③ 지역사회는 육체적 안녕을 위해 보건과 위생이 보장되어야 한다.

④ 지역사회는 쾌적한 여가시간을 활용하게 해야 한다.

⑤ 지역사회는 윤리적 기준으로서 도덕체계를 제공해야 한다.

⑥ 지역사회는 지식의 보급으로서 교육 여건이 마련되어야 한다.

⑦ 지역사회는 자유로운 의사표현 수단을 제공해야 한다.

⑧ 지역사회는 민주적 형태의 주민조직이 구축되어야 한다.

⑨ 지역사회는 개인의 신앙적 동기를 제공해야 한다.

5. 지역사회의 변화

지역사회는 지역이라는 지역성과 그 속에 거주하고 있는 사람들과의 관계성이 함께 내포되어 있다. 이러한 지역사회는 시간의 흐름에 따라 지역도 그 속에 살고 있는 사람들의 관계도 변화하고 있다. 공동체로서의 지역사회는 전통시대의 농촌마을로 비교적 작은 일정한 지리적 범위 내에 거주하는 매우 동질적인 사람들이 복합적이고 친밀한 관계를 맺고 있으며, 공통의 문화와 집단 정체성을 공유하고 있는 것 등을 특징으로 한다. 즉, 지역사회는 사회적·경제적 공동체의 성격을 강하게 띠고 있었다. 이에 비해, 현대의 지역사회는 산업화와 도시화가 시작되면서 대도시는 대규모화되었을 뿐만 아니라, 기능적으로 매우 복잡하게 얽혀 있고, 도시의 구성단위들은 매우 개인화 또는 다원화되어 있으며, 유동적이고 가변적이다.

이처럼 산업화와 도시화가 진행되면서 지역사회는 전통적 의미의 공동체적 성격을 상당부분 잃어버리고 있다. 구성원 사이의 상호작용과 정서적 연대감 같은 것도 찾아보기 힘들다. 이러한 도시지역에 살아가고 있는 현대인은 많은 문제에 직면하지만, 대내적·대외적으로 매우 복잡한 관계 속에 위치하기 때문에 어려움을 겪고 있다. 특히, 세계화의 흐름과 함께 세계적 규모로 작동하는 거대한 체계에서 파생되는 수많은 외척 요인들의 영향이 강력해지면서 그러한 문제들을 해결하기 위한 방안을 도출하기 매우 어려울 뿐만 아니라, 문제의 원인을 파악하기조차 쉽지 않다.

공동체로서의 의미를 잃어버린 지역사회가 요즘 들어 새롭게 관심의 대상이 되고 있다. 도시공동체의 구축이 바로 문제해결 방안으로 등장한 것이다. 즉, 도시에서 발생하고 있는 주거, 교육, 보건의료, 교통, 환경 등과 관련된 다양한 문제뿐만 아니라, 소외감에 맞닥뜨린 도시민들은 공동체 구축을 통한 집단적 행위로 문제를 해결하거나, 공동체적 정체성의 회복을 통해 소외감을 극복하고자 노력한다. 따라서, 현대 도시민들이 맞닥뜨린 문제들은 동시에 역설적으로 도시공동체를 구성하고자 하는 노력에 자극적 요소들로 작용할 수 있다. 서울은 물론 전국에서 마을공동체를 구축하기 위한 다양한 활동과 지원방안들이 활발하게 이루어지고 있다(우수명 외, 2023: 10-11).

이와 같이 지역사회는 과거의 전통적 지역사회의 개념에서 벗어나 다양한 변화가 일어나고 있다. 그 내용은 다음과 같다(박현식 외, 2021: 20-23 ; 홍부수 외, 2020: 23-26).

1) 지역사회의 구조적 변화

(1) 인구구조의 변화

인구구조상의 변화와 관련하여 가족구조를 살펴보면, 산아제한정책과 산업화·도시화로 인하여 출산율이 저하되어 평균 가족 수가 크게 감소하고 있다. 최근 들어 인구증가율이 점차 감소하는 가운데 초고령사회(Super-Aged Society)를 앞당기고 있다. 이에 따라, 사회보장 및 사회복지의 재정지출 결정요인의 하나로서, 14세 이하의 연소부양인구와 65세 이상 노년부양인구의 인구구성과 그 부양비의 추세도 많이 증가할 것으로 보인다. 또한 최근 사회인구학적 변화를 살펴보면, 사회적 기능상에서 주요한 장애나 문제를 가진 인구의 구성비가 상대적으로 증가하고 있다는 점도 간과할 수 없는 중요한 변인이다.

(2) 산업구조의 변화

고도 대중소비시대로서의 후기산업사회로 전환되어 감에 따라 다양한 구조적 특징을 보이고 있다. 1차 산업으로서의 농수산부문이 점차 낮아지는 반면, 2차 산업으로서의 광공업과 3차 산업으로서의 사회간접자본 및 서비스 부문은 점차 증가하고 있으며, 기술과 생산 양식의 발전은 산업구조의 변화와 더불어 기능의 분화를 초래하면서 사회구조가 다원화되고 있다.

산업구조의 고도화에 따른 직업 분화 및 계층의 다양화는 그 계층의 이익을 대변하는 다양한 소수집단의 출현을 예고하고, 고도 산업사회에 있어서는 조직의 역할이 강화되고 그 기능이 확대되고 있다. 또한 개인은 조직사회로부터 인간성을 회복하려는 개성의 추구를 강화하여 개인적 영역이 확대될 것으로 예상된다. 또한 산업구조의 변화는 지역적 소득격차를 가져와 지역 간의 상대적 격차를 더욱 증대시킬 것으로 보인다.

(3) 지역사회의 해체

지역사회는 구조적으로 지역의 산업구조와 경제구조, 계층구조, 관련 집단과의 관계에 의하여 이루어지는 사회구조 등에 의하여 입체적으로 구성되고 있으며, 구조적 측면에서의 해체로는 지역사회의 구조를 구성하는 경제구조, 사회구조, 정치적 구조 등의 요소가 한쪽으로 치우쳐 지역사회의 기능이 약체화, 소외되는 상태(지역경제활동의 부진, 주민의 이동, 계층화에 따른 지역사회집단이나 조직의 약체화 등)가 될 것이다.

기능적으로 지역사회는 생활환경시설의 연결망에 의해 체계화되고, 자발적 지역활동이나 행사 참여를 계기로 한 지역주민 간의 접촉, 상호적 사회관계의 연결망에 의해 연결된다. 기능적 측면에서의 해체는 자연환경을 포함한 시설·환경체계의 악화, 지역주민 공동목표의식의 상실, 지역사회의 가치관 문제, 주민 갈등, 지역공동체의 약화 등 지역사회의 생활기능 약체화로 이어질 것이다. 자본주의 발달에 따른 생산과 소비의 분리, 농촌과 도시의 불균형 발전에 의하여 공동체의 존립기반 자체가 붕괴의 과정을 거칠 것이다.

2) 지역사회의 기능적 변화

(1) 농촌지역의 변화

수도권 집중화 현상은 향후에도 지속적으로 증가할 것으로 보인다. 도시인구의 계속적인 증가는 수도권의 과잉집중화와 지역사회의 불균형을 초래하는 원인이 되고 있다. 도시화의 특징으로는 인구이동에 의한 도시인구의 급격한 증가와 성장이 모든 도시에서 균형적으로 이루어지지 않고, 지역 간의 불균형한 인구 분포로써 더욱 심화되고 있다. 또한 서구 지역사회와는 달리, 높은 자연증가와 대량의 이농인구로 이루어진 파행적인 도시화가 진행되어 가면서 여러 가지 사회구조적 변화와 사회병리현상이 지역사회 해체를 부추기고 있다.

(2) 가족제도의 변화

우리나라의 핵가족화는 산업화시기에 급속하게 진행되었으며, 최근에 와서 급속하게 진행되는 것은 아니다. 인구학적 핵가족화는 부부 및 미혼자녀로 이루어지는 소위 핵가족형 가구의 절대적·상대적 증가로만 나타나는 것이 아니라, 표준적 가족형에 속하지 않는 인구의 증가와, 이들이 적응에 실패하여 나타난 다양한 비전통형 가족의 증가도 원인이 되고 있다. 이러한 현상은 인구구조의 고령화와 밀접한 관계가 있으며, 노인인구 비율의 증가는 노인 핵가족 비율의 증가를 가져오지만, 노인을 포함하는 기타 가족 또는 새로운 형태의 노인가족비율을 높이기도 한다. 따라서, 우리나라의 고령화와 저출생, 지역사회복지는 정책적으로 접근해야 한다.

(3) 정치적·사회적 변화

지방자치제의 시행은 정치적 의의와 더불어 주민복지와 주민참여를 바탕으로 그 지역사회에 맞는 사회복지서비스와 전달체계를 완성시킬 수 있다. 권위주의적·중앙집권적 정치제도, 행정, 가치관 등이 지방자치제의 시행으로 인하여 지방 중심적으로 변화하였으며, 복지제도도 지역사회주민을 위한 체제로 바뀌어 실질적 지역사회복지의 증진을 기대할 수 있다.

(4) 정보화와 인공지능의 변화

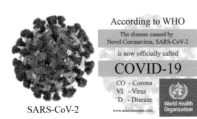

코로나19

컴퓨터 보급의 보편화로 지역사회의 개념이 지리적 개념에서 정보의 개념으로 변화하고 있다. 또한 최근 코로나19로 인한 거리제한은 비대면사회로 변화시키고 있다. 또한 인공지능(AI)은 인간의 역할을 대신 담당하게 될 전망이다. 지역사회는 노동을 통한 생산과 소비로 살아가는 공동체사회이다. 그러나 인공지능의 발달로 생산은 인공지능이 담당하고 소비는 인간이 담당하는 형태로 변화하고 있으며, 이를 통해 직업유형이 변화하고 있다. 자동화 시스템은 삶을 위한 인간이 아닌 수단으로서의 인간으로 변화시키고 있다. 따라서, 지역사회 역시 과학의 발전으로 인하여 전통적인 공동사회의 변화가 예상된다.

6. 지역사회 이론과 관점

1) 지역사회를 설명하는 이론

일반적으로 이론은 관련 대상을 보다 잘 이해할 수 있는 기반을 제공하기 때문에, 지역사회 이해를 위해 관련 이론들을 살펴볼 필요가 있다. 그 내용은 다음과 같다(김용환 외, 2022: 28-29 ; 염태영, 2021: 20-22).

(1) 지역사회 상실이론

지역사회 상실이론에서는 전통적인 지역사회 공동체를 더 이상 추구될 수 없는 이상적(ideal)인 것으로 바라보고 있다. 따라서, 지역사회는 공동체성의 쇠퇴, 비인간적 관계를 특성으로 하고 있으며, 상실한 지역사회를 대신할 수 있는 새로운 제도가 필요하다고 본다.

지역사회 상실이론은 최근의 지역사회에서 나타나는 다양한 문제들을 바탕으로 지역사회가 지니고 있던 기능들이 적절히 수행되지 못한 측면을 강조하고 있는 것이다. 따라서, 이 이론에서는 전통적인 지역사회의 기능을 수행할 수 있는 복지와 같은 제도가 있어야 한다고 본다.

(2) 지역사회 보존이론

지역사회 상실이론에 대한 반론으로 시작된 지역사회 보존이론은 현대의 지역사회도 농촌사회의 혈연이나 이웃, 친구와 같이 다양한 사회적 지지망을 보유하고 있다고 본다. 이 이론에서는 복지국가의 역할들을 축소하는 대신, 가족과 지역사회가 지니고 있는 상호부조적 기능수행을 강조하고 있다.

지역사회 보존이론 차원의 지역사회에 대한 접근은 지역사회가 지니고 있는 다양한 문제들을 지역사회의 전통적 강점인 상호부조나 공동체적 접근을 통해 해결할 수 있다고 보는 것이다. 이는 결국 최근의 마을만들기나 지역사회 공동체운동과 맥을 같이 하고 있다.

(3) 지역사회 개방이론

지역사회 개방이론은 지역사회 상실이론과 지역사회 보존이론에 대한 제3의 대안이라고 볼 수 있다. 즉, 전통적인 지역사회의 의미인 지역성에서 벗어나서 다양한 사회적 지지망의 관점에서 비공식적인 연계를 중요하게 보고 있는 것이다. 따라서, 이 이론에서는 지리적 의미의 지역사회와 공통된 이해에 기반을 두고 있는 기능적 의미의 지역사회를 포괄적으로 결합한 지역사회의 모습을 가지고 있다.

2) 지역사회를 바라보는 관점

지역사회를 어떤 관점에서 이해하고 분석할 것인가는 분석시각에 따라 지역사회조직사업 모형, 지역사회 문제분석과 지역사회 문제해결의 과정, 사회복지사의 역할 등에서도 큰 차이를 보이므로 중요한 의미를 지니고 있다. 지역사회를 바라보는 관점은 다음과 같다(김용환 외, 2022: 25-27).

(1) 기능주의의 관점

기능주의는 사회가 여러 부분으로 구성되어 있고, 각 부분은 합의된 가치와 규범에 따라 변화한다고 보며, 균형과 안정을 강조한다. 지역사회는 다양한 사회제도로 구성된 하나의 체계인데, 체계 내에는 또 다른 하위체계가 형성되며, 하위체계들 사이에는 상호 연관성이 있고, 각각의 하위체계들은 다양한 사회적 또는 결사체적 집단으로 구성된다. 즉, 지역사회는 다수의 상호 연관적이고 의존적인 부분들, 즉 경제, 종교, 가족 등으로 구성되면서, 동시에 각 부분들은 전체가 성공적인 기능을 발휘할 수 있도록 기여한다.

기능주의의 관점은 지역사회를 하나의 사회체계로 바라보며, 지역사회의 기능을 생산·분배·소비 기능, 사회화·사회통제·사회통합·상부상조 기능으로 구분하는 것도 이러한 관점에 근거한다. 지역사회에 적용되는 기능주의 관점은 다음과 같다.

① 지역사회는 다양한 사회적 제도로 구성되어 있는 하나의 체계로 파악할 수 있는데, 중요한 제도적 하위체계들은 정부, 경제, 사회, 종교, 가족 등이다.

② 지역사회를 포함한 모든 사회체계는 상호 간에 영향을 미치며, 균형유지를 향해 움직이는 경향이 있다. 사회체계의 다양한 부분들 간에는 조절, 조정, 통합이 이루어지면서 균형상태를 유지하려는 속성이 있다.

③ 하위체계들 간에 상호관련성이 있더라도, 각각의 하위체계들 역시 하나의 분리된 실체를 이루고 있고, 모든 사회체계의 구성원들은 의식적, 무의식적으로 다양한 경계유지 활동에 종사하게 된다. 그 결과, 사회체계

는 심리사회적·지리적 경계를 지닌다.

이상과 같은 기능주의의 관점은 지역사회의 유지와 균형에 주로 관심을 갖고 있기 때문에 지역사회의 변화나 지역사회에서의 자원, 권력을 둘러싼 집단 간 갈등을 설명하기가 어려운 면이 있다.

(2) 갈등주의의 관점

기능주의는 지역사회의 질서와 안정유지만을 강조할 뿐 지역사회 내에 존재하는 갈등을 소홀히 한다는 비판과 함께 갈등주의 관점이 대두되었다. 갈등주의는 지역사회주민들이 경제자원, 권력, 권위, 영향력 등의 불평등한 분배로 인해서 갈등과 투쟁이 일어나고, 이러한 갈등관계를 통해 지역사회의 변동이 초래된다고 본다. 따라서, 지역사회 문제나 주민들의 욕구를 해결하기 위해서는 지역사회갈등의 주요 소재인 경제적 자원, 권력, 권위 등의 재분배를 요구하게 되고, 이러한 결과로 사회행동이 표출된다고 본다.

(3) 상호작용주의의 관점

상호작용주의는 개인 간의 상호작용 과정과 상호작용이 개인과 사회에 미치는 결과에 초점을 두는 이론적 시각이다. 지역사회는 그 원인이 되는 특정 행위나 현상을 진단하는 권위 있는 전문가나 대표자의 판단에 따라 특정 개인이나 집단의 상호작용에서 어떤 현상, 행동에 대해서 동의할 수 없다고 판단될 때, 그것이 사회문제가 될 수 있다고 본다. 또한 사회나 지역사회의 구성원인 개인 간의 상호작용이 지역사회 변화에 미치는 영향에 관심을 두고 접근하는 관점이다.

(4) 교환주의의 관점

교환주의의 관점은 사회행동을 개인들 간의 교환자원, 즉 금전, 물품, 칭찬, 존경 등을 주고받는 반복적인 행위가 이루어지는 것으로 본다. 즉, 교환자원을 매개로 사회적 행동을 함으로써 관계가 유지된다고 보는데, 교환관계에 있는 당사자는 가능하면 비용에 비해 보상이 크도록 행동하려고 하고, 권력적으로 대등한 입장에서 교환관계를 유지하고자 한다. 이 관점은 사람들 사이에 교환관계가 단절되거나, 불균형 또는 교환자원의 부족, 고갈, 가치저하 상태를 사회문제로 본다.

1. 지역사회의 실천 원칙으로 옳은 것은?

    ① 지역사회복지실천은 사회복지의 주요 목적이다.
    ② 일차적 클라이언트는 개별 지역주민이어야 한다.
    ③ 특정 계층이 주도적으로 참여해야 한다.
    ④ 지역사회의 특성에 따른 개별화의 원칙을 준수한다.
    ⑤ 지역주민의 욕구의 가변성에 개의치 않아야 한다.

2. 지역사회보호의 특징으로 옳지 않은 것은?

    ① 가정 또는 가정과 유사한 환경에서 이루어진다.
    ② 일상적인 생활의 결정은 개인에 의하여 이루어진다.
    ③ 엄격한 규율과 절차에 의해 서비스가 제공된다.
    ④ 가정에서의 보호 또는 가정 외부로부터 서비스를 제공받는다.
    ⑤ 가정 외에 그룹홈 같은 보호의 장이 필요하다.

3. 지역사회의 기능이 아닌 것은?

    ① 생산, 분배, 소비의 기능   ② 사회화의 기능
    ③ 방어   ④ 분열과 갈등의 기능
    ⑤ 상부상조의 기능

4. 지역사회의 유형이 아닌 것은?

    ① 정치결사적 기능의 지역사회
    ② 공간적 의미의 지역사회
    ③ 기능적 의미의 지역사회
    ④ 개인적 지역사회
    ⑤ 새로운 형태의 지역사회

정답 1. ④ 2. ③ 3. ④ 4. ①

Chapter 2

지역사회복지의 이해

개요

지역사회의 구조가 공동체 사회가 붕괴되고 이익사회로 변화하면서 가족과 지역사회의 기능이 약화됨에 따라 이를 보완하는 서비스가 사회적으로 필요하게 되었다. 지역사회복지는 지역사회의 구조적 변화, 인구사회학적 변화, 노인인구 증가와 가족구조의 변화, 사회복지체계의 변화, 그리고 지방자치제가 실시되면서 등장하였다.

학습목표

1. 지역주민과의 대화
2. 지역사회에 대한 깊은 이해
3. 이론적 기초 확립

학습내용

1. 지역사회복지의 등장 배경
2. 지역사회복지의 개념
3. 지역사회복지와 관련 용어들
4. 지역사회복지와 사회복지의 관련성

지역사회복지의 이해

1. 지역사회복지의 등장 배경

지역사회복지는 지역사회의 구조적 변화, 인구사회학적 변화, 노인인구 증가와 가족구조의 변화, 사회복지체계의 변화, 그리고 지방자치제가 실시되면서 등장하였다. 그 내용은 다음과 같다(김현호 외, 2020: 25–28).

1) 지역사회의 구조적 변화

지역사회의 구조가 공동체 사회가 붕괴되고 이익사회로 변화하면서 가족과 지역사회의 기능이 약화됨에 따라 이를 보완하는 서비스가 사회적으로 필요하게 되었다. 즉, 현대사회는 과학·기술의 발달과 교통·통신수단의 발달로 인하여 지역적 범위가 확대됨에 따라 인연을 중심으로 형성된 공동체 의식, 지역구성원 간의 연대감이 약화되었다. 또한 급속한 산업화·도시화로 각종 사회문제가 다양하고 복잡해지면서 복지서비스도 양적인 측면뿐만 아니라, 질적인 서비스도 강조하고 있는 현실이다. 이러한 지역사회의 구조적 변화로 인하여 지역사회복지가 등장하였다.

2) 사회인구학적 변화

사회적 기능상 중요한 장애나 문제를 가진 사람들의 구성비가 상대적으로 증가하고 있다. 즉, 지적장애, 정신질환, 신체장애, 그리고 심각한 의료문제 등을 가진 요보호 인구가 증가하면서 이들의 문제를 해결할 기관이 부족한 현실이다. 한 기관에 의해서 단일한 서비스체계로는 접근하지 못하고, 지역사회 차원에서 통합적으로 접근해야 된다. 기능상 장애를 가진 사람들이 증가하고 한 개인의 욕구가 복합적으로 나타나, 어느 한 기관에서 해결할 수 없는 문제점들로 인해 지역사회에서 통합하는 차원에서 지역사회복지가 등장하였다.

3) 노인인구 증가와 가족구조의 변화

인간의 수명연장과 노인인구 증가로 노인부양문제는 개인이나 가족의 문제에서 지역사회 중심으로 요보호 대상 노인뿐만 아니라, 전체 노인의 삶의 질을 향상시키는 정책적 전환이 필요하다. 특히, 평균수명 연장으로 인구의 급속한 고령화에 따라 보호를 요하는 노인이 증가하면서 사회적 비용이 크게 증대되고 있다. 또한 입소시설에서 나타나는 문제점을 탈피하여 가정과 이웃과의 정상적 생활 속에서 클라이언트에게 서비스를 제공하는 재가복지서비스가 등장하였다. 그리고 여러 가지 비용을 포함한 자원과 사회보장제도가 미비하여 사회문제가 대두되고 있는 현실이다. 노인, 장애인, 한부모가정 아동 등 사회복지대상자가 증가함에 따라, 지역사회를 중심으로 한 재가복지서비스가 실시되면서 지역사회복지가 등장하였다.

가족구조에서도 가족제도가 대가족제도에서 산업화·도시화를 거치면서 소규모화·핵가족제도로 변화하였다. 1세대 단독가구가 급속하게 증가하였고, 가족의 유형도 한부모가구, 고령자가구, 노인단독가구, 그리고 비혈연가구 등 다양한 유형으로 나타나고 있어, 급속한 변화에 대응할 수 있는 사회적 지원체계가 필요하다. 따라서, 이러한 지원체계를 지역사회 내에서 해결할 수 있는 지역사회복지가 등장하였다.

4) 사회복지체계의 변화

사회복지체계가 시설 중심에서 재가 및 지역사회 중심으로, 공급자 중심에서 수요자 중심으로 변화하고 있다. 시대 변화에 따라 시설의 개방화와 탈시설화가 나타났다. 시설의 개방화(시설 사회화)는 사회복지시설이 이용자의 인권보호 및 생활구조의 옹호라는 공공성 관점에서 시설 내의 서비스 내용을 증진시키는 것을 의미한다. 또한 지역사회에서 발생하는 복지욕구를 충족시키기 위하여 그 시설이 소유하고 있는 공간, 설비, 기능, 그리고 인적자원 등을 지역사회에 개방하고 제공하여 지역사회와 상호작용하는 과정이다.

탈시설화(deinstitutionalization)는 1970년대 미국에서 사회복지시설이 지역사회와의 격리수용에 의한 시설병 등의 부작용에 반발하여 등장하였다. 여기서 시설병은 입소시설이나 병원 등에서 장기적으로 여러 사람들과 집단생활을 하면서 사회적응이 약화되는 부정적 요소를 의미한다. 또한 기존 사회복지서비스는 주로 시설보호와 사후 치료적 형태를 취함으로써 그 효과성과 효율성에 한계를 드러냈고, 요보호대상자의 증가와 욕구의 다양화로 인하여 새로운 형태의 재가복지 중심의 지역사회복지서비스가 이루어지면서 나타났다.

5) 지방자치제의 실시와 지방화시대

지방자치는 법률에 정한 바에 의하여 지방에 사는 지역사회주민이 지역단체를 구성하고, 그 단체의 활동으로 지방에서 정치와 행정을 그들의 의사와 책임 아래 처리하는 것을 의미한다. 우리나라는 1994년 7월부터 지방자치제가 실시되면서, 지방정부와 지역사회주민은 그들이 거주하는 지역복지에 대한 복지욕구와 책임의식을 갖는 것이 중요시되었다. 지방자치제를 통하여 지역사회주민은 지역발전과 복지욕구 충족을 기대하면서, 지역사회문제에 주체적으로 참여할 수 있는 기회를 가질 수 있기 때문에 지역사회복지가 등장하였다.

지방자치제가 본격화되면서 지역사회복지가 활성화되기 위해서는 중앙정부와 지방자치단체 간의 업무분담문제, 재정부담문제, 전달체계정비문제 등

이 선행되어야 하지만, 무엇보다도 지역사회주민의 사회복지운동에 참여문제
가 우선적으로 고려되어야 할 것이다. 또한 지역사회 발전을 위해 지방자치기
관과 민간이 서로 상호작용을 할 수 있는 사회복지기관의 역할이 중요할 것
이다.

2. 지역사회복지의 개념

1) 지역사회복지의 정의

지역사회복지(community welfare)는 일정한 공간에서 문화적 동질성과 공통
된 가치체계를 갖는 사람들로 구성된 사회로서 지역사회와 사회복지의 합성
어이다. 이러한 지역사회복지는 지역사회주민의 복지향상을 목적으로, 전문
가 또는 비전문가들이 지역사회수준에 개입하여 지역사회에 존재하는 각종
제도에 영향을 주고, 지역사회의 문제를 예방하고 해결하고자 하는 일체의 조
직적 · 비조직적 사회적 노력을 의미한다(김현호 외, 2020: 19).

지역사회복지의 개념은 협의의 개념과 광의의 개념으로 분리할 수 있다(염
일열 외, 2022: 29 – 30 ; 홍봉수 외, 2020: 43 – 44).

먼저, 협의의 개념을 살펴보면, '지역사회복지'를 영국의 지역사회보호와
동일시하는 견해로서, 재가복지를 포함한 생활시설이 아닌 환경에서 서비스
대상자에게 각종 사회복지서비스를 제공하는 것으로 시설보호와 대치되는 개
념이다. 따라서, 대인서비스와 밀접하게 관련된다. 지역사회 차원에서 복지
대상자에게 제공되는 사회복지서비스를 강조하면서도 지역사회 차원에서 제
도 변화를 추구하는 사회복지운동과 같은 노력들도 지역사회복지에 포함한
다. 따라서, 제도나 정책의 변화와 같은 거시적 활동체계를 도외시하는 측면
이 한계로 지적되고 있다.

광의의 개념을 살펴보면 다음과 같다.

첫째, 제도 차원의 개념이다. 제도적인 차원에서 지역사회복지는 법제도에
의한 모든 공 · 사의 사회적 노력을 포함한다. 우리나라의 「사회복지사업법」

은 이에 대한 법적 근거를 제시하고 있으며, 지역사회복지계획의 수립과 지역
사회복지 협의체의 활성화로 지역사회복지 관련 제도와 실천현장은 민관협력
의 제도적 지원체계로 나아가고 있다. 지역사회의 복지향상을 위해 전문 또는
비전문 인력이 지역사회 수준에 개입 영향을 주고, 지역사회의 문제를 예방하
고 해결하고자 하는 일체하여 지역사회에 존재하는 각종 제도에의 사회적 노
력을 의미한다.

둘째, 지역성이 강조되는 개념이다. 지역사회의 복지를 향상시키려고 하는
노력은 어느 특수 전문분야에 국한되는 것이 아니고 사회복지사업, 공중보건,
평생교육, 공공행정, 도시행정, 도시계획, 정신건강 등의 전문가들과 민간단
체나 정치단체의 자원봉사자들에 의해 광범위하게 수행된다. 따라서, 지역사
회복지 활동은 반드시 전문적인 활동(professional activity)으로 규정할 수는 없
으며, 자연발생적인 민간활동(예: 두레, 품앗이 등)에서부터 근대화를 위한 지역
개발운동(새마을운동, 4H 클럽 등), 현대의 민간자선활동, 그리고 전문적인 지역
사회조직 사업을 모두 포함하는 포괄적인 성격을 띤다. 또한 아동·청소년·노
인복지라는 대상 중심의 복지활동보다는 지역성이 강조된다는 점이 그 특성
이다.

셋째, 포괄적 개념이다. 지역사회복지란 자립생활이 곤란한 개인과 가족이
지역에서 자립생활이 가능하도록 관계망을 만들고, 필요한 서비스를 종합적
으로 제공하는 것이다. 이에 필요한 물리적·정신적 환경조성을 도모하기 위
하여 사회자원의 활용, 사회복지제도의 확립, 복지교육의 전개를 종합적으로
수행하는 활동으로 정의하고 있다.

이러한 정의는 복지교육을 통하여 주민의 주체형성과 참여를 촉구하고, 이
를 기반으로 지역조직화를 이루어 나가는 특성을 갖고 있다. 또한 지역사회복
지는 복지욕구에 대하여 공공이나 민간을 불문하고, 지역의 모든 자원을 동원
하여 대응하는 '공사협동'의 이념을 기반으로 한다. 그 위에서 지역의 행정시
책·시설기능·자원봉사활동·주민참여의 유기적인 협력과 그 시스템화를 중

시하는 것으로 보고 있다. 이는 자원봉사활동론(voluntary action)으로 분류되기
도 한다.

그러므로 지역사회복지는 지역사회 내에서 사회복지를 필요로 하는 개인이
나 가족 등의 삶의 질 향상을 위해 지역사회자원을 활용할 수 있도록 조직을
통합하고, 환경개선서비스 및 개별적 사회서비스 시스템 등을 확보하여 운영
하고 개선하려는 전반적 지역사회활동을 총칭한다.

2) 지역사회복지의 목적

지역사회복지의 목적은 궁극적으로 지역사회주민의 의식변화와 자발적 조
직화를 통해 지역사회를 통합하여 그들의 복지를 향상시키는 데 있다. 이러한
지역사회복지의 목적을 지속적으로 추구하는 것은, 지역사회주민이 바라는
이상적 지역사회(ideal community)를 추구하는 것이다. 이상적 지역사회는 모
든 사람이 공감할 수 있는 공통된 모습의 지역사회가 되어야 하고, 이러한 지
역사회를 이루기 위하여 명확한 접근방법을 제시해야 할 것이다.

지역사회복지의 목적은 다음과 같다(Baldock, 1974).

(1) 경제발전을 추진하는 것

후진국가에 권장하는 목적으로 자조적·협동적 노력으로 협동조합이나 신
용조합을 만들어 지역사회주민을 위해 중간착취를 배제하고 경제적 이익을
보장하는 목적이다.

(2) 합의를 촉진시키는 것

사회복지협의회와 같은 중간집단을 조직해서 이익을 대변하기 위한 투쟁보
다는 화해 분위기를 조성해서 지역사회주민의 갈등을 조정하는 목적이다.

(3) 대인적 사회봉사를 지원하는 것

대인적 사회봉사에 대한 지원서비스 대책으로 공중보건의처럼 전문가(의사)

등을 봉사에 참여하도록 하고, 사회복지사로 하여금 경제적 재원을 조달하도록 하는 목적이다.

(4) 현대 시민권을 행사할 수 있도록 교육시키는 것

지역사회조직가는 전문적 교육배경을 지니고 있으므로 지역사회주민에게 이러한 전문적 교육을 할 때, 토론교육을 통해 행동을 공감하고, 시민의 역량을 강화하여 권리를 찾도록 하는 목적이다.

(5) 기존 사회정치제도에서 급진적 변호를 조성하는 것

이것은 산업화 및 공업화로 인해 급변하는 사회변화에서 기존 지역사회복지체계를 부정하기 때문에 새로운 사회변화에 맞는 사회정치제도 변화의 목적이다.

3) 지역사회복지의 특성

지역사회복지의 특성은 다음과 같다(염일열 외, 2022: 30-31).

(1) 예방성

지역사회복지의 예방성은 지역사회 내의 사회복지욕구나 해결되지 못한 생활문제를 주민참가라는 구조를 통하여 이를 조기에 발견하고 대응할 수 있기 때문에 예방적 효과를 거둘 수 있다. 예방적 특성에는 클라이언트의 인격파탄이나 생활파탄의 방지 등과 같은 소극적 예방에서부터 삶의 질 향상이나 생활구조의 안정, 강화 등의 복지증진이라는 적극적 예방까지도 포함된다.

복지욕구나 생활문제의 조기발견과 대응에는 주민참가와 네트워크 구축이 핵심이며, 생활문제의 심각화를 예방하기 위해서는 상담, 신청, 조치의 정보 네트워크와 기관의 연계, 제도의 체계화가 되어야 한다. 네트워크 형성은 지역사회복지의 예방적 특성을 살리는 데 있어서 중요한 부분이다.

(2) 종합성·전체성

지역사회복지는 공급자와 이용자 간의 분절된 서비스를 통합 제공하여, 서비스 공급자 측면에서는 종합성의 특성을, 서비스 이용자 측면에서는 전체성의 특성을 갖게 해야 한다.

공급자 측면의 종합성은 서비스 제공기관 간의 연락, 조정, 협의 등의 네트워크 구축과 실질적 운용을 통하여 확보할 수 있는데, 이러한 일련의 노력을 원스톱서비스, 서비스의 패키지화 등으로 표현하고 있다.

이용자 측면의 전체성은 주민생활에 밀접하게 관련을 맺고 있는 다양한 분야를 포괄적으로 다루어야 하는 것을 의미하는 것으로, 협의의 사회복지서비스를 포함하여 보건·의료·고용·교육·문화·교통·안전·환경 등 주민생활의 전반적인 영역을 포괄하여 접근하는 것을 의미한다.

(3) 연대성·공동성

인간은 공동의 관심사에 따라 연대를 형성하고 공동으로 이를 확대시켜 나가는 특성을 갖고 있다. 지역사회복지에서는 주민 개인의 사적 활동으로 해결이 곤란한 생활상의 과제를 주민들의 연대를 형성하고, 공동의 행동을 통하여 해결하는 특성을 가지고 있다.

이러한 연대성과 공동적 행동은 대외적으로 주민운동으로 나타나게 되고, 대내적으로는 상호부조 활동으로 나타난다. 주민운동은 지역사회의 생활상의 문제해결이나 예방을 위해 필요한 제도의 마련이나 시설의 설치 등으로 나타나게 된다.

지역사회복지는 주민 개인의 사적 활동으로는 해결이 곤란한 생활상의 과제를 주민이 연대를 형성하고, 공동의 행동을 통하여 해결하는 특성을 갖고 있다. 연대성과 공동성의 행동은 대외적으로 주민운동으로 나타나고, 대내적으로는 상호부조 활동으로 나타난다.

주민운동은 지역사회의 생활상의 문제해결이나 예방을 위해 필요한 제도 마련이나 시설의 설치 등으로 나타나며, 상호부조 활동은 주민 상호 간의 친목활동뿐 아니라, 클라이언트의 고립화를 방지하고, 대인관계의 왜곡화를 시정하는 등의 활동을 의미한다.

(4) 지역성

지역사회복지는 주민의 생활권역을 기초로 하여 전개되며, 주민의 생활권역은 주민들에게 생활의 장과 동시에 사회참가의 장이 되므로, 지역적 특성을 고려하지 않으면 안 된다. 주민의 기초적 생활권역은 물리적 거리뿐 아니라, 심리적 거리까지 포함하여 지역성을 파악해야 한다.

사회복지서비스의 이용 측면에서 한정해서 보면, 지역적 권역은 가깝거나 작을수록 좋다. 그러나 서비스 제공체계의 효율성을 고려하지 않을 수 없으므로 이용과 공급의 적절한 체계를 고려한 지역적 권역의 설정이 필요하다.

3. 지역사회복지와 관련 용어들

지역사회복지와 유사용어는 다음과 같다(염일열 외, 2022: 36-39 ; 김용환 외 2022: 57-61).

1) 지역사회복지

지역사회복지(community welfare)는 지역사회의 복지향상을 위한 포괄적인 제도적 개념으로, 전문 또는 비전문 인력이 지역사회 수준에 개입하여, 지역사회에 존재하는 각종 제도에 영향을 주고, 지역사회의 문제를 예방하고 해결하고자 하는 일체의 사회적 노력이다. 이러한 지역사회복지 개념의 속성은 다음과 같은 내용을 포함한다.

① 지역사회복지는 지역성과 기능성을 포함하는 일정한 지역사회 내에서 이루어진다.
② 지역사회복지는 지역주민의 삶의 질 향상이라는 목표를 가진다.
③ 지역사회복지는 지역사회의 문제를 해결하고, 주민의 복지욕구를 충족

하는 기능을 가진다.

④ 지역사회복지는 정부와 민간 기관이 공동 주체가 되어 공공과 민간의 협력이 강화되는 추세로 발전하고 있다.

⑤ 지역사회복지는 조직적인 활동을 강조하는 전문적인 서비스와 방법을 사용한다.

2) 지역사회조직

지역사회조직(community organization)은 전문사회사업의 한 실천방법으로, 지역사회를 구성하는 개인, 집단, 이웃이 사회복리를 향상하기 위해 지역사회 수준에서 전개되는 일련의 활동이다. 이 개념은 사회사업의 전통적인 분류방법인 개별지도, 집단지도, 지역사회조직이라는 3대 방법에서 나온 것으로 볼수 있다. 공공과 민간 사회복지기관의 전문사회복지사에 의하여 수행되며, 더욱 조직적이고, 추구하는 변화에 대해 의도적이고 계획적이며, 과학적인 지식과 기술을 사용한다. 전문사회사업의 실천방법으로서 지역사회조직의 모형에는 지역사회개발(community development), 사회계획(social planning), 사회운동(social action) 등이 포함된다(Rothman, 2008).

3) 지역사회 만들기

지역사회 만들기(community building)는 지역사회 내에서 공동체의식을 형성하는 활동으로, 지역사회의 문제를 해결할 수 있는 지역공동체의 사회자본(social capital)을 효과적으로 동원할 수 있도록 건전한 공동체를 구축하는 것을 목표로 삼는다. 다양한 문제가 얽혀 있는 지역사회의 문제를 풀어 나가기 위해서는 단편적인 노력이나 활동으로는 부족하며, 지역사회의 잠재되어 있는 자산을 응집할 수 있는 다원적인 전략과 활동이 필요하다. 따라서, 이 개념은 다음과 같은 전제를 기초로 하며, 각각의 전제는 지역의 사회관계망을 강화하며 상호의무감을 고취한다(Rubin & Rubin, 2007). 구체적인 내용은 다음과 같다.

① 지역사회 개발과 서비스 전략을 통합한다.
② 협력을 통한 파트너십을 고취한다.
③ 지역사회역량을 구축한다.
④ 지역사회의 조건에서부터 시작한다.
⑤ 광범위한 지역사회의 참여를 증진한다.
⑥ 평등의식을 고양한다.
⑦ 문화적인 역량의 가치를 인식한다.
⑧ 가족과 아동의 지원을 강화한다.

이 개념에서 지역사회 만들기의 기반이 되는 사회적 연대는 근린집단, 공공조직, 종교단체, 사회복지, 보건, 주택 등 지역사회복지 관련 조직 간의 체계적인 연계를 구축함으로써 이루어진다.

4) 지역사회복지실천

지역사회복지실천(community practice)은 지역사회를 대상으로 하는 사회복지실천을 포괄적으로 일컫는 개념이다. 이 개념은 개인, 가족, 지역사회를 대상으로 이루어지는 사회복지실천방법을 통합적으로 보는 실천의 관점에서, 특히 지역사회를 중심으로 이루어지는 사회복지실천을 의미한다. 따라서, 지역사회복지실천은 실천방법의 특성이 강조되는 개념인 지역사회조직을 기초로 실천된다고 할 수 있다.

5) 지역사회보호

지역사회보호(community care)는 시설보호(residential care)의 대안으로, 지역사회에 바탕을 둔 일반적인 서비스를 지칭하는 개념이다. 이 개념은 시설보호에 대한 부정적 이미지로부터 출발하고 있으며, 시설보호에서 벗어나 지역사회로 나아간다는 개념을 포함하고 있다. 이 개념은 시설사회화보다는 탈시설화에 가깝다. 재가복지는 지역사회보호의 하위 개념으로 볼 수 있다. 따라서,

지역사회복지의 협의의 개념과 유사하다.

지역사회보호는 영국을 중심으로 1950년대 말 이후에 발전한 개념이며, 지역사회 중심의 돌봄형태가 확장되면서 전 세계적으로 개념이 확산되었다. 이 개념은 사회적 돌봄이 필요한 사람들의 가정 또는 그와 유사한 지역사회 내의 환경에서 서비스를 제공하는 사회적 돌봄형태다. 지역사회보호의 특징은 다음과 같다.

첫째, 가정 또는 가정과 유사한 환경, 즉 지역사회 내에 가정에서의 통원이 가능한 서비스 제공 기관이나 시설, 또는 소수의 돌봄이 필요한 사람들이 함께 거주하는 그룹홈(group home)과 같은 돌봄의 장이 전제된다.

둘째, 서비스 제공을 위해 함께 상주하는 직원이 없으며, 외부 직원이나 자원봉사자의 방문을 받아 서비스가 제공된다.

셋째, 일상생활의 결정은 개인에 의하여 자율적으로 이루어진다.

넷째, 가정에서 돌봄을 받거나 가정 외부에서 서비스를 받는다.

6) 시설보호, 주거보호, 재가보호

시설보호(institutional care)는 노인이나 장애인 등 사회적 돌봄이 필요한 사람들이 하나의 일정한 시설에서 돌봄서비스와 함께 의식주를 제공받으면서, 장기적으로 또는 단기적으로 거주하는 형태의 사회적 돌봄이다. 시설보호는 주거의 보호를 제공하는 점을 강조하여 '주거보호(residential care)'라고 일컬어지기도 한다. 특히, 시설보호는 주거의 개념이 포함된다는 점, 훈련된 직원이 함께 거주한다는 점, 폐쇄성을 특징으로 엄격한 규율과 절차가 있어 개인의 자유와 선택이 제한된다는 점을 특성으로 갖는다.

재가보호(domiciliary care)는 돌봄이 필요한 사람들이 자신의 가정에서 돌봄을 받는다는 개념으로, 여기에는 공공과 민간의 공식 조직에 의한 돌봄과 가족, 친척, 이웃 등 비공식 조직에 의한 돌봄이 모두 포함된다. 이러한 개념은 가정이라는 환경을 강조한다는 점에서 지역사회보호와 유사성을 가지나, 가족환경과 유사한 지역사회환경에서의 돌봄을 포함하지 않는다는 점에서 지역사회보호와 차이가 있다.

우리나라에서 사용되는 재가복지의 개념은 가정이라는 실천현장을 중심으로 한 서비스 제공을 강조하는 점에서 재가보호에 더 가깝다.

7) 정상화

정상화(normalization)의 원리는 다른 개념보다 이념적인 요소가 강하다. 이 개념은 1950년대에 등장하여 1981년 '완전참여와 평등'이라는 국제 장애인의 해를 기점으로 확산된 개념으로, 어떠한 아동, 장애인이라도 특별하게 대우하지 않고, 보통의 인간으로서 대접한다는 것이다.

정상화의 원리는 지역사회와의 통합을 강조한다. 따라서, 물리적으로는 지역사회와의 교통, 계층, 시설 등에 있어서 격차를 줄이고, 지역주민들의 접근 용이성을 높여야 한다. 사회적 맥락에서는 주민과의 교류 프로그램을 실시하고, 시설보호의 수준을 지역사회주민들 수준으로 향상시키는 등의 노력을 해야 한다. 시설생활자는 시설에 거주할 뿐만 아니라, 지역사회에 소속되어야 한다.

정상화는 시설의 사회화, 탈시설화, 지역사회보호 모두에 대하여 이념적인 방향을 제시한다. 또한 시설생활자의 시설 거주를 인정하고 동시에 지역사회와의 관계 발전을 통하여 지역사회의 일원으로 정당하게 포함할 것을 주장한다는 점에서 시설사회화와 매우 가까운 개념이다. 다만, 시설사회화가 시설의 관리·운영 측면에서 논의되는 측면이 상대적으로 강하다면, 정상화는 시설생활자의 입장에서 논의되는 측면이 상대적으로 강하다.

8) 탈시설화

탈시설화는 시설의 지역사회와의 격리 수용에 의한 시설병(hospitalism) 등의 부작용에 반발하여 등장했다. 즉, 사회복지시설에 부적절하게 입소·보호되고 있는 대상자를 지역사회로 퇴소시키고, 지역사회 내에서 대상자에 대한 적절한 서비스를 제공하고 시설보호의 전반적인 수준을 향상시킴으로써 시설병을 예방하고자 하는 것이다. 따라서, 모든 사회복지시설을 인정하지 않으려는 의도라기보다 사회복지대상자의 경우, 시설보다는 지역사회가 더욱 효과적으로 서비스 및 보호를 제공할 수 있다는 것이다. 이 점이 시설의 지역사회 내 기능을 강조하는 시설사회화의 개념과 다르다.

9) 시설의 사회화

시설의 사회화라는 개념은 일본에서 많이 사용하는 개념으로, 일본에서 사회복지시설의 사회화란 용어가 처음 사용된 것은, 1951년 전국사회복지사업 대회이다. 이후 1960년대를 거쳐서 1970년대에 이르러 시설의 사회화에 대한 폭넓은 논의와 다양한 프로그램이 제시되었다. 이러한 움직임의 배경에는 시설의 격리방식에 대한 반발이 있었다. 즉, 폐쇄적인 시설의 운영으로 인한 지역사회와의 괴리, 시설 생활자의 인권 침해, 퇴소 후 사회적응 실패, 시설병의 발병 등 비경제적이고 비합리적·비효과적·비사회적인 부작용들이 대두되었던 것이다.

그러므로 시설의 사회화란 시설과 지역사회가 개방, 상호교류, 상호참여를 통하여 시설이 지역사회에 완전히 개방되어 지역사회와 접목하면서 인정받고, 지역사회의 유용한 기관의 하나로서 역할을 수행하는 것으로, 폐쇄적이며 자기만족적인 서비스의 공급체계에서 지역사회의 다양한 자원을 활용하고, 지역사회주민들과 적극적으로 교류하는 것으로 변화하는 것을 의미한다.

4. 지역사회복지와 사회복지의 관련성

사회복지학에서 지역사회복지는 어떤 위치에 있으며, 지역사회복지만이 가지고 있는 고유한 특성은 무엇인가? 그리고 사회복지실천방법과의 차이점과 유사점은 무엇인가에 대한 논의는 다음과 같다.

1) 사회복지와 지역사회복지

사회복지학은 이론적인 체계를 갖추고 있으면서 실천적인 측면이 중요하게 다루어지고 있는 학문이다. 그렇다고 정책적인 측면이 경시되지는 않는다. 즉, 실천적 측면에서는 그 단위가 국가, 지역사회, 개인 또는 집단수준으로 구분되며, 실천 측면에서는 제도나 정책적 기법을 활용하는 접근과 기술적 기법을 활용하는 접근이 있다.

일반적으로 국가수준의 정책적 접근을 거시적 접근(macro approach), 개인·집단 수준의 기술적 접근을 미시적 접근(micro approach)이라고 한다. 지역사회 수준에서 정책과 기술적 기법을 동시에 구사하는 것은 중시적 접근(mezzo approach)이다.

지역사회복지는 정책적 접근과 기술적 접근을 동시에 활용하면서, 지역사회 수준에서 실천해 나가는 특성을 지니고 있다. 특히, 국가단위의 사회복지정책이 구체화되어 개인 및 집단의 삶의 질을 높이는 역할은 지역사회복지의 몫이다. 지역사회는 개인이나 집단의 생활터전이므로, 개별화된 다양한 정책들이 통합되어 주민들에게 제공되는 장(場)임과 아울러 주민 스스로 자신들의 생활과제를 해결해 나가는 장이다. 이러한 장에서 이루어지는 사회복지실천활동이 바로 지역사회복지이다.

2) 지역사회복지의 고유성

사회복지실천방법 가운데 하나인 지역사회복지는 몇 가지 고유성을 가지고 있다. 이를 살펴보면 다음과 같다(조추용 외, 2016: 26-27).

첫째, 지역사회복지는 개인의 생활과제를 지역사회의 과제로 인식하는 데에서부터 출발한다. 사회복지는 생활장애문제를 해결·예방하기 위한 원조기술이다. 지역사회복지의 대상이 되는 것은, 그것이 지역사회의 생활장애과제로 인식하는 데서부터이다.

둘째, 지역사회복지는 지역주민과 지역의 사회복지기관 등 지역의 사회자원을 활용한다. '자신의 문제'를 '우리들의 문제'로 여겨 지역에서 해결하려고 하므로 그 과제에 공감하는 주민이나 전문가의 참여와 협력을 바탕으로 실천하게 된다. 과제에 공감대를 키우기 위하여 교육·연수 내지는 연구회 구성·운영 등을 할 수 있으며, 과제해결에 참여, 필요한 자원의 확보, 홍보 등 다양한 영역의 사회자원을 활용할 수 있다.

셋째, 지역사회복지는 자원을 창조한다. 개인의 생활문제가 지역사회의 과제로 부상하는 원인 가운데, 그 해결을 위한 사회자원이 불충분하거나 없을 경우에는, 지역사회의 자원을 유기적으로 연계하여 활동함과 아울러 필요한 자원을 만들어 내는 역할을 한다.

넷째, 지역사회복지는 지역사회라고 하는 백지 위에 그림을 그리는 것처럼 전체적인 활동으로서 목표설정과 기획능력을 가지고 있어야 한다. 이것이 지역사회복지 기술에서 기획·정책 기술이다.

다섯째, 지역사회복지는 전문적인 기술임과 동시에, 주민이 사용하는 기술이기도 하다. 전문가로서의 지역사회복지실천가는 주민이 지역사회복지 기술을 주체적으로 사용할 수 있도록 원조하여 전문기술로서의 지역사회복지를 주민이 구사할 수 있도록 교육해야 하는 과제가 있다.

3) 사회복지실천과 지역사회복지와의 공통점과 차이점

전통적인 사회복지실천 방법으로서는 케이스워크, 그룹워크, 지역사회가 미국에서 도입되어 사회복지실천 방법론으로 구분되어 왔다. 이에 대한 각각의 공통점과 차이점을 살펴봄으로써 지역사회복지의 개념을 보다 명료화할 수 있는데, 공통점을 살펴보면 다음과 같다.

첫째, 개인, 소집단, 지역사회와 같이 각기 대상은 다르지만, 각 대상에 대하여 개별화된 대응을 한다는 점이다. 즉, 각자의 독자성을 인정하는 개별화된 대응이 필요한 것이다.

둘째, 생활주체자의 관점에서 문제구조와 대처기제를 전체적으로 다룬다는 점이 같다. 사회복지의 대상인 주민의 생활구조가 전체적이고 종합적으로 이루어져 있기 때문에, 이를 지원하는 사회복지는 그 접근수준이 어느 수준이든 기본적으로 전인적인 대응이 요구되는 것이다.

셋째, 문제해결에 있어서 사회자원을 활용한다는 측면에서 공통점이 있다. 여기에서 의미하는 사회자원은 다양한 사회적 제도를 의미하는 것으로, 여러 사회제도와 연계를 통하여 문제를 해결하거나 예방하는 사회복지의 특징이다.

넷째, 인간의 사회관계를 조정하고 조직화하는 것과 관련되어 있다는 점이다. 인간관계에서는 공식적·비공식적인 것이 있고, 이를 적절하게 조정함과 아울러 가족, 동료집단, 직장집단, 주민집단, 기능집단 등의 다양한 집단의 조직화를 통하여 변화를 추구하는 것이 사회복지실천이다.

다섯째, 전문가인 사회복지사가 개입한다는 점이다. 사회복지실천의 대상이 어느 수준이든지 처한 문제상황을 해결해 나가기 위해서는 개별화, 수용, 비심판적 태도, 비밀보장 등의 원칙에 따르는 전문가의 개입이 있다는 것이다.

케이스워크 및 그룹워크와 지역사회복지와의 차이점은 다음과 같다.

첫째, 케이스워크 및 그룹워크는 문제를 가진 개인의 사회적 적응이나 사회적 성장을 목적으로 하여 사회조정을 중시하는 데 반하여, 지역사회복지는 개인이나 소집단을 둘러싸고 있는 환경의 개선을 목적으로 하는 사회변혁을 중시한다. 즉, 사회제도나 사회자원이 풍부하지 않으면, 서비스 조정이나 개인의 사회복귀 및 적응이 실현될 수 없을 것이다.

둘째, 케이스워크 및 그룹워크에서 대상으로 하는 문제가 개인이나 가족의 심리사회적 문제에 집중하는 데 비하여, 지역사회복지의 경우, 정치적·사회적 문제를 대상으로 하는 경우가 많다. 자원이나 제도의 다소는 경제적·정치적인 문제이다. 특정 지역에 집중된 사회문제로서의 사회복지과제를 해결하기 위해서는 정치적·사회적 행동이 필요하다.

셋째, 사회자원과 관련된 것으로 케이스워크 및 그룹워크는 대개 기존 사회자원을 유용하는 것으로 문제해결을 추구하지만, 지역사회복지는 사회자원 그 자체의 효과적인 조정뿐만 아니라, 새로운 사회자원의 개발에 역점을 두고 있다.

넷째, 수단적 측면에서 케이스워크는 클라이언트와 워커 간의 신뢰관계나 정서적 결합의 특성을 활용하고, 그룹워크는 대면적인 소집단에서 발생하는 동료의식, 역할의식, 상호부조 기능 등의 특성을 활용한다. 이에 비하여, 지역사회복지는 지역사회를 구성하는 단체나 조직, 기존 주민조직이나 기능집단이 가지고 있는 지위, 역할의 서열·통합기능, 주민집단의 응집력이나 연대감 등을 활용한다. 지역사회복지에서도 소집단 기술이 활용되지만, 그룹워크와 결정적으로 다른 점은 그룹의 구성원이 하위집단의 대표자로 모집단을 배경으로 하는 리더라는 점이다. 또한 개별면접 기술은 지역사회복지에서도 활용하지만, 케이스워크와 다른 것은 지역의 리더와 상대한다는 점이다.

이 네 가지는 지역사회복지의 고유성으로 볼 수도 있다. 특히, 지역생활 과제의 대부분이 잠재되어 있어서, 문제의 발견이나 개입을 위해서는 적극적인 접근이 필요하다. 지역사회복지는 그 원조대상의 발견단계에서부터 능동적으로 대처하는 것이 요청된다. 이러한 원조는 종결까지의 기간이 중·장기간 소요되는 경우가 많다. 이런 특성으로 인하여, 지역사회복지에서는 전통적인 사회복지실천 방법인 케이스워크 및 그룹워크보다는 사회복지조사, 사회행동, 사회복지행정 등과의 관련성이 더욱 중시된다.

지역사회사회복지의 관점에서 주요 기념일은 <표 2-1>과 같다.

〈표 2-1〉 지역사회복지 주요 기념일

기념일 명칭	기념일	기념 주간	기념 월
사회복지사의 날	3월 30일		
장애인의 날	4월 20일	4월 20일~ 4월 26일	
입양의 날	5월 11일	5월 11일~ 5월 17일	
근로자의 날	5월 1일		
(세계)가정의 날	5월 15일		5월(가정의 달)
세계인의 날	5월 20일		
세계문화다양성의 날	5월 21일		
사회복지의 날	9월 7일	9월 7일~ 9월 13일	
치매극복의 날	9월 21일		
노인의 날	10월 2일		10월(경로의 달)
자원봉사자의 날	12월 5일	12월 5일~ 12월 11일	

1. 지역사회의 특성이 아닌 것은?

   ① 지역사회는 역사적으로 그 의미가 변천하여 왔다.
   ② 지역사회는 지리적 의미와 기능적 의미를 함축하고 있다.
   ③ 전통적 의미의 지역사회와는 다른 새로운 형태의 지역사회가 나타나고 있다.
   ④ 공동의 관심과 이해관계를 강조하는 기능적 의미의 지역사회는 공동체라는 성격
      을 가지고 그 의의가 부각되었다.
   ⑤ 지역사회는 구성원의 동질적 정체성에 기초한 강한 정서적 유대가 없다.

2. 지역사회의 기능이 아닌 것은?

   ① 생산, 분배, 소비의 기능   ② 사회화의 기능
   ③ 방어   ④ 분열과 갈등의 기능
   ⑤ 상부상조의 기능

3. 지역사회의 유형이 아닌 것은?

   ① 정치결사적 기능의 지역사회
   ② 공간적 의미의 지역사회
   ③ 기능적 의미의 지역사회
   ④ 개인적 지역사회
   ⑤ 새로운 형태의 지역사회

4. 지역사회복지의 목적이 아닌 것은?

   ① 경제발전을 추진하는 것
   ② 합의를 촉진시키는 것
   ③ 대인적 사회봉사를 지원하는 것
   ④ 현대 시민권을 행사할 수 있도록 교육시키는 것
   ⑤ 프롤레타리아의 이익을 옹호하는 것

정답 1. ⑤ 2. ④ 3. ① 4. ⑤

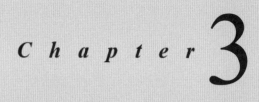

C h a p t e r 3
지역사회복지의 발전과정

개요

지역사회복지는 대부분의 나라에서 국가형성 시기 이전부터 시작되었다. 19세기 이전에는 시혜적 차원의 민심수습용 지역사회복지가 실시되었다. 그러나 그 후 자본주의의 발달에 따른 폐해로 서구 선진복지국가에서는 현대적 의미의 지역사회복지가 시작되었다. 여기에서는 지역사회복지의 발전과정을 학습하고자 한다.

학습목표

1. 일반 역사와 비교
2. 영국과 미국의 지역사회복지의 발전과정 비교
3. 현재 한국 지역사회복지의 특성 토의

학습내용

1. 영국 지역사회복지의 발전과정
2. 미국 지역사회복지의 발전과정
3. 한국 지역사회복지의 발전과정

지역사회복지의 발전과정

1. 영국 지역사회복지의 발전과정

영국은 지역사회복지의 역사적 기원이 되는 「구빈법」 이래 지역사회복지에 대한 법제화를 이끌어 왔으며, 현대적 의미의 전문화된 지역사회복지의 시작인 자선조직협회운동과 인보관운동을 전개한 선구적 국가이기도 하다(박현식 외, 2021: 48).

1869년 설립된 자선조직협회는 중복 구호를 방지하기 위하여 여러 가지 자선활동을 조정하고, 환경조사와 적절한 원조의 제공을 목적으로 하였다. 인보관운동은 1884년 세계 최초의 인보관(settlement house)인 토인비 홀(Toynbee Hall)을 설립하면서부터 시작되었다. 토인비 홀의 영향으로 그 후 인보관이 확산되어 설립되었으며, 빈민을 위한 교육, 문화활동의 전개, 사회개량과 사회입법을 위해 노력하였다(홍봉수 외, 2020: 67).

제2차 세계대전 이후 영국은 국가 책임 아래 지역사회복지를 수행하기 위해 지방정부 중심의 집행체계 및 전문사회사업의 확립, 시설보호의 문제를 개선하기 위한 지역사회보호서비스 확충 등 다양한 지역사회복지의 발전과정을 경험하였다. 영국 지역사회복지의 역사는 공공부문 중심의 사회복지서비스 전달이라는 특성으로 인하여 지역사회 중심의 지역사회보호가 주류를 이루고 있다. 여기에서는 영국 지역사회복지의 역사를 공공부문의 지역사회복지, 특히 지역사회보호(community care)의 발전과정을 중심으로 살펴보기로 한다.

1) 초창기 : 1800년대 후반–1950년대 초반

영국은 산업혁명으로 인해 농민들의 도시 이주로 많은 사회문제가 야기되었다. 실업, 범죄, 질병 등 도시빈민문제들에 대처하기 위해 민간자선단체들이 구제활동을 시작하였다. 민간자선단체 활동의 조정과 체계적인 원조를 목적으로 자선조직협회(Charity Organization Society, COS)가 설립되었다. 이 협회는 직접 구제보다는 기존 자선단체들의 상호관계 증진에 중점을 두었으며, 빈곤가정의 욕구조사를 통해 서비스를 제공하는 개별사회사업(case work)의 시작으로 지역사회복지를 시작하였다고 할 수 있다. 그러나 자선조직협회 활동가들은 빈민에 대한 동정심을 보이지는 않았는데, 빈민은 수혜자이고 자신들은 시혜자라는 의식이 강했기 때문이었다. 따라서, 이들은 빈민들과 개인적이고 친밀한 관계를 형성할 수 없었다(김욱진 외, 2021: 46).

그 무렵 빈곤거주지역의 환경개선을 목표로 런던에서는 최초의 인보관인 토인비 홀(Toynbee Hall)이 개관되었다. 토인비 홀의 설립 목적은 첫째, 지역에 거주하고 있는 빈곤자들에게 교육과 문화적인 활동을 향상시킬 것, 둘째, 인보관에서 활동하고 있는 대학생 자원봉사자들에게 빈곤자

토인비 홀
(Toynbee Hall, 영국 런던)

들의 상황과 사회개량의 필요성을 알릴 것, 셋째, 사회문제와 사회입법에 관하여 일반 지역주민과 사회에 관심을 높일 것 등이다(홍숙자 외, 2023: 103).

바네트(Samuel Barnet, 목사)는 빈민지역에서 대학생들과 함께 생활하면서 빈곤자를 대상으로 하는 교육, 문화활동, 보건 및 빈곤문제에 지역주민들의 관심을 불러일으키는 사회운동을 전개하였다. 인보관운동활동가들은 빈민에게

이웃과 동료로서 접근하였고 사회적 갈등을 봉합하고자 노력하였다. 이와 같이 당시의 빈곤자들을 위해 사회개량운동을 하던 선구자들이 펼치던 인보관운동은 영국 각지는 물론 1889년 미국 시카고에 헐 하우스(Hull House), 1897년에는 일본 동경 간다(神田)지역에 '킹스레이 관(가타야마 신)'이라는 이름으로 세계 각 지역으로 확산·설립되어 나가게 되었다.

자선조직협회와 인보관운동(settlement movement)과 같은 민간 차원의 지역사회복지는 1920년대에 들어서면서 지역사회보호사업으로 전환되어 갔는데, 시설수용에 대한 반성, 노인을 위한 재가복지서비스 등 지역사회 내에서는 조직적으로 사회복지서비스를 제공하기 시작하였다.

제2차 세계대전 후, 「베버리지 보고서(Beveridge Report, 1942)」를 기반으로 하여 국가가 복지의 일차적인 책임자가 되었고(원석조, 2023: 230), 지방정부가 지역사회복지를 관할하게 되었다. 베버리지 보고서를 계기로 영국은 "요람에서 무덤까지"라는 국가의 골격을 갖추었고 과거 구빈법의 잔재를 청산하고 최저생활보장의 이념을 현실화시켰다.

2) 태동기 : 1950년대–1960년대 후반

서구에서 사용되고 있는 지역사회보호 또는 재가복지의 개념은 시설보호에 대한 갱신에서 출발하였다. 영국에서는 재가복지의 개념보다 지역사회보호의 개념이 더 일반화되어 사용되고 있다. 지역사회보호의 기원은 사회적 돌봄의 욕구를 지닌 사람들을 위한 돌봄의 방법으로서 수용시설에 대한 부정적인 평가에서 출발하였다. 수용시설의 쇠퇴는 지역사회보호와 연관되어 있으며, 지역사회보호는 현재 대인사회서비스분야 발전의 가장 핵심적인 흐름의 맥을 형성하고 있다(최선희, 2023: 78).

지역사회보호라는 접근방법의 기원은 1950년대 후반까지 거슬러 올라간다. 시설의 보호에서 벗어나 지역사회로 나아간다는 개념은 역사적인 이해가 필요하다. 수용시설은 대체로 17세기 초에 제정된 「구빈법」 시대의 산물이라고 할 수 있다. 당시 빈민수용시설인 구빈원은 일반 시민의 거주환경과 삶에서 격리된 환경이었으며, 동시에 열악하고 비인도적인 환경을 의미하였다. 지역사회보호라는 새로운 접근의 기원은 이와 같은 수용시설에 대한 부정적인 이미지에 있었다.

'시설보호로부터 지역사회'라는 새로운 접근방법의 개발과 실천은 제2차 세계대전 이후에 이루어졌다. 특히, 노인인구와 정신질환자의 보호를 위한 프로그램이 점차 확대되었으며, 치료방법의 발전과 새로운 치료제의 도입으로 환자의 조기퇴원과 정신병원의 폐쇄를 촉진하였다. 지역사회보호의 개념을 공식적으로 사용한 최초의 공식문서는 1957년 「정신병과 정신장애에 관한 왕립위원회의 보고서」로서, 이 보고서는 병원에서 지역사회보호로의 전환을 권고하였다. 이 보고서의 영향으로 1959년에 「정신보건법(Mental Health Act)」이 제정되어 지역사회 보호가 법률적으로 명확하게 규정되었으며, 형식적으로나마 지역사회보호정책이 전개되어 나갔다.

1962년의 병원계획은 대규모 정신병원의 폐쇄가 시행될 것을 전망하였다. 이와 동시에 시설의 실패를 입증하는 학술적인 조사연구가 1960년대에 다수 이루어졌다. 이 연구보고서들은 시설에 대한 점증하는 사회적 비판의 이정표가 되었다. 그리하여 정신병과 정신장애를 지닌 사람들을 위한 병상이 현저하게 감소하고, 많은 노인이 퇴소하게 되었으며, 다수의 노인은 소규모 주거보호(residential care)에 배치되었다. 이처럼 정신병원에 장기간 수용된 환자의 수가 지속적으로 감소하기 시작하였으며, 지역사회보호에 의한 치료방법이 환자에게 편리를 제공하며 치료적인 차원에서도 긍정적으로 반응하였다. 또한 지역사회를 수용된 개인을 분산·재배치하는 장소라는 의미뿐만 아니라, 사회문제와 관련하여 개인이 속한 지역이라는 의미로 받아들이는 등 지역사회에 대한 새로운 인식을 하게 되었다(홍숙자 외, 2023: 223 – 224).

3) 형성기 : 1960년대 후반–1980년대 후반

초기의 지역사회보호의 개념은 시설에서 지역사회로 나아간다는 포괄적인 의미를 가지며, 지역사회보호로 실질적인 전환의 계기는 1969년의 「시봄 보

고서(Seebohm Report)」 제출 이후이다. 제2차 세계대전 후, 「구빈법」 체계가
종결되면서 종전의 구빈행정을 대신하고 지역사회의 사회적 의존인구의 다양
한 욕구를 충족하기 위하여 지방정부 내의 여러 부서에 의하여 서비스가 개
발되어 왔다. 그리하여 지방정부 내의 보건, 주택, 복지 등 관계부서가 주요
복지서비스를 제공하여 왔으며, 이들은 각각 고유한 접근방법과 전문인력을
갖고 업무를 수행하면서, 지방정부 또는 지역사회 내에서 한정된 자원의 분배
를 둘러싸고 경쟁관계에 있게 되었다. 시봄위원회는 이러한 문제에 대하여 문
제의 본질에 대한 부정확한 지식, 분리된 책임소재, 전문사회사업가의 부족
등이 부적절한 사회서비스의 원인이 되었으며, 이러한 요소가 문제를 혼란하
게 하였다고 보았다(최선희, 2023: 81).

시봄위원회는 지방행정의 대인사회서비스 조직과 책임을 검토하고 지역사
회에 기초하여 가족지향적인 서비스를 제공하는 새로운 사회서비스 부서의
창설을 제안하였다. 즉, 여러 부서에 산재되어 있는 서비스를 통합하여 가족
의 총체적 욕구의 측면에서 각각의 문제를 인식하는 서비스의 제공을 주장하
였다. 서비스통합의 중요성을 강조한 이 제안은 대인사회서비스의 효율적인
조정에 기여하였다(양정하 외, 2021: 46).

이와 같이 「시봄 보고서」의 가장 중요한 주제는 사회서비스의 행정적인 재
조직에 두었으나, 보고서의 많은 부분이 지역사회에 관심을 두었다. 지역사회
는 사회서비스의 수혜자일 뿐 아니라, 서비스의 제공자로 인식되었다. 또한
사회서비스부서의 직원은 고립적인 서비스 수행 단위가 아니라, 지역사회 내
의 서비스망의 부분으로 인식되어야 하며, 서비스를 조정하고 지역사회의 자
원을 동원하도록 하였다. 또한 지역사회지향의 정책은 각종 비공식 보호서비
스와 시민의 참여를 격려하였다.

1960년 후반 이후 사회복지서비스 부문의 주요한 정책적 근거가 된 「시봄
보고서」는, 지방행정당국의 서비스를 중심으로 고용, 교육, 주택당국, 가정원
조, 경찰, 교회, 자원봉사조직, 친구, 이웃에 의한 서비스를 포괄하는 것으로
이해되고 있었다.

한편, 이 시기에 「시봄 보고서」 외에 지역사회보호에 영향을 미친 대표적인 보고서로 「하버트 보고서(Harbert Report)」와 「바클레이 보고서(Barclay Report)」를 들 수 있다.

4) 발전기 : 1980년대 후반-현재

대처(Margaret Hilda Thatcher, 1925-2013) 수상의 보수당 정부는 1986년 그리피스(J. Griffiths)를 위원장으로 위원회를 구성하고, 지역사회보호를 지원하는 공공재정의 사용을 재검토하며, 더욱 효과적인 지역사회보호를 위한 재정활용 방안을 보고하도록 하였다(원석조, 2023: 303).

마가렛 대처

1988년에 「그리피스 보고서(Griffiths Report)」로 알려진 「지역사회보호: 행동을 위한 어젠다(Community Care: Agenda for Action)」라는 보고서는 보수당 정부가 추진한 영국 복지국가 개혁에서 사회서비스 분야의 청사진으로 마련된 것이었다. 이 보고서는 첫째, 지역사회보호의 일차적 책임을 지방당국이 가진다는 점, 둘째, 지방당국은 대인사회서비스의 직접적인 제공자가 아닌 계획자, 조정자, 구매자로서 역할을 수행한다는 점, 셋째, 주거보호에 대한 욕구는 지방당국에 의하여 사정된다는 점을 강조하였다. 특히, 이 점은 일정한 자격을 갖추면 자동적으로 주어지던 중앙정부의 사회보장급여로서, 보충급여의 주거보호에 대한 지원이 중단되고, 주거보호에 관한 지원책임을 지방당국에 이관하여 그 적격성을 재심사하며, 재정지출을 통제하겠다는 정책의지의 표현이었다(최선희, 2023: 85).

「그리피스 보고서」에서는 지역사회보호의 이행을 강조하고, 지역사회보호를 위한 권한과 재정을 지방자치단체에 이양할 것을 제안하였다. 특히, 지역사회보호는 국가에 속한 국민보건서비스(National Health Service, NHS)의 각 기관 간 지방자치단체, 민간비영리단체, 개별 보호자 간의 연계활동으로 전체를 총괄하는 지도력을 발휘할 수 없으면 효과가 없다는 점을 강조하고, 경쟁을 통한 서비스 제공의 다양화를 도모해야 함을 강조하였다. 1990년에는 이러한 내용이 입법화되어 「국민보건서비스 및 지역사회보호법(National Health Services and Community Care Act)」으로 공표되었다. 이 법은 NHS 개혁과 지역사회보호 개혁의 일괄법으로, NHS 부문은 1991년 4월부터 시행되었지만, 각 지방자치 단체가 실시하게 될 지역사회보호 부문은 지방정부의 재정 부담으로 2년이나 연기되어 1993년 4월부터 시행하게 되었다(지은구 외, 2021: 86-87).

1993년의 지역사회보호개혁에서는 시장경제의 원리, 즉 소비자의 선택과 서비스 제공자 간의 경쟁을 통하여 지역사회보호서비스의 수준을 향상하고, 케어 매니지먼트(care management)의 도입으로 적절한 서비스를 제공하고자 하였다. 구체적인 정책내용은 다음과 같다.

① 지역사회의 욕구와 자원분석과 관련된 돌봄계획을 수립한다.
② 돌봄욕구의 정확한 판단과 이에 기초한 돌봄서비스를 제공하기 위해 케어 매니지먼트를 도입한다.
③ 공공서비스에 대한 민간서비스와 경쟁 유도, 욕구 중심의 서비스 제공 등 지방자치단체의 역할을 변화시킨다.
④ 돌봄계획과 관련된 외부기관과의 동반자적 관계를 추진한다.
⑤ 복지서비스에 대한 감독제도를 강화한다.
⑥ 중앙정부에서 지방자치단체로의 권한과 재정의 이양 등으로 지방자치 단체의 재량권을 발휘할 수 있도록 한다.

이와 같은 정책의 변화로 인하여 지역사회보호의 개념이나 실천방향에서 과거와는 다르게 공공부문이나 지방행정당국의 역할보다는 민간부문의 역할이 상대적으로 강조되고 있다. 「그리피스 보고서」 이후 지역사회보호의 개념은 다양한 장에서의 광범위한 서비스의 발전을 추구하면서 지방당국의 역할뿐만 아니라, 가족 등의 비공식 부문, 민간부문, 자원부문의 역할이 강조되었고, 소비자의 선택권 증진과 케어 매니지먼트를 도입하였다. 이러한 지역사회보호 실천주체의 다양화-더 구체적으로는 민간과 자원 부문의 역할 강조-하는 이른바 신보수주의 이념의 경향 하에서 좁게는 '케어의 혼합경제', 넓게는 복지다원주의(welfare pluralism) 논리에 의하여 뒷받침되고 있다.

1997년에 출범한 블레어(Tony Blair, 1953-) 수상의 노동당 정부는 '뉴딜(New Deal)'이라는 이름으로 대규모의 근로연계 복지정책을 시작하였다. 핵심 대상은 청소년 실업자들이다. 이들은 복지급여를 받는 한 의무적으로 뉴딜 프로그램에 참여해야 하며, 이들에게는 일반 취업, 환경 근로, 자원봉사, 전일제 교육과 훈련의 네 가지 옵션이 주어진다. 뉴딜정책은 관점에 따라 비판과 지지가 교차하고 있으나, 빈곤과 사회적 배제를 겪고 있는 지역사회에 자원이 유입되고 동기유발이 이루어지고 있는 것은 부인하

토니 블레어

기 어렵다. 또한 장기 실업자들을 지역사회에 투입하여 지역사회의 시설과 환경을 개선하는 동시에, 이들에게 근로경험과 노동윤리를 심어줄 수 있게 된 점도 긍정적으로 평가할 만하다(양정하 외, 2021: 48).

특히, 영국 노동당 정부는 2008년부터 지역사회 돌봄서비스의 질을 향상하기 위해 관리감독기구에 민간부문이 참여할 수 있도록 '지역참여 네트워크(Local Involvement Networks, LINKS)'에 관한 법적 근거를 마련하여 시행하였다. 지역사회의 개인이나 자원 조직이 지역사회의 돌봄서비스 제공기관에 대해 모니터링을 하고 새로운 제안을 할 수 있는 권한을 규정하는 등 민간부문의 역할을 강화하였다. 2010년에 집권한 보수당 정부는 2013년 4월에 시행된 「보건 및 사회보호법(Health and Social Care Act)」에 따라 의료와 장기요양 간 협력 강화, 소비자 보호 및 정보제공 강화 등의 개혁을 추진하였고, 기존 지역참여 네트워크(LINks)를 폐지하고 보건서비스의 정보제공 및 소비자보호 등을 위한 지역헬스워치(Local Health Watch)로 재편하였다.

영국 지역사회복지의 발전과정은 <표 3-1>과 같다.

〈표 3-1〉 영국 지역사회복지의 발전과정

구분	시기	내용
초창기	1800년대 후반 ~1950년대 초반	• 산업혁명 이후 다양한 사회문제 발생 • 자선조직협회(COS) 설립 • 인보관운동 전개 • 1920년대 지역사회보호 사업 전환 • 제2차 세계대전 이후 「베버리지 보고서」 발표 • '요람에서 무덤까지' 국가의 골격 탄생 • 구빈법 청산 및 최저생활보장 현실화
태동기	1950년대 후반 ~1960년대 후반	• 1959년 정신보건법 제정으로 재가복지서비스의 법제화 • 1963년 최초의 지역보호계획 탄생 • 1968년 「시봄 보고서」 발표 • 재가서비스의 지방정부의 정책화 • 지역사회복지가 사회복지의 바람직한 방향으로 자리매김
형성기	1960년대 후반 ~1980년대 후반	• 지방정부의 사회복지국 창설 • 홈헬퍼 서비스 실시 • 국민보건서비스 개편 • 경제불황으로 인한 대처 정부의 공공재정지출 억제정책 실시 • 노인인구 급증으로 인한 재가서비스 지출 증가 • 「하버트 보고서」, 「바클레이 보고서」 발표 • 비공식 서비스의 중요성 대두
발전기	1980년대 후반 ~현재	• 1986년 「그리피스 보고서」 발표 • 지방정부에 대한 지역사회보호의 책임 • 1990년 「국민보건서비스 및 재가복지법」 제정 • 복지다원주의에 의한 민간부문의 역할 강조

2. 미국 지역사회복지의 발전과정

1) 태동기 : 1890년대-1910년대

미국사회는 1880년대에 들어서면서 산업화 발전이 본격화되었으며, 이로 인하여 다양한 사회문제가 등장하였다. 도시에 집중된 노동자와 그의 가족들, 그리고 세계 각국에서 몰려든 이민자들은 빈곤, 질병, 무지로 인하여 다양한 어려움에 직면하였다(FriedJander & Apte, 1980).

이러한 상황에서 자선조직협회(Charity Organization Society, COS)가 1877년 뉴욕 주 버팔로(Buffalo) 시에서 최초로 설립되었으며, 이를 통해 자선의 중복 예방과 빈민구호단체의 업무를 조정하였다. 이 조직은 미국가족사회사업조직협회로 개칭·발전하였다.

이처럼 미국에서 자선조직협회가 발전하게 된 것은, 남북전쟁이 배경이 되었다. 북부의 승리로 인해 산업자본주의가 급성장하였고, 그로 인한 노동의 유입과 열악한 산업현장이 해결되어야 할 문제로 제시되었으며, 당시의 사회진화주의, 급진주의, 실용주의, 자유주의 이념과 맞물려 자선조직협회가 발전할 수 있는 토양이 되었다. 그리고 자선단체 조정에 치중했던 영국과는 달리, 미국의 자선조직협회는 임대주택에 대한 법 개혁, 결핵 퇴치 사업, 청소년 전담 법원 신설, 아동보육 프로그램 제공 등 다양한 사회문제 해결과정에도 적극적으로 개입하였다.

이러한 자선조직협회는 빈민들에 대한 우월감을 갖고 있었으며, 이러한 분위기에 비판적 견해를 가지게 되었고, 1886년 뉴욕에 근린조합이 설립되었으며, 이것은 미국 최초의 인보관이었다. 그 후 시카고에서 아담스(Jane Adams, 1860-1935)에 의해 헐 하우스(Hull House)가 세

헐 하우스
(Hull House, 미국 시카고)

워졌는데, 이곳에는 오늘날의 지역사회복지관이 제공하는 서비스가 존재하였고, 노동조합의 활동공간이자 각종 사회문제를 토론하는 공간이기도 하였다(김영란 외, 2021: 97).

자선조직협회와 인보관운동의 비교는 <표 3-2>와 같다.

〈표 3-2〉 자선조직협회와 인보관운동의 비교

구분	자선조직협회	인보관운동
사회문제의 원인	개인적 속성	환경적 요소
이데올로기	사회진화론	자유주의와 급진주의
참여주도층	상류층	중류층과 대학생
활동의 초점	빈민 개조와 역기능의 수정	빈민과의 거주와 사회질서의 비판
사회문제 해결방법	자선기관의 서비스 조정	서비스의 직접 제공
활동의 내용	우애방문원의 가정방문	각종 서비스와 사회개혁 활동
의의	지역사회조직 실천방법의 출발	민간사회복지관활동의 출발

이에 따라, 지역사회의 개선과 각종 교육과 서비스를 제공하는 활동을 전개하였다. 인보관의 수 역시 급증하였는데, 이는 미국의 혁신주의로 인하여 인보관사업을 사회문제 해결의 장으로 활용하였기 때문이다. 1929년 경제대공황으로 주춤하던 인보관사업이 근린지역사회센터(community center) 등으로 새롭게 도약하였으며, 이는 지역사회복지의 이론과 기술을 강화하는 계기가 되었다(최선희, 2023: 75).

2) 형성기 : 1920년대-1950년대

프랭클린 루즈벨트

대공황의 여파로 사회복지 수요가 급증하면서 지방정부 중심의 사업이 확대되었다. 구제 대상의 증가로 민간기관 예산이 고갈되었고, 더 이상 민간기관만으로는 사회복지적 욕구를 충족할 수 없는 상황에 이르게 되었다. 이에 루즈벨트(Franklin Roosevelt, 1982-1945 ; 제32대) 대통령의 지도 아래 대공황 극복을 위하여 추진하였던 1935년 뉴딜(New Deal)정책에 의해 사회보장법이 도입되어 공공사업이 확대되었고, 빈민구제사업이 정부기관으로 이양되었다(원석조, 2023: 192 - 193). 새로운 사회보장법에서는 연방정부가 운영하는 노령연금과 실업보험을 통해 전체 노동인구의 50%가 혜택을 받도록 하였고, 요부양아동부조(Aid to Dependent Children, ADC)와 같은 공공부조프로그램을 통해 요보호아동을 위한 수당이 지급되었다(홍봉수 외, 2020: 75).

이후 지역사회복지협의회가 설립되었고 비이데올로기적 지역조직운동 또한 활성화되었다. 또한 산업조직회의를 통해 다양한 급진적 대결전술을 활용한 지역사회조직 활동이 이루어졌으며, 이는 현대적 지역사회복지운동에 직접적인 영향을 미쳤다. 앨린스키(Alinsky)의 지역사회조직은 1930년대 말 시카고의 노동자 거주지역에서 시작되었는데, 그들의 문제를 해결하는 한편, 산업지역재단을 설립하여 활동가를 양성하는 등 미국 전역에 지역사회조직을 확산시키기 위해 노력하였다(Rimlinger, 1971).

3) 발전기 : 1960년대-현재

1960 - 1970년대는 '빈곤과의 전쟁(War on Poverty)'이 가장 큰 이슈가 되었다. 풍요로움이 상징이었던 미국에서도 여전히 혜택을 받지 못하던 빈민들이 많았으며, 베트남전쟁과 시민운동 성장의 영향으로 시민참여와 사회정의를 위한 활동이 활발해지면서 사회복지정책은 빈곤을 근본적으로 해결하기 위한 방향으로 전개되었다. 1964년 존슨(Lyndon B. Johnson, 1908 - 1973 ; 제36대) 대통령은 '빈곤과의 전쟁'을 선포하였고,

린든 존슨

사회복지의 책임은 연방정부에 있음을 강조하였다. 소수민족 자녀의 교육, 농촌주민부조, 직업훈련, 법률원조, 소비자교육 등 지역사회행동프로그램을 실시하였다. 그러나 이 정책의 가장 큰 특징은 투입되었던 돈과 인력이 아니라, 주민참여를 강조하는 지역사회행동프로그램이었다. 그 후 '빈곤과의 전쟁'은 실효성 없이 종결되었으나, 흑인 및 빈민 운동을 통해 대중을 조직화하는 중요한 계기가 되었다. 이것은 지역사회행동프로그램의 영향으로 정부를 거치

지 않고 지역사회의 주민들이 조직화를 통해 당면한 문제를 직접 해결하도록 하는 분위기가 조성되었기 때문이다(김욱진 외, 2021: 54).

1970년대와 1980년대의 신보수주의 이념은 지역사회복지를 크게 변화시켰는데, 예산 부족을 이유로 자조 모형이 강조되었고, 부족한 예산에도 불구하고 질적수준을 유지하기 위해 사회복지기관들은 자조집단을 형성하고 자원봉사를 조직화하는 다양한 움직임이 생겨나게 되었다. 1970년대 오일쇼크(oil shock) 이후의 경제는 급격히 악화되어 미국민의 10%에 이르는 인구는 정부의 지원에만 의존하는 최악의 상황에 직면하게 되었다. 또한 신보수주의자들은 더 이상 정부가 시장에 개입하는 것을 반대하고, 사회복지비용을 감축해야한다고 주장하였다. 대신 민간에 대한 규제를 완화하고 경쟁을 유도하여, 사회복지 분야 역시 적자생존의 법칙을 따라야 한다는 입장이었다.

1980년대 레이건(Ronald Reagan, 1911-2004 ; 제40대 대통령) 정부는 사회복지의 책임은 개인, 가족, 지역사회에 있다고 보았으며, 연방정부에서 주관하던 사회복지 프로그램을 주정부로 이관하였다. 이러한 기조는 1990년대까지 이어지면서 사회복지기관은 행정, 계획, 평가의 중요성을 인식하게 되었고 민간 중심의 지역사회복지는 양적으로도 크게 확장되었다.

로널드 레이건

클린턴(Bill Clinton, 1946- ; 제42 대통령) 정부가 들어서면서 복지수급기간의 제한, 근로연계복지를 주장하였는데, 이는 복지보다 일을 중요하게 여기는 사회적 분위기를 반증하고 있었다. 특히, 2008년 대선에서 승리한 오바마(Barack Obama, 1961- ; 제44대) 대통령의 과거 전력 및 선거운동에서 보여 준 사회참여와 활동은, 풀뿌리 지역사회조직활동에 대한 새로운 평가와 함께 지역사회조직화에 대한 학문적·

빌 클린턴

실천적 관심을 증대하였다. 2015년에 오바마 정부는 최저임금 인상추진 계획을 발표하는 등 사회적 약자에 대해 많은 관심을 보였다. 이러한 사회적 흐름과 함께 민간의 자원활동이 활발히 추진되었다(박현식 외, 2021: 62).

그러나 트럼프(Donald Trump, 1946- ; 제45대) 대통령은 강력한 보수주의자로 미국 지역사회복지를 위협할 수 있는 인물로 전 세계의 주목을 받고 있다. 그러나 트럼프는 재선에 성공하지 못하였고, 바이든(Joe Biden, 1943- ; 제46대) 대통령이 취임하였다.

미국 지역사회복지의 발전과정은 <표 3-3>과 같다.

〈표 3-3〉 미국 지역사회복지의 발전과정

구분	시기	내용
태동기	1890년대 ~1910년대	• 1880년대 본격적인 산업화 • 도시노동자와 이민자 문제 • 자선조직협회(COS) 설립, 1877년 버팔로 시에 최초로 설립 • 인보관 운동 전개, 시카고 헐 하우스 설립, 근린지역사회센터로 전환
형성기	1920년대 ~1950년대	• 대공황으로 인한 지방정부 사업 확대 • 1935년 뉴딜정책에 의한 사회보장법 도입 • 연방정부가 운영하는 노령연금과 실업보험 • ADC 등 공공부조프로그램 운영 • 지역사회복지협의회 설립 • 앨린스키의 지역사회조직 활동
발전기	1960년대 ~현재	• 베트남전쟁과 시민운동의 영향 • 1964년 존슨 대통령의 '빈곤과의 전쟁' 선포 • 주민참여 강조의 지역사회행동 프로그램 • 신보수주의 이념의 영향 • 예산 부족으로 인한 사회복지기관의 자조집단 형성과 자원봉사 조직화 • 정부의 사회복지비용 감축과 민간의 경쟁 유도 • 민간중심의 지역사회복지의 양적 확장 • 클린턴 정부의 복지수급기간 제한, 근로연계복지

3. 한국 지역사회복지의 발전과정

현대적인 의미의 사회복지와 이에 포함되는 지역사회복지, 지역사회개발과 조직 등의 용어가 사용된 것은, 주로 서양에서는 20세기 이후이며, 우리나라의 경우에는 1940년대에 들어와서부터이다. 그러나 우리나라에 있어서도 지역사회복지에 대한 현대적인 개념, 원리와 방법이 도입되기 훨씬 전부터 마을 단위 또는 국가적인 차원에서 지역주민과 일반 국민이 당면하고 있는 사회적·경제적 문제를 해결하려는 공동의 노력은 존재해 왔다.

사회복지는 특수한 문제를 가진 개인이나 가정에 대해 시혜를 베푸는 것에 국한되지 않고 지역사회의 일반적인 조건을 향상하기 위한 공동의 노력을 포함한다. 이런 시각에서 볼 때, 사회복지의 역사는 촌락공동체의 역사와 같이 오래되었다. 이와 관련해서 자연적인 생활공동체는 인류가 정착생활을 시작함에 따라 형성한 촌락공동체에서 비롯되고, 이 촌락공동체에 몸을 담은 사람들은 끊임없이 보다 나은 발전을 위한 변화를 의도적으로 추진해 왔기 때문에, 우리나라에서 지역사회개발의 역사는 고대의 씨족 중심의 촌락사회로부터 시작되었다.

그러나 전문사회사업과 사회복지의 관점에서 볼 때, 고대 전통사회에 존재했던 사회복지의 제도와 관행들이 오늘날의 제도 및 방법과 어느 정도의 관련성이 있는지에 대해서는 의문의 여지가 있다. 현재 우리나라의 사회복지제도는 일본의 법과 제도를 모방한 경우가 많고, 전문사회사업의 실무에 있어서는 미국적인 방법론을 거의 무비판적으로 도입했기 때문에, 오늘날의 복지제도의 기원을 전통사회의 복지관행과 이념에서 찾기에는 상당한 무리가 있다.

한국의 지역사회복지 역사는 전근대사회부터 전통적 상부상조와 국가에 의한 공공부조가 이루어지면서 발달하였다. 전근대사회에서는 마을 단위나 국가 차원에서 지역사회주민이 당면한 사회적·경제적 문제를 해결하고자 하는 공동의 노력이 있었다. 현대적 의미의 '지역사회복지'가 본격적으로 사용된 것은 1960년대부터이다. 그 이전의 활동은 전근대사회의 상부상조 활동이었고, 일제강점기 때 일본제국주의 및 지역사회 주도의 지역사회복지활동은 복지이념이 그대로 구현되었는지 의문이 있을 수 있고, 한국전쟁 이전이나 이후의 지역사회복지활동은 외국의 원조에 의존하여 주로 개별적이고 시설수용적인 측면(전쟁고아) 등의 구호활동이 주를 이루었기 때문이다. 그러나 현대적 지역사회복지 개념이 사용되기 이전에도 지역사회복지의 모티브가 될 수 있는 민간 차원의 계, 두레, 품앗이 등이 있었고, 국가 차원의 의창, 상평창, 진휼청 등을 설치하여 지역사회주민의 복리증진과 빈민구제를 담당하게 하였다(김현호 외, 2020: 59).

그러므로 현대적 의미의 지역사회복지는 정부수립 전까지 큰 성과를 내지 못하고 있었다. 과거 봉건국가체제에서는 여러 제도가 운영되었지만, 시혜적 성격이 있었다고 한다면, 일제강점기에는 식민지통치의 성격이 강했다고 할 수 있다. 미군정 역시 일시적이고 과도기적인 형태에 불과했다. 따라서, 정부수립 전까지는 통치자의 일방적인 지역사회복지라고 할 수 있다. 즉, 현대적 의미의 지역사회복지제도라고 할 수 없다. 이런 면에서 한국의 지역사회복지 시행은 정부수립 이후로 보는 것이 타당하다. 그 내용은 다음과 같다.

1) 태동기 : 1948-1970년대

해방과 한국전쟁으로 정치·경제·사회의 불안정과 혼란이 계속되었다. 한국전쟁으로 고아와 전쟁난민이 증가함에 따라 외국의 민간구호단체들이 들어오기 시작하였고, 이 기관들은 구호사업을 비롯하여 보건사업, 교육사업, 지역사회 개발사업을 전개하였다. 한국전쟁 중인 1952년에는 외국의 민간구호단체 7개 기관이 '외국민간원조기관한국연합회(Korean Association of Voluntary Agencies, KAVA)'라는 외국원조협의체를 조직하여 원조활동과 관련한 문제들을 협의·조정하였고, 1955년에 이르러서는 사무국을 두어 연합회로서의 기능을 갖추게 되었다(원석조, 2023: 357).

외국의 민간원조기관의 사업들은 전쟁고아를 원조하기 위한 시설보호사업이 주를 이루었는데, 전반적으로 전시 및 전후 복구의 시기에 사회복지서비스 제공에 중요한 역할을 담당하였다. 외국의 원조기관은 1964년에는 70여 개로 증가하였는데, 이 중 28개 기관만이 교육, 보건, 사회복지, 구호, 지역사회개발사업을 수행하였고, 나머지 기관들은 기독교 선교의 목적을 가지고 활동하면서 부수적으로 교육, 보건, 구호 및 사회복지 분야에서 활동을 전개하였다. 외국 민간원조기관들은 원조사업의 내용, 활동 및 전문성 면에서 우리나라의 사회복지사업에 중요한 역할을 하였고, 미국식 전문사회사업의 실천방법과 관련된 이론들을 국내에 전파하는 데 결정적 역할을 하였다. 이 기관들은 지역사회조직사업 등 전문화된 사회복지사업을 실천으로 보여 주었으며, 상호 정보교환을 통해 원조의 중복을 피하고 상호 간에 전문적인 지식을 교환할 수 있는 기회를 제공하였다. 우리나라의 경제개발로 소득 수준이 향상됨에 따라 1970년대에 들어서서는 외국 민간구호단체들이 철수하기 시작하였다(정민기 외, 2023a: 47).

1956년 이화여자대학교가 복지관을 설립하였고, 1956년에는 아현인보관, 1962년에는 목포사회복지관 등 대학부설 또는 개인이나 민간단체에 의해 사회복지관이 설립되기 시작하였다. 특히, 1970년대는 외국 민간원조기관의 활동이 감소하고, 우리나라의 토착 사회복지관이 증가하기 시작하였다. 1975년 우리나라는 국제사회복지관연합회 회원국으로 가입하였고, 1976년에는 22개의 사회복지관이 연합하여 한국사회복지관연합회를 결성하였다.

우리나라에서 체계적인 지역사회개발사업의 기반이 구축되기 시작한 것은, 1958년 9월 지역사회개발위원회 규정이 공포되면서부터라고 할 수 있다. 특히, 1970년대에 들어와서는 우리나라의 전형적 지역사회개발사업이라고 할 수 있는 '새마을운동'이 뿌리내리기 시작하였다. 이 사업은 1970년 당시 박정희 대통령의 지시에 따라 농한기 농촌마을가꾸기 시범사업 형태로 시작되었고, '근면·자조·협동'의 기치 아래 내무부에 전담부서를 두고 전국적인 사업으로 전개되었다. 새마을운동은 농촌생활 환경개선운동으로 시작되었으나 소득증대운동으로 확대되었고, 도시에서는 의식개선운동으로 전개되었다. 지역사회 복지적 맥락에서 새마을운동은 체계적인 지역사회개발사업의 기반을 구축하였다는 점에서는 상당한 의의가 있으나, 정부의 권고나 지시에 의해 1인 또는 소수의 지도자가 주도한 사업이라는 점에서는 한계가 있다. 새마을운동은 지역주민의 자발성에 근거한 지역사회개발사업이라고 평가하기에는 무리가 있다(양정하 외, 2021: 64-65). 즉, 새마을운동은 정부 주도의 지역사회개발사업이다.

새마을운동의 사업 내용은 <표 3-4>와 같다.

〈표 3-4〉 새마을운동의 사업 내용

기초마을	자조마을	자립마을

기초마을
기본지원
 -새마을가꾸기
  (시멘트 500톤, 철근 1톤)
 -농로 + 지붕개량
	-기본 사업(추가)
	  농로 + 지붕개량
	 -복차사업
	  국토 + 소하천 가꾸기
	 -마을기금 50만 원 이상
		우선지원
		 -복차사업
		 -생산기반사업
		 -문화복지사업
		 -소득증대사업
		 -생산협동사업
		 -마을기금 100만원 이상

자료: 양정하 외(2021: 65).

2) 정착기 : 1980-1990년대 초반

1980년대의 지역사회복지는 사회복지관에 대한 공식적인 정부지원, 재가복지서비스의 도입, 사회복지 전문요원제도의 도입, 지역사회복지운동의 확대 등이 있다.

사회복지관사업은 1980년대 산업화 이후 대도시의 빈곤문제가 심각하게 부각됨에 따라, 이를 해결하기 위한 방안으로 국가의 공식적인 국고보조사업으로 추진하게 되었다. 1983년 「사회복지사업법」의 개정으로 사회복지관은 복지관 운영을 위해 국가로부터 공식적으로 국고보조금을 지급받기 시작하였다. 이에 힘입어 1980년대에는 민간단체에 의한 사회복지관 설립이 증가하여 1990년 당시 58개의 사회복지관이 설치·운영되었다. 1989년에는 「주택건설촉진법」 등에 의해 저소득층 영구임대아파트 건립 시 일정 규모의 사회복지관 건립을 의무화하였고, "사회복지관 운영·건립 국고보조사업지침"에 근거하여 국가지원금 산출방식이 마련되었다. 1989년에는 사회복지관들의 연합체인 한국사회복지관협회가 설립되었다(우수명 외, 2023: 60).

1987년부터 별정직 공무원인 사회복지전문요원제도가 도입되어, 서울, 부산, 대구, 인천, 광주, 대전 등 전국의 6개 대도시 저소득층 밀집지역의 동사무소에 사회복지 전문요원이 신규로 임용·배치되기 시작하였다. 이어 1992년 12월 「사회복지사업법」 개정을 통해 '사회복지 전담공무원'이라는 명칭으로 이들에 대한 법적인 근거가 마련되었고, 이들은 전국적으로 확대 임용·배치되어 생활보호대상자(국민기초생활보장수급자)를 중심으로 한 공공부조 업무를 담당하게 되었다.

1980년대에는 노인과 장애인을 대상으로 한 재가복지서비스가 도입되었다. 즉, 서비스가 필요한 대상자가 시설에 수용되지 않고 자신이 거주하는 가정이나 지역사회 내에서 서비스를 제공받을 수 있도록 재가복지가 민간분야에서 처음으로 시도되었다. 예를 들어, 노인분야에서는 1980년대 초 한국노인복지회가 노인결연사업, 상담사업 등을 실시하였으며, 후에 정부와 국제노인복지회의 지원을 받아 가정봉사원 파견 시범사업을 실시하였다. 장애인분야에서는 1980년대 장애인재활협회, 서울장애인종합복지관 등을 중심으로 지역사회 중심 재활사업(community-based rehabilitation)을 실시하였는데, 장애인 가정을 방문하여 상담, 진단치료, 교육 프로그램 등을 제공하였다(김영철 외, 2022c: 96-97).

1980년대 후반에는 사회운동적 성격의 각종 지역사회복지운동이 폭발적으로 증가하였다. 정치적 민주화라는 정치환경의 변화를 계기로 도시빈민운동이나 노점상운동, 농민운동 등과 같은 부문 운동뿐만 아니라, 경제정의실천시민연합회, 참여연대, 공명선거실천시민운동협의회, 환경운동연합 등을 중심으로 시민사회단체 운동이 확대되었다. 또한 장애인, 노인, 여성 등 사회적 취약집단을 중심으로 이익집단 성격의 단체가 결성되어 적극적인 이익추구 활동을 전개하게 되었다.

이 시기에는 사회복지관의 발전과정에서 몇 가지 특징적인 조치가 이루어졌다.

첫째, 영구임대주택단지 내에 사회복지관의 건립이 시작되었다.

둘째, 민간단체에 의한 사회복지관의 건립이 활성화되었다.

셋째, 1989년에 사회복지관 운영·건립 국고보조사업지침이 마련되어 국가 지원금 산출방식이 제정되었다.

이러한 특징은 지역사회를 중심으로 하는 사회복지관사업이 본격적인 궤도에 진입하였음을 말해 준다.

3) 발전기 : 1990년대 중반 이후-현재

1990년대 이후 지역사회복지는 과거에 비해 지역 중심성에 대한 강조, 전문성의 강화 등을 기초로 질적인 변화를 경험하게 된다. 특히, 재가복지서비스의 확대, 지역사회복지실천주체의 전문화 및 다양화, 지역사회 중심의 자활사업 전개, 지방자치제의 실시 및 지역분권운동의 전개에 따른 지역사회복지의 내실화 요구 등 지역사회복지의 질적 전환이 이루어진 시기라고 할 수 있다.

우선, 사회복지관은 1990년대 이후 급속한 양적 확대를 가져와 1990년의 58개소에서 2022년 현재 전국에 476개소가 설치·운영되고 있다. 사회복지관은 국고보조금 및 지방비와 법인 자부담이라는 재정구조를 가지고 있었고, 민간법인의 운영, 정부의 지도감독 등 반관반민의 운영형태를 띠고 있다.

2005년부터 사회복지 지방이양사업의 국고보조금이 분권교부세로 전환됨에 따라 사회복지관은 지방자치단체의 일반재정으로 운영되고 있다. 그리고 분권교부세는 2014년까지 운영되다가, 2015년에 보통교부세로 통합 운영되고 있다. 그리고 1997년 「사회복지사업법」의 개정으로 사회복지기관 평가제도의 도입과 함께 지역사회 중심의 자원동원 및 서비스 전달체계의 확립, 지역사회 주민조직화 사업이 강화되는 등 지역사회복지의 실천 영역이 확대되고 있다.

재가복지는 1990년대에 들어 비로소 정부 차원의 지원을 받아 종합적인 프로그램으로 발전하게 되었다. 정부는 가정에서 돌봄을 요하는 장애인, 노인, 소년소녀가정, 한부모가정 등 가족부양기능이 취약한 계층을 중심으로 지역사회 내에서 재가복지서비스를 제공하기 위하여 1992년부터 재가복지봉사센터를 설치·운영하고 있다. 재가복지봉사센터는 1980년대 이후 정부의 지원사업으로 설치가 확대된 기존 사회복지관, 장애인복지관, 노인복지관 등에 전담인력, 장비 등 사업비를 추가 지원하여 복지관의 부설 형태로 설치·운영되고 있다. 주요 사업 내용은 자원봉사자를 모집·교육하여 가정에서 돌봄을 요하는 장애인, 노인, 불우아동 및 저소득층 가정을 직접 방문하여 간병, 진료, 급식, 정서적 지원, 가사보조 등 일상생활에 필요한 각종 서비스를 제공하거나, 지역사회 내의 뜻있는 사람들과 양부모, 의형제를 맺어 주고 후원자를 알선하여 생활용품 및 용돈 등 경제적 지원을 하고 있다. 시설별 사업 내용을 보면, 사회복지관에서는 저소득층 가정에 대한 종합적인 재가복지서비스를 제공하고, 장애인복지관에서는 장애인에 대한 순회 재활서비스를 제공하고 있다. 노인복지관은 단독노인세대, 거동불편노인에 대하여 재가복지서비스를 제공하며, 한국사회복지관협회와 광역(시·도)사회복지협의회에서는 재가복지를 위한 자원봉사자의 양성과 공급을 하고 있다(양정하 외, 2021: 68).

이 시기에 전개되었던 재가복지의 특성을 요약하면 다음과 같다.

첫째, 서비스 실천의 장(setting)은 주로 재가복지봉사센터로서 민간사회복지관 등에 부설되어 있다. 영국의 경우, 공공기관과 각종 민간기관 등에 다양하게 분포되어 있는 것과는 대조적이다. 또한 우리나라에서는 소규모 거주시설(노인그룹홈), 주간보호를 비롯한 통원시설(cay care center) 등에서의 서비스는 재가복지의 개념에서 제외되는 경향이 있다. 이것은 우리나라에서는 지역사회보호라는 광의의 개념(care at home or care from home)보다는 재가복지라는 협의의 개념(care at home)이 더 일반화되어 있는 경향에서 그 원인을 찾을 수 있다.

둘째, 서비스실천의 주체는 주로 자원봉사자이다. 재가복지봉사센터에 전문인력이 배치되어 있으나 소수에 불과하며, 이들은 자원봉사자를 조직하여 배치하고 관리하는 업무를 주로 담당함으로써 다수의 서비스 대상 인구에게 직접적으로 전문 서비스를 제공하기는 어려운 실정이다.

셋째, 서비스 실천의 대상은 가족기능이 취약한 재가의 노인이나 장애인, 아동이다. 따라서, 가정과 유사한 소규모 주거시설 등의 보호대상자를 적극적으로 포함하지 못하는 한계가 있다.

그럼에도 불구하고, 공공부문의 사회복지 전달체계 측면에서는 질적인 변화가 이루어졌다. 사회복지 전담공무원의 배치가 일선 읍·면·동을 중심으로 본격적으로 이루어져 공공 지역사회복지를 실천하기 위한 인력기반이 크게 확대된 것도 이 시기의 주요한 발전이었다. 그러나 수요자 중심의 복지서비스 제공의 비효과성, 전문적인 집행 등의 문제점으로 인해 공공 사회복지 전달체계의 개편 논의가 활발하게 전개되었다. 그 결과, 2004년 7월부터 2006년 6월까지 2년간 시범사회복지사무소를 설치·운영하고, 2006년 7월 이후에는 시·군·구 단위에 주민생활지원국을 설치하여 운영하였다. 여전히 복합적 욕구를 가진 복지수요자에 대한 대응 미흡과 복지서비스의 효과성 문제가 제기됨에 따라 2012년 상반기부터 시·군·구에 희망복지지원단을 설치하였고, 2013년부터 맞춤형 복지전달체계 구축을 위해 읍·면·동 기능개편을 추진하는 등 통합사례관리 및 맞춤형 복지를 위한 지역 공공복지 전달체계의 변화를 도모하고 있다(김수목 외, 2021: 64–66).

1990년대 중반 이후 지역사회주민의 삶의 질 향상과 복지욕구의 해결을 공식적으로 표방하는 지역사회복지조직의 활동이 주목을 받기 시작하였다. 이들 조직은 푸드뱅크사업, 보건의료지원사업 등 저소득·빈곤 계층을 위한 직접서비스 지원사업을 수행하고 있을 뿐만 아니라, 지역복지정책개발사업, 각종 빈곤정책 프로그램 등과 관련된 조례제정운동을 비롯하여 다양한 사회행동을 실현하고 있다. 이러한 자주적인 지역사회복지조직은 지역주민운동에 뿌리를 두고 있으며, 저소득층에 대한 직접서비스기능뿐만 아니라, 사회행동 등 다양한 지역사회복지기능을 수행하고 있다. 그리고 IMF 구제금융 이후 사회복지 이슈를 매개로 하는 시민사회단체의 증대가 비약적으로 이루어졌다. 이들은 지역복지 이슈를 구체화하거나 노인, 아동, 장애인, 청소년 등의 문제를 집중적으로 제기하고 있다. 최근에 사회적 약자에 관심을 보이는 등 지역복지의 이슈나 삶의 질 향상과 관련된 지역 중심의 복지 이슈가 시민사회운 동의 중요한 영역으로 등장하였다. 지역주민의 자주적인 역량강화와 복지권 의 실현을 위해 주민참여를 통한 지역복지운동이 다양하게 전개되고 있으며, 2005년에 '전국지역복지운동단체네트워크'가 발족되어 활동하면서 지역복지 운동은 새로운 질적 전환을 모색하고 있다(김영철 외, 2022b: 55-56).

2000년 10월「국민기초생활 보장법」시행으로 지역사회 중심의 자활지원 사업이 본격적으로 전개되었다. 자활사업의 전개는 과거와는 다르게 지역사 회 차원에서 빈곤문제 해결을 위한 구체적이고 전문적인 실천활동을 요구하 고 있으며, 지역사회복지 발전에 기여하고 있다. 지역사회의 자활지원사업을 담당했던 많은 조직이 대부분 지역자활센터로 지정되었으며, 2023년 현재 전국 적으로 지역자활센터 250개소가 설치·운영되고 있다(보건복지부 홈페이지, 2023).

이 밖에도 1998년에 광역단체 사회복지협의회의 독립법인화 및 기초 자치 단체 사회복지협의회의 조직화, 2003년에 사회복지사업의 개정으로 지역사회 복지조직 및 관련 자원 간의 네트워크를 통한 지역사회복지협의체의 구성, 지 역사회복지계획의 수립, 2005년 국고보조사업의 정비로 사회복지분야 사업을 지방으로 이양하는 등 지방분권을 추진하면서 지역사회복지의 중요성이 강조 되고 있다. 그리고 지역별 특성과 주민욕구에 부응하여 지역 실정에 맞는 사 회서비스를 주도적으로 개발·제공하도록 지원하는 지역사회서비스 혁신사업 이 2007년부터 시행되었고, 2008년에는 지역사회 서비스투자사업으로 명칭이 변경되었으며, 2013년에 포괄보조방식으로 변경되어 지역 자체적으로 사업을 개발하는 방식으로 진행되고 있다.

2014년 12월「사회보장급여의 이용·제공 및 수급권자 발굴에 관한 법률」 이 제정됨으로써 사회보장급여대상자의 발굴 강화, 시·군·구 지역사회보장 협의체 및 읍·면·동 지역사회보장협의체의 구성 및 운영, 지역사회보장계획 의 수립·시행·평가, 복지대상자 발굴을 촉진하기 위한 민관협력의 활성화 등 지역사회복지의 발전에 많은 영향을 미치고 있다.

한국 지역사회복지의 발전과정은 <표 3-5>와 같다.

〈표 3-5〉 한국 지역사회복지의 발전과정

구분	시기	내용

근대
이전
	1950년대 이전	• 촌락을 중심으로 한 상호부조 형태의 지역사회복지
		• 두레, 계, 품앗이, 향약
		  두레 : 농촌의 상호협동방식 생산협동체
		  계 : 친목과 공제를 목적으로 한 협동조직
		  품앗이 : 노동력의 상호교환
		  향약 : 지식인들의 자치적인 협동조직
		• 외국인 선교사들에 의해 인보관 설립
		• 한국의 최초 복지관 '태화사회관' 설립

형성기	1950~1970년대	• 해방 이후와 한국전쟁 이후 시설수용형태의 지역복지 등장 • 1952년 외국민간원조한국연합회(KAVA) 조직 • 1958년 지역사회개발위원회 규정 공포 • 1970년대 새마을운동으로 지역사회개발 발전
정착기	1980~1990년대 초반	• 선경제 후복지의 후유증 • 제5공화국의 복지사회구현 정책수립 • 「생활보호법」 전면 개정 • 지역사회복지관 설립, 재가복지서비스 도입, 사회복지전담요원제도 실시 • 제6공화국의 사회복지전담공무원제도, 지방자치제도 전면 실시, 영구임대아파트 단지 내 사회복지관 건립 법제화, 가정봉사원 파견사업 • 김영삼 정부의 보건복지부, 국민복지기획단 구성
발전기	1990년대 후반~현재	• 1990년대 후반 IMF 경제위기 • 1997년 「사회사업법」 개정으로 사회복지기관평가 시행, 자원봉사센터 설립 • 김대중 정부의 생산적 복지, 근로연계 복지, 국민기초생활보장제도 시행, 「사회복지공동모금법」 • 2001년 지역사회복지협의체 • 2004년 사회복지사무소 시범사업

1. 우리나라의 1990년대 이후의 지역사회복지의 특징과 관련 없는 것은?

　① 재가복지서비스의 확대
　② 지역사회복지실천주체의 전문화 및 다양화
　③ 지역사회 중심의 자활사업 전개
　④ 지방자치제의 실시 및 지역분권운동
　⑤ 사회복지관 건립운동 전개

2. 일반적으로 지역사회복지라는 용어의 시작은?

　① 고대 그리스 로마시대　　　　② 중세시대
　③ 종교개혁시대　　　　　　　　④ 근세
　⑤ 20세기 이후

3. 조선시대 사회복지사상을 잘 설명하고 있는 책은?

　① 목민심서　　　　　② 조선왕조 오백년사
　③ 금오신화　　　　　④ 춘향전
　⑤ 징비록

4. 다음 설명 중 옳지 않은 것은?

　① 자선조직협회의 설립목적은 자선 및 빈민구호단체의 업무를 조정하는 것이다.
　② 인보관운동의 목적은 만연한 계급갈등과 노사갈등을 지역사회 수준에서 조정 또
　　는 봉합하여 사회적 조화를 이루고 사회적 갈등을 봉합하려는 것이다.
　③ 자선조직협회의 주도자는 상류층, 부유층 또는 그들과 가까이 지낸 사람들이었다.
　④ 인보관운동은 활동가들의 내재된 도덕적 우월감으로 개인적 관계 형성에 실패했다.
　⑤ 미국의 자선조직협회와 인보관운동은 사회복지대학·학과 창설 과정의 촉진제 역
　　할을 하였다.

정답 1. ⑤ 2. ⑤ 3. ① 4. ④

Chapter 4

지역사회복지의 철학

개요

지역사회복지의 철학에는 가치, 이념, 윤리가 있다. 여기서 철학은 사회복지가 나아갈 길을 안내해 준다. 그 이유는 사회복지의 탄생은 이데올로기를 기반으로 하기 때문이다. 즉, 지역사회복지의 철학을 통해 실천현장에서의 추진방향을 정할 수 있기 때문이다. 여기에서는 지역사회복지의 철학을 학습하고자 한다.

학습목표

1 핵심어에 대한 이해도 향상
2. 핵심어 간 상호관계 정립
3. 학습자 간 토의를 통한 진로설정

학습내용

1. 가치
2. 이념
3. 윤리

지역사회복지의 철학

1. 가치

1) 가치의 개념

『사회복지정책론』
(2022년 출판)

김보기 등의 저서 『사회복지정책론(2022a: 71)』에 따르면, 가치(value)라는 말은 라틴어 *valere*'인데, 이는 '강함, 승리, 또는 그럴 만함'을 의미한다. 가치의 정의에 대한 설명으로는 ① 선(good)이나 바람직한(desirable) 것이며, 정서를 가진 질적인 판단, ② 사람에 관하여 그리고 사람을 다루는 적절한 방법에 대하여 전문직이 갖고 있는 신념, ③ 믿음과 같은 것으로 좋고 바람직한 것에 대한 지침이며, 적절한 행동의 선택에 대한 지침, ④ 어떤 선택을 하도록 영향을 미치는 이념 등이다.

그렇다면 가치는 무엇이고, 사회복지정책이 추구하는 가치는 무엇인가? 가치는 일상생활에서 필요와 욕구를 충족시킬 수 있는 것을 뜻한다. 그런 의미에서 상품은 모두 가치이다. 그러나 이런 경제적 가치 외에 육체적인 쾌적·건강도 가치 있는 것이며, 나아가 인간의 정신적 활동에 만족을 주는 가치가 있다. 즉, 논리적 가치와 도덕적 가치, 미적 가치, 종교적 가치를 생각할 수 있다. 물론 가치란 인간을 떠나 실재하는 것이 아니다. 가치를 느껴서 아는 인간의 존재가 있어야 비로소 존재한다. 또한 가치가 생기기 위해서는 대상에 관계하는 자기의 일정한 태도, 즉 평가작용이 예상되며 그러한 평가작용의 주체인 자기 성격에 따라 가치 자체에도 개인적, 사회적, 자연적, 이상적이라는 구별이 생긴다(박주현, 2021: 51).

가치는 귀중함의 정도 또는 중요함의 비중을 구분하는 것과도 연관된다. 또한 가치는 주관적이며, 개인마다 다른 비중을 가지며, 연령과 자신이 살아가는 상황에 따라 변화될 수 있다. 사회구성원들의 완전히 일치되는 가치는 존재하기 힘들지만, 공공정책을 수행하는 데 있어서 사회적 자원을 사회구성원에게 어떻게 배분할 것인가에 대한 합의를 만들어 내는 가치분석과 선택은 매우 중요하다. 예를 들어, 정책목표가 이중적이거나 애매할 경우, 정책목표를 명확히 밝히는 것이 매우 중요하기 때문에 가치는 지역사회복지의 형태나 모형을 결정짓는 중요한 역할을 한다(김보기 외, 2022a: 70).

가치는 문화, 집단 또는 개인이 바람직하다고 생각하는 관습, 행동규범과 원칙들을 말한다. 즉, 가치란 인간 행동에 영향을 주는 어떠한 바람직한 것, 또는 인간의 지적·감정적·의지적인 욕구를 만족시킬 수 있는 대상이나 그 대상의 성질을 의미한다. 가치라는 것이 경험할 수 있는 사물로부터 유래된 것인가, 또는 개인의 감정이 사물에 가치를 부여하는 것인가 하는 문제는 객관적 가치인가 주관적 가치인가를 논하는 가치론의 중요한 쟁점이다. 이는 윤리와 구분되는 것으로 가치가 믿음이라면 윤리는 판단이다. 가치가 좋은 것에 대한 개인의 선호에 기초한 것이라면, 윤리는 옳고 그른 것에 대한 사회적 판단에 기초한 것이다. 따라서, 사회복지사는 가치 중심 전문직이다(Levy, 1976).

이와 같이 가치에 대한 정의는 달리 표현될 수 있지만, 공통적인 의미가 담겨 있다. 즉, 가치는 바람직하다고 생각하는 삶의 방식이나 기준, 신념을 의미한다. 가치는 지역사회복지정책의 수립과 집행의 준거가 되고, 또한 지역사회복지의 분석 기준이 된다. 따라서, 가치는 지역사회복지가 추구해야 하는 방향성을 제시한다(오세영, 2020: 46).

2) 가치의 범위

지역사회복지실천의 가치는 다른 가치에 우선하여 선행적으로 수용해야 할 가치가 존재한다. 또한 이에 대한 위계적 단계가 있다.

(1) 선행 가치

레비(Charles S. Levy)는 1973년 그의 논문 「사회복지의 가치 기반(The Value Base of Social Work)」에서, 사회복지실천에서 우선적으로 수용해야 할 가치에 대해 다음과 같이 설명하고 있다.

① 사람 우선 가치

사람 우선 가치는 전문직 수행의 대상인 사람 자체에 대해 전문직이 갖춰야 할 기본적 가치관이다. 개인의 가치와 존엄성, 개인의 건설적 변화에 대한 능력과 욕구, 상호 책임성, 소속의 욕구, 인간의 공통적 욕구 그리고 개개인의 독특성에 대한 가치 등이 거론된다. 클라이언트를 하나의 개별화된 인간으로 보고 능력을 인정하며, 그에 따라 권한을 인정해 주는 가치관이다. 이는 사회복지실천의 기본 철학과 같은 것이다.

② 결과 우선 가치

결과 우선 가치는 사람에게 서비스를 제공했을 때 초래하는 결과에 대한 가치관이다. 이는 사회가 개인의 발전을 위해 사회참여에 대한 기회를 동등하게 제공해야 한다는 사회적 책임에 대한 믿음이다. 그뿐만 아니라, 빈곤, 질병, 차별대우, 부적절한 주거환경 및 불공평한 교육기회 등의 문제를 해결하거나 미연에 방지해야 할 사회적 책임에 대한 가치이며, 동시에 이와 같은 욕구를 충족시킬 수 있는 자원을 제공해야 하는 사회적 책임에 대한 믿음이다.

③ 수단 우선 가치

수단 우선 가치는 서비스를 수행하는 방법 및 수단과 도구에 대한 가치관이다. 즉, 사람은 존경과 존엄으로 다뤄져야 하며, 자기결정의 권리를 가져야 하고, 사회변화에 참여하도록 북돋워져야 하며, 하나의 독특한 개인으로 인정되어야 한다는 믿음과 같은 것이다. 인간의 자율성으로 요약될 수 있는 수단우선 가치는 아마도 사회복지실천과정에서 매우 중요하게 실천되어야 할 가치체계일 것이다. 사회복지사에게 아무리 바람직해 보이는 결정도 클라이언트의 자율적 결정이 아닌 강요받은 결정이라면, 이는 기본 가치관에 어긋나는 것이다. 모든 결정과정에서 클라이언트의 자율성이 보장되어야 한다.

(2) 가치의 단계

가치의 범위는 위계적 단계로도 설명된다. 즉, 다양한 가치를 종적으로 분류하여 도구적 가치, 근사적 가치 그리고 궁극적 가치의 세 단계로 나눌 수 있다. 그 내용은 다음과 같다(양옥경 외, 2018 : 53-54).

① 도구적 가치

도구적 가치(instrumental values)는 바람직한 목적에 맞는 바람직한 수단을 구체화한 것으로서, 매우 구체적인 가치들로 구성된다. 예를 들어, 진실(truth)은 어떤 경우에라도 추구되어야 할 중요 가치이며(Levy, 1973), 비밀보장, 자기결정, 고지된 동의 등도 좋은 예이다.

② 근사적 가치

근사적 가치(proximate values)는 중간 수준의 가치들로서, 단기목표를 위한 지침을 제시한다. 예를 들어, 특정 치료를 거부할 수 있는 환자의 거부권리, 치료접근권리, 주택마련권리 등이 있다.

③ 궁극적 가치

궁극적 가치(ultimate values)는 최고 수준의 가치를 포함하며, 장기목표에 대한 일반적 지침을 제공한다. 인권존중, 평등, 비차별 등이 여기에 속한다. 이 궁극적 가치들은 사회복지의 궁극적 목표와 정체성 확립에 기반이 되는 매우 중요한 가치에 해당된다.

3) 지역사회복지실천의 가치

지역사회복지실천의 가치는 다양성 및 문화적 이해, 자기결정과 임파워먼트, 비판의식의 개발, 상호학습, 사회정의와 균등한 배분으로 설명할 수 있다. 그 내용은 다음과 같다(최선희, 2023: 51-53).

(1) 문화적 다양성의 이해

지역사회는 다양한 집단과 문화가 교류하면서 문화갈등과 문화변용을 겪는 장이다. 지역사회복지활동에서는 전 지구적인 인구이동의 추세와 시대적 상황의 이해에 기반을 둔 문화적 역량을 모두 필요로 한다. 다양성에 대한 이해와 문화적 식견은 지역사회복지실천가가 다양한 문화와 인간을 이해하고 인간의 행동과 인간이 사회에 대해 행하는 기능을 파악하는 일과 관련을 맺는다.

문화다양성의 중요성을 인정하기 위하여 유네스코(UNESCO)는 2001년 "세계문화다양성선언(문화적 표현의 다양성 보호와 증진을 위한 협약)"을 채택하였고, 2002년에는 5월 21일을 '세계문화다양성의 날'로 선포하였다. 문화다양성협약의 주요 내용은 문화상품의 독특한 성격을 인정하고, 각국이 문화정책을 수립할 자주권을 보장하고 있으며, 문화교류과정에서 일어날 수 있는 분쟁 해결절차를 제시하고 있고, 문화약소국에 대한 지원도 명시하고 있다.

(2) 자기결정과 임파워먼트

자기결정은 클라이언트가 전문가의 개입 여부를 결정하고, 개입방법과 그것이 가져올 결과 등에 대해서도 선택할 수 있도록 하는 것을 말하며, 임파워먼트는 대상자 집단이 의사결정에 참여하는 것을 매우 소중히 여기는 것을 말한다.

지역사회복지실천에서도 자기결정과 임파워먼트에 초점을 둔 실천은, 지역사회 스스로가 환경을 이해하고 적절하게 선택하며, 그 선택에 대해 책임을 지고, 지역주민의 조직화와 옹호를 통해 자신의 삶의 위치에 영향을 줄 수 있도록 지역사회의 능력을 위해 노력한다.

지역사회복지활동에서 임파워먼트 실천의 활성화와 관련하여 교육, 실천, 연구를 연계한 상호 보완, 유형의 다양성을 고려한 전문성 강화, 기존 사업과 임파워먼트 실천의 분별과 결합, 사업의 지속화와 수행기관의 다양화, 기관 및 사업제안서에 대한 합리적 평가, 가족형태 변화의 반영, 수행기관의 안정화 노력 등을 제시하였다.

(3) 비판의식의 개발

비판의식의 개발은 억압을 조장하는 사회의 메커니즘을 인식하고, 그러한 사회구조 및 의사결정과정을 주시하고 이해하는 것을 말한다. 나아가 서비스 대상자들과 인식을 공유하여 그들의 비판의식을 제고하는 것을 말한다. 이는 지역사회현장의 조직과 집단에 대한 객관적 판단이나 평가·관리능력에 관련되는 부분으로 이해할 수 있다.

(4) 상호학습

상호학습은 지역사회복지실천가가 조직화 과정에서 파트너인 대상자 집단의 문화적 배경에 대해 적극적으로 배워야 한다는 것을 의미한다. 이것은 대상자 집단으로 하여금 클라이언트로서의 역할을 맡을 수 있도록 고무할 수 있어야 한다는 것을 말하는 것이다. 이 가치는 실천가와 대상자 집단이 사회변화의 과정에서 동등한 파트너라는 점을 시사하고 있다.

(5) 사회정의와 자원의 공정한 분배에 대한 헌신

정의는 모든 당사자의 이익을 공정하게 고려하여야 한다는 원칙이다. 사회정의와 균등한 배분의 가치는 사회복지의 핵심 가치로서 사회정의와 균등한 자원분배에 대한 헌신은 지역사회복지실천가가 억압적이거나 정의롭지 못한 사회현실을 변화시킬 책임을 포기하지 말아야 한다는 것을 의미한다.

지역사회에서 일어나는 문제나 갈등의 해결과정에서 결과를 중시하는 실질적 정의는 분배가 형평성 있고 공정하게 조정되는 수준을 의미하고, 형식에

관련된 절차적 정의는 대화와 협상을 통한 상호 간의 존중과 합의를 의미한
다. 따라서, 사회정의의 의미는 매우 상대적이지만, 여기에서는 공정성, 개인
의 복지에 대한 집합적 책임의식, 이타심, 균등한 자원·기회·권리·혜택의
배분 등이 그 예가 될 수 있다.

4) 지역사회복지실천과 가치 갈등

사회복지사의 실천활동은 개인적 가치, 전문적 가치, 클라이언트와 클라이
언트 집단의 가치, 사회의 가치에 의해 영향을 받으며, 이러한 가치 갈등으로
윤리적 딜레마에 빠지기도 한다. 사회복지사가 겪게 되는 다양한 가치 갈등의
유형을 살펴보면 다음과 같다(최세영, 2021 : 46 – 48).

(1) 가치 상충

가치 상충은 윤리적 갈등이 가장 빈번히 야기될 수 있는 상황으로, 사회복
지사가 두 개 또는 그 이상의 대립적 가치 또는 경쟁적 가치에 직면했을 때,
어떤 가치를 우선적으로 선택해야 할지 결정하지 못하는 경우에 겪게 되는
윤리적 갈등을 말한다. 윤리적 문제에서 상충되는 가치뿐만 아니라, 전문가의
가치와 개인적 가치 사이의 상충, 클라이언트의 가치 상충 등이 있을 수 있
다. 가치 상충으로 인한 윤리적 갈등은 가장 빈번하게 발생하는 상황이다.

(2) 의무 상충

의무 상충은 사회복지사가 자신이 속한 기관에 대한 의무와 클라이언트에
대한 의무 사이에서 갈등하게 되는 경우에 겪게 되는 윤리적 갈등을 말한다.
사회복지사는 자신이 속한 기관의 정책을 지켜야 할 의무뿐 아니라, 클라이언
트를 위해 행동해야 할 의무도 있는데, 이 두 가지 의무가 상충되면서 윤리적
갈등을 겪을 수 있다.

(3) 클라이언트체계의 다중성

클라이언트체계의 다중성은 클라이언트가 여러 명일 경우, 누가 클라이언트이고, 누구의 이익을 최우선적으로 고려하여 개입해야 하는지를 판단하기 어려워 겪게 되는 윤리적 갈등을 말한다. 누구의 이익을 우선시할 것인가의 문제는 개입의 우선순위와 내용에 중요한 영향을 미친다. 또한 특정 클라이언트를 위한 선택이 다른 클라이언트에게 부정적 결과를 가져올 경우에도 윤리적 갈등이 발생한다.

(4) 결과의 모호성

결과의 모호성은 사회복지사가 내릴 결정의 결과가 불투명할 때, 사회복지사는 어떤 결정을 내려야 할지에 대한 윤리적 갈등을 말한다. 특히, 사회복지사는 클라이언트가 아동일 때 어떻게 결정하는 것이 아이를 위한 최선인지, 앞으로 5~10년 후에도 최선일 수 있는지, 무슨 권리로 아동에 대한 결정을 해야 하며, 바른 윤리적 결정이 무엇인지 모호한 상황에 종종 부딪히게 된다.

(5) 힘 또는 권력의 불균형

사회복지사와 클라이언트의 관계가 권력적으로 평등하지 않기 때문에 생기는 윤리적 갈등을 말한다. 클라이언트는 도움을 받는 입장이고, 사회복지사는 전문가로서 도움을 제공하기 때문에 클라이언트가 전문가에게 의존하는 관계가 되기 쉬운데, 이러한 상황에서 발생하는 갈등이다.

2. 이념

지역사회복지실천의 이념은 사회복지발달의 역사적 배경과 시대의 흐름에 따라 많은 영향을 받으며 매우 다양하게 변화되어 왔다. 따라서, 사회복지실천의 이념에 대한 이해는 사회복지실천의 맥락 속에서 이해되어야 하며, 그 시대의 정치·경제·문화를 아우르는 전체적인 사회적 배경을 충분히 이해해야 한다.

이러한 지역사회복지실천에 영향을 미친 이념과 철학을 살펴보면 다음과
같다.

1) 인간의 존엄성

인간의 존엄성은 인간이 신분이나 직업, 경제상태나 신체적 조건, 출신지역
이나 민족, 피부색, 성별, 연령 등을 이유로 해서 차별하거나 차별받거나 인간
성이 부정되어서는 안 된다는 가치이다.

『사회복지실천론』
(2022년 출판)

김영철 등의 저서 『사회복지실천론(2022b: 65)』에 따르면,
인간의 존엄성은 인간사회에서 절대적인 가치이자 최고의
목적적 이념이다. 인간의 몸에서 인간으로 태어난 이상, 인
간은 존엄하다. 이 이념이 왜 절대적인가 하는 데에는 논란
의 여지가 없다. 그것은 우리가 인간이기 때문이다. 다시
말해서 현대사회에서 인간의 존엄성은 "인간의 몸에서 태
어난 모든 인간은 인간으로서 살아갈 존엄한 가치가 있으
며, 권리가 있다."라는 사실을 인정하는 것이다. 현대사회에
서는 이러한 인간의 존엄성을 전제로 한 복지라는 이념이
중요한 가치로 추구된다. 모든 인간은 인간으로서 살아갈 존엄한 가치가 있으
며 권리가 있다는 사실을 전제로 만약 누구든 기본적 욕구가 충족되지 못하
거나 못할 가능성이 있는 경우, 이를 사회 또는 국가가 도와주어야 한다는 사
상이 복지국가사상이다.

사회복지는 인간의 존엄성을 기본 가치로 하는 인간 지향적인 제도와 활동
이라는 데 그 특징이 있다. 즉, 사회복지는 인간이면 누구나 인간의 존엄성을
지켜나가면서 인간다운 삶을 보장하는 데 그 목적을 둔다.

대부분의 현대국가는 나름대로 '국민에게 건강하고 문화적인 삶의 수준을
보장하는 것이 국가의 의무'라고 헌법에 명시하고 있다. 국가는 국민의 생존
권 보장을 위해 국민최저기준(national minimum)을 확보하고자 노력해 왔는데,
그 내용은 사회보장제도의 충실화로 대변된다. 생존권이 보장되기 위해서는

국민최저수준의 생활을 영위하지 못하는 국민이 자신의 삶의 수준을 향상시켜 주도록 국가에 요구하는 권리, 즉 사회권으로서의 생존권이 보장되어야 하는 것이다. 그러나 사회보장제도에 의한 최저생활보장은 인간존엄성의 가치를 실현하기 위한 필요조건일 뿐 충분조건은 아니다. 이 가치는 사회문화 차원에서 노력이 병행되어야 한다. 그 노력은 편견과 차별이 없는 사회를 만들기 위한 노력이며, 그것에 의해서 인간존엄의 완전한 실현이 비로소 가능한 것이다. 정상화(normalization)의 실천과 그 문화의 보급은 노력으로써 평가되는 것이다.

인간의 존엄은 인간이 주체적인 존재라는 사실과 적극적인 자극과 기회제공에 의해 반드시 바람직한 변화를 가져오는 존재라고 하는 사실을 인식한다. 전자의 인식에 의해 '자기결정의 가치'가, 후자의 인식에 의해 '발달보장의 가치'가 생성되는 것이다. 인간의 존엄과 가치가 사회복지에 의해 어떻게 구현되는가는 사회의 지배적 가치체계에 의해 결정된다(김보기 외, 2022a: 71-72).

2) 인도주의와 박애사상

사회복지실천의 최초 이데올로기는 인도주의(humanitarianism)와 박애사상(philanthropy)이다. 이는 자선조직협회(Charity Organization Society)와 우애방문자(friendly visitors)의 주된 가치관이었다. 기독교 금욕주의와 긍휼사상의 이상을 실천하려는 사람들이 빈곤한 사람들을 대상으로 인도주의적 구호를 제공하였으며, 이 사상이 후에 사회복지실천의 기본 사상이 되었다.

이는 '타인을 위하여 봉사하는' 정신으로 실천되었다. 즉, 돌봄(care)의 봉사정신은 자기 자신보다는 클라이언트를 먼저 생각하는 정신을 낳았고, 이는 이타주의(altruism)로 불리는 사회복지실천의 기본 정신으로 자리 잡게 되었다. 그러나 시대의 변화에 따라 클라이언트를 위한 '무조건적 봉사(caring for)'에서 '클라이언트에 대한 봉사활동(caring about)'으로 개념이 변화하였다(Morris, 1977). 즉, 자선조직단체와 우애방문자의 역할이 무조건적 봉사를 주로 했다면, 현대의 사회복지사는 클라이언트에 대한 선택적 봉사를 행한다고 할 수 있다.

3) 사회진화론

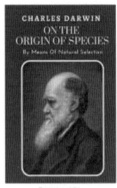

『종의 기원』
(2022년 출판)

사회진화론(social Darwinism)은 1859년 다윈(Charles Robert Darwin, 1809-1882)의 저서 『종의 기원(*On the Origin of Species by Means of Natural Selection*)』으로부터 유래되었다. 사회진화론은 사회과학적 요소에 자연과학적 요소가 가미되어 파생된 것으로, 자연법칙에서 통용되는 진화론을 사회법칙의 진화론에 접목시킨 것이다. 즉, 동·식물 생태계에서 강한 것만이 살아남는다는 적자생존의 자연주의 법칙과 마찬가지로, 인간사회에서도 부유한 사람들은 부지런하고 도덕적으로 우월한 존재이므로, 부유층으로 살아남는 반면에, 빈곤한 사람들은 선천적으로 게으르고 비도덕적이며 열등한 존재이므로 가난하게 살 수밖에 없다는 것이다(Dolgoff et al., 1997). 이러한 적자생존을 근간으로 하는 사회진화론의 원칙이 일반사회에도 적용됨에 따라 사회는 계층화되어 '사회적합계층(best fit class)'은 살아남게 되고, 그렇지 못한 '사회부적합계층(unfit class)'은 사회적으로 도태되어 자연스럽게 소멸된다는 것이다. 사회복지실천에서 이러한 사회진화론적 논리는 사회통제(social control)의 측면에서 사회의 적합한 계층을 위하여 사회부적합계층은 사라져야 한다는 논리와 일맥상통한다. 실제로 앞에서 살펴본 바와 같이, '우애방문자(friendly visitor)'는 그 당시 빈곤한 극빈자와 장애인을 사회적으로 열등한 존재로 간주하였고, 이들이 빈곤한 원인을 도덕적인 결함과 게으르고 나태한 것으로부터 기인한 것으로 보아 도덕적인 교화를 실시함으로써 빈곤문제를 해결하고자 한 것은, 우애방문자 활동의 근본이념이 사회진화론을 바탕으로 이루어졌다는 것을 의미한다. 실질적으로 우애방문자의 활동을 바탕으로 빈민은 '가치 있는 빈민'과 '가치 없는 빈민(invaluable poorer)'으로 구분하기에 이르렀다. 이에 따라, 이들에게 제공되는 서비스의 양에도 차이가 있었고, '가치 없는 빈민'에게는 최소한의 도움만을 제공하는 결과를 초래하였다. 즉, '가치 없는 빈민'은 사회부적합계층으로 분류되어 사회적합계층을 위해 사회적으로 도태되어야 마땅한 존재로 취급되었다.

4) 민주주의

민주주의(democracy)는 평등(equality)을 표방하는 이념이다. 사회진화론에서의 생존계층화와는 달리, 모든 인간의 평등함을 인정하고 클라이언트는 평등한 대우를 받을 수 있는 권리가 있음을 표방하였다. 이러한 민주주의의 등장으로 클라이언트들을 위한 무조건적인 봉사정신은 약화되고 클라이언트에 대한 선택적인 봉사철학이 강화되었다(박희숙 외, 2018 : 24).

민주주의는 인도주의와 사회진화론에서 우월한 자인 봉사제공자가 열등자인 클라이언트들에게 제공한 봉사 및 시혜를 무조건 받도록 강요를 하던 것에서 벗어나, 주는 자와 받는 자의 권리를 평등하게 인정하여, 받는 자인 클라이언트가 시혜의 여부를 결정하는 데 적극적으로 참여하도록 하는 사회적 움직임이었다.

이는 현대에 들어서면서 클라이언트익 자기결정권의 가치적인 측면에도 커다란 영향을 미치게 된다. 클라이언트에게도 사회복지사와 똑같이 동등하게 권리를 주면서 모든 결정에 대한 선택권을 주게 된다. 평등을 위한 사회변화를 추구하는 민주주의 사회복지실천은 인보관운동의 활동에서 두드러진 양상을 나타낸다. 빈곤계층도 자기 자신 나름대로의 가치관을 갖고 있으며, 이를 동등하게 인정을 해 주는 것에서부터 시작하는 인보관운동의 이념은 사회가 이를 인정해 주도록 사회개혁으로 이어졌다. 인보관운동은 당시 사회문제(예, 산업화, 도시화, 빈곤, 이민 등)에 대처하기 위하여 자선조직협회보다 약 15년 뒤에 시작하게 되었으나, 문제의 접근관점은 판이했으며, 당시 자유주의와 급진주의 사상에 기반하여 환경적인 요소가 바로 사회문제의 근원이라고 보았다. 따라서, 문제를 접근하는 방식은 빈민들을 개조하는 것이 아닌 기존 사회질서를 바꿔야 한다는 사회개혁적인 면을 강조한다. 즉, 모든 인간이 평등하듯 클라이언트도 동등한 처우를 받을 권리, 빈곤에서 탈피한 동등한 기회를 제공받을 수 있는 권리를 가지고 있다는 것이다(김영철 외, 2022b: 68).

『오늘날의 사회복지』
(1990년 출판)

페데리코(Ronald C. Federico)의 저서 『오늘날의 사회복지
(*Social Welfare in Today's World*, 1990)』에 따르면, 빈곤에 대한
책임은 이러한 권리들을 보장해 주지 못하는 사회에 있으며, 사
회의 변화를 통하여 이를 가능하게 해야 한다. 이는 사회민주주
의(social democracy)를 채택하는 결과를 낳았으며, 특히 스웨덴,
덴마크, 영국 등은 이 이념을 수용한 국가들이다.

5) 개인주의

개인주의(individualism)와 함께 자유방임주의가 등장하였다. 이는 작은 정부
를 표방하는 형태로 나타났으며, 이와 함께 경제뿐 아니라, 사회복지마저도
자유시장에 맡기는 자유방임적 정책이 확산되었다. 이 사상은 사회복지실천
에도 영향을 미쳐 사회복지실천의 사상적 줄기에 한 획을 그었다(양옥경 외,
2018 : 46-47).

개인주의 사상은 두 가지 형태로 나타나는데, 하나는 개인권리의 존중이며,
다른 하나는 수혜자격의 축소이다. 개인의 권리와 의무가 강조되면서 빈곤의
문제도 다시 빈곤한 자의 책임으로 돌아갔다.

빈곤한 사회복지 수혜자는 빈곤하게 살 수밖에 없어야 한다는 '최소한의
수혜자격 원칙'이 등장하여(Federico, 1970) 수혜자들이 저임금 노동자보다 더
낮은 수준의 보조를 받도록 하는 정책이 도입되었다. 미국에서는 이러한 관점
이 사회진화론과 맞물려 더욱 큰 힘을 발휘하였다.

한편, 사회복지실천에서는 클라이언트의 개인적 특성, 즉 개별화를 중시하
는 것에 초점을 맞추었다. 물론 개별화는 사회복지실천의 역사에서 상당히 초
기의 문헌에서 찾아볼 수 있는 개념이었다. 하지만 그 실천적 측면에서 보았
을 때, 시기적으로 적용 가능성이 훨씬 용이해졌으며, 적용수준의 허용도 높
아졌다.

6) 경험주의

근대 경험주의(empiricism)의 선구를 이룬 것은 17세기 영국의 베이컨(Francis Bacon, 1561-1626)과 로크(John Locke, 1632-1704) 등이다. 베이컨은 참다운 학문은 경험에서 출발해야 한다고 했으며, 현실세계에 대한 경험적 지식을 절대시하였다.

존 로크

경험주의는 인식과 지식의 근원을 경험에서 찾는다. 사회복지실천은 경험주의에 기반을 둔 과학성을 중요하게 생각하는 데, 사회복지실천에서의 과학성이란 논리적이고 체계적인 탐구과정을 통해 확실성이 입증된 지식과 이론, 방법 등을 기초로 사회복지실천이 이루어지는 것을 의미한다. 사회복지사는 선의(goodwill)나 자신의 주관적인 선호 때문이 아니라, 원조 전문가로서 인간과 사회에 대한 과학적 지식 및 경험적으로 입증된 자료 등을 근거로 체계적인 실천을 수행한다. 이처럼 사회복지사는 과학자로서 객관적 관찰과 실험적 조사를 통해 경험적으로 입증된 이론과 방법을 적용할 뿐만 아니라, 실천의 효과성과 효율성에 관한 증거를 체계적으로 확인, 분석, 평가하는 실천기반증거를 수행하는 것이 바람직하다(조학래, 2019 : 27).

7) 다양화

맥과이어(Lambert Maguire)의 저서 『임상사회사업(*Clinical Social Work*, 2001)』에 따르면, 오늘날 세계는 교통과 통신 등의 발달과 자유무역주의의 발전으로 국경을 초월한 교류가 활발해지고, 과거 소수 강국의 지배체제에서 벗어나 다양한 체계를 수용하는 다양성(diversitism)의 경향이 나타나게 되었다. 현재 미국은 소수 백인들의 지배체제에서 벗어나 중남미, 아시아, 아프리카, 동부유럽 국가들로부터 이민 온 다양한 민족들의 인구집단을 인정하고 그들의 욕구, 문화적 배경 등을 고려한 정책들이 발전하게 되었다. 사회복

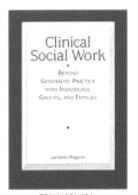

『임상사회사업』
(2001년 출판)

지실천에서도 인종, 연령, 성별, 민족적 배경, 성적 지향 등에 따라 사회적·심리적·정치적·경제적 현실이 매우 다르다는 것을 인식해 왔다. 따라서, 각각의 문화, 종교, 인종, 성적 지향 등의 강점을 인식하고 다양한 인구집단의 풍부한 문화적 배경, 역사, 견해 등을 반드시 이해하고 민감해야 함을 깨닫게 되었다.

　사회복지사는 다양한 계층과 특별한 욕구를 이해하고 수용하여야 하며, 다양한 문제인식과 함께 다양한 접근방식에 대해 열린 자세를 가져야만 한다. 이러한 다양성에 기반을 둔 지역사회복지실천은 개별화를 추구하는 동시에, 권한부여모형(역량강화모형, empowerment model)에 대한 관심으로 발전하였다. 권한부여모형은 클라이언트 자신이 열등한 존재가 아니라, 스스로 변화할 수 있는 잠재능력을 가진 가치 있는 존재임을 인식하게 하여 스스로 발전할 수 있는 여건을 만들어 주는 것이다. 클라이언트도 사회복지사와 같은 권한을 갖고 실천과정에 임한다는 것을 인정하는 이념적 변화를 초래하게 된 것이다(이경준 외, 2018 : 34).

　현장에서 경험하게 되는 지역사회복지실천의 이념에 대한 사회복지사의 바람직한 태도는 다음과 같다(길귀숙 외, 2018 : 26).

　첫째, 특정 사상이 지역사회복지실천현장에 강요되어서는 안 된다. 주입된 사상의 경우, 주입시키는 쪽은 주체가 될 수 있지만, 받아들이는 쪽은 반드시 사회복지사 자신의 입장과 성향에 따라 수용되어야 한다.

　둘째, 우리나라의 지역사회복지실천과 현실에 맞는 사상이 널리 알려져야 한다. 선진국의 경우, 사회복지의 다양한 이념들이 정립되어 있으나, 우리 현실은 그렇지 못하다. 우리의 사회복지실천가들이 정립한 사상을 널리 알릴 필요가 있으며, 이를 위해 이 분야에 대한 특별한 연구가 있어야 한다.

　셋째, 지역사회복지 실천현장에서 특정 종교를 일방적으로 강조하거나, 배척하는 행위는 지양되어야 한다. 이는 사회복지실천사상이 강압적으로 주입되어서는 안 된다고 하는 맥락과 일치한다. 따라서, 사회복지기관이나 시설의 운영체가 직원을 채용할 때 같은 종교인만을 받아들이거나, 지나치게 특정 종교를 고집하지 않아야 한다.

넷째, 사회복지실천가는 특정 사상에 얽매이는 것보다는 오히려 사상을 바탕으로 자유자재로 활동할 수 있어야 한다. 즉, 자신의 사상만을 고집하고 상대의 사상을 무시하는 다툼에서 벗어나 상대의 사상과 교류할 수 있어야 한다. 따라서, 사회복지사는 클라이언트를 포함한 모든 이들과 끊임없이 나눔을 실천해야 한다.

3. 윤리

1) 윤리의 개념

사회복지실천에서 고려해야만 하는 것으로 윤리(ethics)가 있다. 여기서 말하는 윤리는 직업윤리를 의미하는 데, 즉 전문적 행위로서 '해서 옳은 일과 하지 말아야 할 일'의 판단기준을 지칭하는 말이다.

일반적으로 윤리는 '도덕(morality)'과 비슷하게 해석되기 쉽다. 도덕과 윤리를 구분해 보면, 도덕은 인간으로서 바람직한 생각, 좋게 생각되는 행위를 그 사회나 시대가 가지고 있는 사회적 규범에 비추어 결정하는 것이다. 그에 반해, 윤리는 인간의 양심에 기초하여 그가 놓인 사회나 시대의 특수성을 넘어 보편적으로 인간으로서 올바른 행위나 정의의 가치관을 지칭한다. 윤리는 사람에게 무엇이 옳은지 그른지를 결정하면서 어떤 지침이 되는 원칙을 발견해 내는 데 초점을 둔다.

오늘날 윤리의 중요성이 대두된 것은, 과학기술과 사회발전에 의한 영향이 크다. 특히, 의학과 공학의 발달로 생명연장이 가능해지고 장기이식, 유전공학 등을 실현하면서 클라이언트의 욕구도 다양해졌다. 예를 들어, 인공수정, 안락사, 성을 감별한 후 유산하는 등 윤리적 결정을 해야 하는 다양한 상황이 생겼다. 그와 함께 사회가 성숙하면서 사회복지대상자의 권리를 인정하자는 사회분위기로 다양한 형태의 윤리적 갈등이 발생하였고, 이를 해결하기 위해

『사회복지와 윤리』
(1976년 출판)

윤리적 지침이 필요하게 되었다.

레비(Charles S. Levy)는 1976년 그의 저서 『사회복지와 윤리(*Social Work and Ethics*)』에서, 사회복지실천윤리에 대한 정의에 대해 사회복지실천윤리는 다양한 배경을 지닌 사회복지사들이 복잡한 실천 분야에서 직면할 수 있는 다양한 윤리적 쟁점에 대하여 올바른 판단을 내릴 수 있도록 하는 '체계적 준거 틀'이라고 하였다.

가치와 윤리의 비교는 <표 4-1>과 같다.

〈표 4-1〉 가치와 윤리의 비교

구분	가치	윤리
특징	• 믿음, 신념 같은 것 • 어떤 행동이 좋고 바람직한가와 관련-객관적으로는 증명할 수 없고 주관적으로 선호하는 것 • 인간의 적절한 행동을 선택하는 데 지침이나 기준이 됨(방향 제시)	• 무엇이 옳고, 그른가에 대한 판단 • 가치 기반 위에 구현된 행동지침 • 가치에서 나오기 때문에 가치와 조화를 이루어야 함.
관심	• 선하고 바람직한 것에 관심	• 올바르고 정확한 것에 대한 관심
표현	• 인간의 생각 속에서만 그치기도 함.	• 행동으로 나타나는 것
기준	• 하나의 신념으로 과학적 근거가 없음-규범적 기준이 필요하지 않음.	• 행동에 대한 사회적 태도로 규범적인 것
개입	• 인간관계가 개입되지 않기도 함.	• 인간관계의 상호작용 속에서만 해당됨.

자료 : 최세영(2021: 44).

2) 윤리강령

(1) 윤리강령의 실제

우리나라의 사회복지사 윤리강령의 역사를 살펴보면, 한국사회복지사협회는 1973년 2월 윤리강령의 초안 제정을 결의하였고, 1988년 3월 사회복지사 윤리강령을 제정·공포하였다. 1992년 10월 사회복지사윤리강령을 1차 개정하였고, 2001년 12월에 2차 개정하였다(최혜지 외, 2021 : 63). 한국사회복지사협회의 사회복지사 윤리강령 전문은 다음과 같다.

> 사회복지사는 인본주의·평등주의 사상에 기초하여, 모든 인간의 존엄성과 가치를 존중하고 천부의 자유권과 생존권의 보장활동에 헌신한다. 특히, 사회적·경제적 약자들의 편에 서서 사회정의와 평등·자유와 민주주의 가치를 실현하는 데 앞장선다. 또한 도움을 필요로 하는 사람들의 사회적 지위와 기능을 향상시키기 위해 저들과 함께 일하며, 사회제도 개선과 관련된 제반 활동에 주도적으로 참여한다. 사회복지사는 개인의 주체성과 자기결정권을 보장하는 데 최선을 다하고, 어떠한 여건에서도 개인이 부당하게 희생되는 일이 없도록 한다. 이러한 사명을 실천하기 위하여 전문적 지식과 기술을 개발하고, 사회적 가치를 실현하는 전문가로서의 능력과 품위를 유지하기 위해 노력한다. 이에 우리는 클라이언트·동료·기관 그리고 지역사회 및 전체 사회와 관련된 사회복지사의 행위와 활동을 판단·평가하며 인도하는 윤리기준을 다음과 같이 선언하고, 이를 준수할 것을 다짐한다.

(2) 윤리강령의 기능

윤리강령은 전문가가 지켜야 할 전문적 행동기준과 원칙을 기술해 놓은 것으로 전문가들이 공통으로 합의한 내용을 담았다. 따라서, 법적인 제재력을 갖지는 못하지만, 사회윤리적 제재력을 갖는다. 이와 같은 윤리강령은 전문가들이 자신의 전문직 가치기준에 맞게 실천할 수 있는 판단기준을 제시하며, 해당 전문직 실천 대상자들에게 그 전문직이 지켜야 할 기본 윤리행위를 알리고, 전문직의 비윤리적 행위에 대해 판단할 수 있는 기준을 제시하는 기능이 있다. 윤리강령의 기능은 다음과 같다(양옥경 외, 2018 : 67-68).

첫째, 사회복지실천현장에서 윤리적 갈등이 생겼을 때, 지침과 원칙을 제공한다.

둘째, 자기규제를 통해 클라이언트를 보호한다.

셋째, 스스로 자기규제를 가짐으로써 사회복지 전문직의 전문성을 확보하고, 외부통제로부터 전문직을 보호한다.

넷째, 일반 대중에게 전문가로서의 사회복지 기본 업무 및 자세를 알리는 일차적 수단으로 기능한다.

다섯째, 선언적 선서를 통해 사회복지 전문가들의 윤리적 민감화를 고양하고, 윤리적으로 무장시킨다.

3) 지역사회복지실천의 윤리

사회복지사의 지역사회복지실천 활동의 목적은 불이익을 받고 있는 주변화된 집단들의 역량을 증대시키는 데에 있다. 지역사회복지실천의 윤리적 측면의 특성은 다음과 같다.

첫째, 지역사회의 변화를 위한 개입이 개인의 변화를 위한 개입보다 우선시 된다.

둘째, 사회복지사는 지역사회 내의 불이익을 받는 집단을 주변화하는 조건과 환경에 대하여 비판의식을 가지고 지역사회주민들에게 비판의식을 키우도록 한다.

셋째, 사회복지사는 클라이언트 집단의 모든 구성원들과 직접 접촉하거나 개별적으로 개입하지 않는다.

지역사회 복지와 관련하여 사회복지사의 사회복지실천에 관련된 윤리는 다음과 같다.

(1) 사회복지사의 사회에 대한 윤리기준 : 한국사회복지사협회

① 사회복지사는 인권존중과 인간평등을 위해 헌신해야 하며, 사회적 약자를 옹호하고 대변하는 일을 주도해야 한다.

② 사회복지사는 필요한 사회서비스를 개발하기 위한 사회정책의 수립·발전·입법·집행에 적극적으로 참여하고 지원해야 한다.

③ 사회복지사는 사회환경을 개선하고 사회정의를 증진시키기 위한 사회정책의 수립·발전·입법·집행을 요구하고 옹호해야 한다.

④ 사회복지사는 자신이 일하는 지역사회의 문제를 이해하고, 그것을 해결하는 일에 적극적으로 참여해야 한다.

(2) 사회복지 전담공무원의 지역사회 및 유관기관에 대한 윤리

① 복지대상자에 대한 보호를 행함에 있어 필요한 경우에는 유관 복지기관과 연계하여 보호 결정 수준 등에 대한 객관성을 확보하도록 노력한다.

② 지역 내 사회복지관 등 각종 복지 관련 유관기관들과 긴밀한 협동적 관계를 유지하여 복지 프로그램 수행 및 후원자 관리 등 지역사회자원들 간의 연계방안을 강구하며, 선배나 상사의 직무상 명령을 존중한다.

③ 예산사업 이외에도 민간의 복지활동 참여에 의한 복지대상자 발굴을 위하여 평소 지역사회 내의 자원파악 및 자원관리 등 지역사회자원들 간의 연계방안을 강구한다.

④ 지역사회 내에서 지역사회복지센터 및 복지교사로서의 역할을 수행한다.

4) 사회복지실천과 윤리적 갈등

윤리적 갈등(ethical dilemmas)은 사회복지사가 전문가로서 지켜야 하는 윤리적 의무와 책무가 서로 충돌함에 따라 어떠한 실천행동을 선택하는 것이 윤리적으로 올바른 것인지 판단하기 힘든 상태를 말한다. 사회복지실천에서 윤리적 갈등이 발생하는 이유는 사회복지사를 비롯한 전문가들은 전문적 가치에 맞는 행동을 해야 한다. 그러나 사회복지사의 행동이 어떤 측면에서 보면 윤리적인 반면, 다른 측면에서 보면 비윤리적인 경우가 종종 발생한다. 이러한 경우, 두 가지 이상의 의무나 가치, 원칙 등이 동등하게 유용하다고 여겨지지만, 이 원칙들이 서로 모순되거나 충돌하는 상황이 생기기 때문에 어떤 결정을 해야 할지 판단하기 어려운 윤리적 상황에 놓이면서 발생한다. 사회복지실천과정에서 윤리적 갈등의 범주를 살펴보면 세 가지 측면에서 살펴볼 수 있다(정현태 외, 2022: 245-264 ; 최세영, 2021: 45-46).

(1) 직접적인 실천과 관련된 윤리적 갈등

직접적인 실천과 관련된 상황에서 사회복지사는 개인, 가족, 또는 집단을 대상으로 직접적인 사회복지실천 활동을 수행해 나가는 과정에서 여러 윤리적 갈등에 직면한다.

(2) 사회복지정책 및 프로그램 차원에서 갈등

사회복지정책 및 프로그램을 기획하고 실행해 나가는 과정에서 발생하는 것으로, 간접적인 사회복지실천 활동으로 분류되는 영역에서 제기되는 갈등이다. 대표적으로 분배문제에서 제한된 자원은 누구에게, 어떻게, 얼마큼 배분하는 것이 가장 공평한 것인가를 결정하는 과정에서 윤리적 문제를 경험할 수 있다.

(3) 이중관계

이중관계(dual relationship)는 사회복지사가 클라이언트와 제2의 관계, 즉 친구, 고용인, 교사, 가족구성원, 성적 파트너 등의 관계를 맺는 것으로 사회복지사와 클라이언트 간의 관계가 시작되기 전, 도중, 종료 후에 발생하는 제2의 관계를 모두 포함하게 된다. 특히, 이중관계는 반드시 사회복지사의 개인 욕구충족을 위한 관계뿐 아니라, 호의를 베풀고, 작은 선물을 주고받으며 부가적인 시간을 부여하는 등 클라이언트의 욕구충족을 위한 것과, 지인을 서로 아는 것, 같은 단체회원 등의 돌발상황까지 포함하기도 한다.

상담가, 심리치료사, 사회복지사 등 많은 전문직에서 클라이언트와의 이중관계를 금지하는 것은, 전문가가 그들 자신의 이득을 취하기 위해 클라이언트에게 영향력을 행사하고, 클라이언트를 조정하고, 클라이언트에게 손상을 입힐 수 있는 가능성이 있기 때문이다. 이에 사회복지사는 클라이언트와의 관계에서 명확한 전문가적 관계를 유지하며, 이중관계를 형성하는 것에 주의를 기울여야 한다.

(4) 비밀보장

비밀보장(confidentiality)은 사회복지사가 클라이언트의 동의 없이는 클라이언트에 대한 정보를 누설하지 않는다는 윤리원칙을 말한다. 클라이언트와 사회복지사 간의 전문직업적인 관계가 형성되면 클라이언트는 사회복지사와 함께 나누게 되는 정보들이 비밀보장될 것이라고 믿고 있고, 사회복지사는 클라이언트의 비밀을 보장해 줄 의무를 가지게 된다. 사회복지사는 클라이언트와 전문직업적 관계를 맺을 때 클라이언트의 비밀보장 권리는 존중될 것이나, 그의 비밀보장 권리가 제3자의 권리를 위협함이 분명하며, 그 정도가 심각한 경우에는 더 이상 비밀보장 권리가 보장되지 못하며, 제3자에게의 정보누설이 가능할 수 있음을 미리 알려주어야 한다. 물론 사회복지사는 클라이언트의 비밀을 제3자에게 누설할 필요가 있다는 판단을 내리기 전에, 만일 사회복지사가 클라이언트의 비밀보장 권리를 계속 존중할 경우, 제3자의 권리가 얼마나 심각하게 손상되는지에 대해 사정하여야 하며, 제3자에게의 정보누설을 사전에 클라이언트에게 알려야만 한다. 알 권리는 비밀보장과 함께 클라이언트에 관한 정보에 대한 클라이언트의 권리를 말한다.

비밀보장은 효과적인 사회복지실천을 위한 결정적인 요소이다. 사회복지사가 클라이언트와 함께 일할 때, 효과적인 도움을 제공하고 바람직한 변화를 가져오기 위해서는 사회복지사와 클라이언트 사이의 신뢰관계 형성이 무엇보다 중요하다. 그리고 이러한 신뢰관계는 사회복지사가 업무 중 알게 되는 클라이언트의 개인적인 정보에 대한 비밀보장을 기본 전제로 한다. 클라이언트는 사회복지기관으로부터 자신이 원하는 도움을 받기 위하여 개인적인 정보

를 노출하게 되며, 사회복지사가 자신의 개인적인 정보들을 보호해 주고 비밀
을 보장해 줄 것이라고 기대한다.

연습문제

1. 사회복지의 가치와 윤리에 대한 설명 중 옳은 것은?

   ① 사회복지실천은 특정 가치를 중시한다.
   ② 가치딜레마의 윤리적 갈등은 일관성을 갖는다.
   ③ 사회복지 가치와 윤리는 옳고 그름에 대한 것이다.
   ④ 윤리강령이 전문적 판단보다 항상 우선한다.
   ⑤ 지식보다 가치를 우선시하는 것을 과학성이라 한다.

2. 사회복지실천 이념에 관한 설명으로 옳지 않은 것은?

   ① 사회진화론에 근거한 사회복지실천은 인보관 활동에서 찾아볼 수 있다.
   ② 다양화 경향은 다양한 계층과 문제를 인정하는 계기가 되었다.
   ③ 우애방문자들은 취약계층에게 인도주의적 서비스를 제공하고자 했다.
   ④ 시민의식의 확산으로 주는 자 중심에서 받는 자 중심의 서비스로 전환
   ⑤ 개인주의 사상은 엄격한 자격요건하에서 최소한의 서비스만 제공하는 경향을
      낳기도 했다.

3. 사회복지실천의 이념적 배경으로 옳지 않은 것은?

   ① 인도주의는 빈곤이나 장애를 클라이언트의 책임으로 돌렸다.
   ② 이타주의는 타인을 위하여 봉사하는 정신으로 실천되었다.
   ③ 개인주의는 수혜자격의 축소를 가져왔다.
   ④ 민주주의는 클라이언트의 자기결정권의 강조를 가져왔다.
   ⑤ 사회진화론은 사회통제의 기능을 갖는다.

4. 우리나라 사회복지사 윤리강령의 내용에 포함되지 않는 것은?

   ① 전문가로서의 자세
   ② 경제적 이득에 대한 태도
   ③ 클라이언트의 사생활 보호
   ④ 사회복지윤리위원회의 구성과 운영
   ⑤ 사회복지사 자격기준

정답 1. ② 2. ① 3. ① 4. ⑤

지역사회복지의 이론적 토대

개요

지역사회복지의 이론은 실천현장에서 사회복지서비스를 제공하는 데 있어서의 장애요인을 극복하기 위한 개입방법이나 분석틀을 제공하는 것이다. 또한 사회복지 현장에서 전문가적 지역사회복지실천을 하기 위해서는 실천적인 기술과 이론적 근거가 중요하다. 전문적 가치와 사회과학적 이론은 객관적인 분석과 개입 방안을 제공하여 전문적 실천을 뒷받침한다. 여기에서는 지역사회복지에 관한 관련 이론을 학습하고자 한다.

학습목표

1. 각 이론에 대한 학습
2. 시대별 이론 형성 사유
3. 현실과의 접목 토의

학습내용

1. 기능주의이론   2. 갈등주의이론
3. 체계이론   4. 생태학이론
5. 권력의존이론   6. 자원동원이론
7. 사회교환이론   8. 상호조직이론

지역사회복지의 이론적 토대

사회복지 현장에서 전문가적 지역사회복지실천을 하기 위해서는 실천적인 기술과 이론적 근거가 중요하다. 전문적 가치와 사회과학적 이론은 객관적인 분석과 개입 방안을 제공하여 전문적 실천을 뒷받침한다. 이론적 기반은 사회복지전문가가 현장에서 발생하는 문제를 해결하고자 예측 가능한 원인과 결과를 도출할 수 있는 근거를 만들어 준다. 이는 이론과 실천이 바로 연계되는 것은 아니지만, 사회복지적인 접근방법과 개입방법을 상호 관련 지을 수 있어야 한다. 그럼에도 불구하고, 이론을 실천현장에 적용한다는 것은 쉽지 않은 일이다. 이론은 실천현장에서 사회복지서비스를 제공하는 데 있어서의 장애요인을 극복하기 위한 개입방법이나 분석틀을 제공하는 것이다. 그 내용은 다음과 같다.

1. 기능주의이론

기능주의는 일반적으로 사회가 여러 부분으로 구성되어 있고, 각 부분은 합의된 가치와 규범에 따라 변화되며, 균형 또는 안정을 강조한다. 이때 부분이라는 개념은 사회적 욕구를 충족시키기 위한 효과적이고 효율적인 방법과 관련된다. 즉, 사회는 다수의 상호 연관적이고 의존적인 부분들, 즉 경제, 종교, 가족 등으로 구성되면서, 동시에 각 부분들은 전체가 성공적인 기능을 발휘할 수 있도록 기여한다는 것이다.

이와 같은 기능주의이론에 입각하면, 지역사회를 하나의 사회체계(social system)로 간주하고 있다. 지역사회의 기능을 생산·분배·소비의 기능, 사회화의 기능, 사회통제의 기능, 사회통합의 기능, 상부상조의 기능으로 구분한 것은 이러한 관점에 근거하고 있기 때문이다(김욱진 외, 2021: 72-73).

지역사회에 적용되는 기능주의이론은 다음과 같다(최일섭 외, 2006: 22).

① 지역사회는 다양한 사회적 제도로 구성되어 있는 하나의 체계로 파악할 수 있다. 지역사회 수준에서 발견되는 독특한 제도적 체계의 수는 사회에 따라 달라지지만, 중요한 제도적 체계들은 정부, 경제, 사회, 종교, 가족 등과 같은 하위체계들이다.

② 하위체계 내의 성원들 간에 그리고 하위체계들 간에 상호관련성이 있으며, 또한 각각의 하위체계들은 다양한 사회적 또는 결사체적 집단으로 구성되어 있다.

③ 지역사회를 포함한 모든 사회체계는 균형상태를 향해서 움직이는 경향이 있다. 이는 체계 내의 한 구성요소의 변동은 다른 구성요소의 변동을 자극한다는 것을 의미한다. 그 결과, 한 사회체계의 다양한 부분들 간에는 조절, 조정, 통합이 이루어지면서 균형상태를 유지한다는 것이다.

④ 하위체계들 간의 상호관련성이 있다 하더라도, 각각의 하위체계들 역시 하나의 분리된 실체를 이루고 있고, 모든 사회체계의 구성원들은 의식적으로든 무의식적으로든 다양한 경계유지활동에 종사하게 된다. 그 결과, 사회체계는 심리적·사회적·지리적 경계를 가지게 된다.

이상과 같은 기능주의이론은 지역사회의 유지와 균형에 주로 관심을 가지고 있기 때문에 지역사회의 변화나 지역사회에서의 자원, 권력을 둘러싼 집단

간 갈등을 설명하는 데에는 다소 취약한 것으로 평가된다. 왜냐하면 지역사회를 하나의 사회체계로 파악하고 각 하위체계들 간의 조절과 조정, 통합이 이루어진다고 파악하지만, 실제로 체계단위들 간에는 상당한 갈등이 존재할 수 있기 때문이다.

2. 갈등주의이론

갈등주의이론은 기능주의이론이 지역사회의 질서와 안정을 유지하고 있는 것을 강조할 뿐 지역사회의 갈등이 존재하고 있다는 점을 등한히 한다는 비판과 함께 기능주의이론의 대안으로 발전되었다. 갈등주의이론은 여러 이론적 분파들이 있지만, 기본적으로 갈등이라는 현상을 사회적 과정의 본질로 간주한다는 점, 그리고 갈등과 투쟁의 역학에 의해 다양한 사회적 현상들이 표면화된다는 가정들을 공유하고 있다.

칼 마르크스

게오르그 짐멜

갈등에 대한 인식은 전통적으로 마르크스(Karl Heinrich Marx, 1818-1883)와 짐멜(Georg Simmel, 1858-1918), 베버(Max Weber, 1864-1920) 이후로 현대사회현상을 파악하는 개념으로 사용되기 시작했다. 마르크스는 유물론(materialism)에 입각하여 생활의 문제와 세상의 본질, 역사의 발전의 본질도 모든 관념이 아닌 물질적 토대 위에 그 근원이 있는 것으로 파악했다. 지배하고 지배받는 집단, 많이 갖고 적게 가진 집단 사이에서 비롯되는 계급갈등은 역사상 필연적이며, 대립될 수밖에 없는 투쟁(갈등)이 있을 수밖에 없다고 본다. 마르크스나 짐멜에 따르면, 모든 갈등은 사회체계에 널리 퍼져 있고, 갈등은 불가피하지만, 마르크스는 갈등의 분열성을, 베버는 갈등의 통합성을 제기한다. 마르크스가 갈등의 사회구조적 원인에 관심을 가진다면, 짐멜은 갈등이 발생했을 때의 형태와 결과에 관심을 둔다. 마르크스가 갈등은 사회체계 변동에 대한 체제의 불가피한 특성으로 본 반면에, 짐멜은 사회 전체의 결과나 강렬성에 있어 하나의 과정일 뿐이라고 본다. 이러한 사회갈등의 인식 차이는 현대 사회갈등론자로 대표되는 코저(Lewis Alfred Coser, 1913－2003)나 다렌도르프(Ralf Dahrendorf, 1929－2009)로 이어지고 있다.

막스 베버

지역사회와 관련하여 갈등론적 관점에 입각할 경우, 지역 사회에 존재하는 갈등현상에 주목을 한다. 따라서, 지역사회 내의 구성원들이 경제적 자원, 권력, 권위 등이 불평등한 배분관계에 의해 갈등이 발생하고 이러한 갈등관계를 통해 지역사회의 변동을 초래한다.

지역사회의 갈등은 다음과 같다(최일섭 외, 2006: 23－24).

① 지역사회갈등은 경제적 문제로 인한 갈등, 권력이나 권위로 인한 갈등, 문화적 가치와 신념의 차이로 인한 갈등에 연유한다.

② 지역사회갈등의 역동성 측면에서 보면, 예컨대 쓰레기 수거문제와 같은 주민과 정부 간의 특정 쟁점에서 일반적인 쟁점으로 변화될 수 있다. 또한 지역사회갈등이 지속되면 새로운 쟁점이 제기되거나, 특정 쟁점에 대한 반대에서부터 반대자에 대한 직접적인 적대감으로 비화되는 경향이 있다.

③ 지역사회구조에 대한 갈등은 지역사회에 존재하는 사회조직 간에 변동을 일으킨다.

④ 영향력 있는 지역사회 지도자들과 조직들은 갈등에 많은 영향을 미칠 수 있다.

그러므로 갈등주의이론에 근거할 경우에 지역사회문제나 주민의 욕구를 해결하기 위해서는 지역사회갈등의 주요 소재인 권력, 경제적 자원, 권위 등의 재분배를 요구하게 되고, 이러한 결과가 사회행동으로 표출된다는 점을 강조하고 있다.

3. 체계이론

체계는 그리스어의 'system'에서 유래되었는데, 이것은 여러 개의 부분으로 구성된 전체, 즉 하나의 전체를 구성하는 부분들의 기능체를 의미한다. 시스템의 개념은 오스트리아의 이론생물학자 베르탈란피(Ludwig von Bertalanffy, 1901-1972)가 여러 학문분야를 통합할 수 있는 공통적 사고와 연구의 틀을 찾으려는 노력 끝에 발표한 이론이다. 그는 과학이 발달하고 문화가 발전할수록 여러 학문 간의 교류가 촉진되어야 함에도 불구하고, 도리어 학문 간의 사고방식과 연구방법들이 달라져 학문 간의 대화와 상호 교육이 점점 어려워짐을 느꼈다. 그래서 자연과학과 사회과학을 통합할 수 있는 이론으로 시스템이론이 탄생하게 된다. 특히, 이론경제학자인 볼딩(Kenneth Ewart Boulding, 1910-1993)이 시스템이론의 골격과 목적을 작성하여 일반체계이론으로 정립시켰는데, 이는 사회학, 경영학, 교육학, 사회복지학, 정신치료 등 각 분야의 특성에 맞게 이론과 실제에 적용을 시도하였다(김욱진 외, 2021: 76-77).

체계이론에서 제시되는 주요 개념인 체계들은 '경계(boundary)'를 가지고 있고, 체계의 각 하위 부분들은 상호 의존성이 있으며, 조절 메커니즘을 갖고 있다. 특히, 전체는 각 하위체계를 갖고 있지만, 각 하위체계가 갖는 목표나 기능, 능력, 범위에 따라 다양한 하위체계가 될 수 있으며, 시스템 자체가 더 큰 시스템(예, 지역사회, 문화, 환경, 제도 등) 속에서는 하위 시스템이 될 수 있다. 전체성은 중요한 개념인데, '전체는 부분의 합 이상'이라는 것이다. 여기서 부분의 개별적인 분석을 통해서 체계를 이해할 수 없고, 부분의 상호관계를 중심으로 전체적인 분석을 통해서는 체계를 이해할 수 있다. 동시에 체계의 부분도 전체 체계를 고려하지 않고 정확하게 이해할 수 없다.

사회복지의 측면에서 체계이론을 이용해서 가족이나 조직체계 같은 작은 체계들을 살펴볼 수 있으며, 체계이론을 이용해서 지역을 살펴볼 수도 있다. 지역을 개개인과 집단 그리고 조직들을 포함하고 있는 '하위체계(subsystem)'라는 측면에서 살펴볼 수 있다. 즉, 지역이 더 큰 환경의 하위체계이기도 하면서 다른 하위체계들을 포함하고 있는 상위체계로 볼 수도 있다는 것을 의미한다. 하위체계로서의 지역은 동네 주민들에게 봉사하는 조직들이나 기업, 가게, 학교, 교회, 병원 등의 조직들을 포함한다. 체계이론에 의하면, 지역은 정치적·사회적·경제적 체계에 의한 변화에 영향을 받으며, 체계의 한 구성 부분의 어떤 행동은 하위체계의 모든 것을 바꾸기도 한다.

지역을 구분하는 경계(community boundaries)는 더 큰 체계로부터 오는 대화와 환류(feedback)에 열려 있기도 하고 닫혀 있기도 하다. 이는 지역이 역동적이라는 것을 의미한다. 생존하기 위해 조직(organizations)이 대화와 환류를 받아들여야만 하는 것과 같이 지역은 변화에 순응해야 한다는 것을 의미한다.

지역기능을 수행하는 하위체계들의 구분은 <표 5-1>과 같다.

〈표 5-1〉 지역 하위체계들과 그들의 기능

생산-분배-소비	기업과 고용주를 포함하는 경제적 하위체계
사회화	가족, 학교, 종교단체, 동료집단
사회통제	비공식적 집단, 공식적 조직
사회통제	정부, 사법체계, 종교단체
상호지지	정부에 의한 사회복지 프로그램 비영리 조직 비공식적 지원연계망

자료: Warren(1987).

지역사회복지실천에 응용되는 관점은 다음과 같다(김영란 외, 2021: 155).

① 사회복지실천가는 사회문제를 인식할 때, 거시적인 측면과 미시적인 측면을 모두 고려한다.

② 문제는 전체성을 고려하되 하위체계들의 분석과 상호 의존성, 관련성, 하위체계들의 목표, 기능, 과정을 살펴본다.

③ 지역사회는 하나의 체계로써 구성되어 있으며, 그들은 계속 변화와 안정을 추구하는 움직이고 살아 있다는 점을 명시하고 전략을 종합적으로 실행한다.

④ 사회복지실천가는 체계를 전체로 인식하는 통합가이며, 수평적 전략가, 문제해결사, 기획가의 특성을 가져야 한다.

⑤ 지역사회는 열린 체계이나 폐쇄적이거나 무질서 상태일 경우에 대처하는 능력은, 전체성을 고려하여 피드백 과정을 체크하고, 환류가 이루어지도록 진단하고 치료하는 의식이 필요하다.

⑥ 목표지향성은 각 하위체계마다 다를 수 있기 때문에, 목표의 점검과 재확인과정이 필수적이다.

⑦ 클라이언트의 미시적인 수준에서부터 행정, 사회단체, 지역사회 문화가치, 이웃, 교육제도까지 연계하여 거시적 수준까지 상호작용하는 시스템 설계 훈련이 필요하다.

4. 생태학이론

찰스 다윈

생태학적인 사상은 다윈(Charles Robert Darwin, 1809 – 1882)이 진화론을 발표하고 사회과학이 출현하기 시작한 19세기에 들어와 과학으로 인정되었다. 생태학(ecology)이란 용어는 독일의 생물학자이면서 진화론자인 헤켈(Ernst Heinrich Haeckel, 1834 – 1919)에 의해 최초로 사용되었는데, '유기체와 환경 간의 상호관계에 관한 학문'이란 의미이다. 여기서 유기체와 환경은 전체와 분리될 수 없는 점을 기본 가정으로 한다. 특히, 인간 생태학은 인간의 사회조직을 설명하는 데 있어 인간(개인, 집단, 사회 등)과 환경 간의 상호작용, 상호 의존성은 관련되어 있으며, 환경에 대한 인간적응의 문제에 관심을 둔다. 인간이 적응에 도달하는 방법과 수단은 생존, 삶의 질, 자연자원의 수확을 포함한 환경보존에 달려 있다. 목표달성, 욕구충족, 환경의 질 개선을 위한 수단은 자원의 선택과 이용, 그리고 적응에 영향을 미치기 때문에 선택적 인식, 가치, 의사결정, 인간행동이 중요하다(김현호 외, 2020: 79).

생태학의 주요 개념은 인간생태계의 이해, 유기체, 인구집단, 환경, 상호작용과 상호 의존성, 조직이나 기술체계, 적응 등이다.

인간생태계의 조직은 [그림 5-1]과 같다.

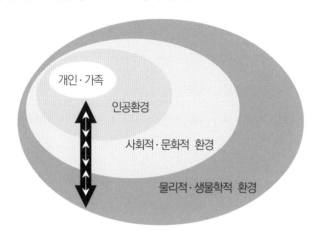

[그림 5-1] 인간생태계의 조직

자료: 김수진 외(2014: 184).

생태학이론에 나타난 지역복지실천적 함의는 다음과 같다(김욱진 외, 2021: 83-84).

첫째, 지역사회 내에서 개개인이나 집단들은 부족한 자원을 갖기 위해 경쟁하며, 강한 개인이나 집단이 지역사회의 생활을 지배한다.

둘째, 경쟁에서 뒤떨어져 있거나 경쟁에서 실패한 개개인이나 집단은 주변 환경에 적응해야 한다.

셋째, 물질적인 환경은 어떻게 지역사회구조가 창조되었는지를 정의하는데 중요한 역할을 한다. 따라서, 물질적 환경을 변화시키는 것은 지역사회의 사회적 생활에서의 변화를 만들어 낸다. 예를 들어, 빈민가 등 소득이 낮은 구성원들의 지역사회는 열악한 사회간접자본과 열악한 주택환경이나 주택난 등으로 그려질 수 있다. 이러한 지역사회에서는 물질적 환경의 조그만 변화가 다른 변화를 수반할 수 있지만, 그 변화에 적응하고 상호 행동하지 못하게 되면 그 지역사회의 변화는 일어나지 않게 된다.

생태학의 기본 전제에서 보듯이, 생태학이론은 사회복지의 주요 목표인 사
회의 공동선을 기본 전제로 하며, 인간을 위한 보다 나은 개선을 위해 노력해
야 함을 제시하고 있다. 지역사회복지실천을 위한 응용의 가능성은 다음과 같
다(김욱진 외, 2021: 83-84).

① 인간(개인, 집단, 사회)은 환경(자연환경, 인공환경, 사회문화환경)과 상호작용하
　　는 존재로 인식한다.

② 사회복지실천가는 지역사회의 자원이나 시스템의 활용뿐 아니라, 지구
　　의 자원이나 세계 실태를 파악하고 지원한다.

③ 지역화와 세계화는 동시에 추구해야 할 가치로 수용한다.

④ 평화, 자유, 정의, 경제적 풍요라는 공동의 선을 추구하는 복지실천가가
　　된다.

⑤ 자연생태계(건물, 인구 밀도, 토지, 집, 온도 변화, 태풍, 재앙) 등은 모두 사람
　　의 일부이며, 인간은 이러한 자원을 갖고 있지 않았을 때나 자연재해
　　앞에서 적응해야 할 존재이므로 적극적인 대처가 필요하다.

⑥ 빈곤이나 파괴, 전쟁, 폭력, 이기적 집단행동, 기아 등은 공동의 선에 반
　　대되는 개념이므로 사회복지실천가는 이를 해결하는 전략이 필요하다.

⑦ 지역성의 이해야말로 인간생태학의 기본으로 받아들인다.

생태학이론은 생존을 위한 다양한 환경과의 적응과 도전의 문제에 직면하
게 한다. 이 개념은 타 이론보다 가치중립적이며, 전체론적·총체적 접근을 해
야 한다. 권력이론이나 자원이론처럼 구체성이 부족하기는 하지만, 문제를 글
로벌하게 인식하고, 다양한 가치와 다문화, 다양한 환경의 인식, 상호관련성,
상호 의존성을 강조함으로써 상호 협동과 win-win전략을 사회복지실천현장
에서 사용해야 한다.

5. 권력의존이론

권력의존이론(power dependency theory)은 지역사회에 있는 집단이나 조직들이 권력을 얻고 권력을 분산하는 것에 의해서 지역사회가 발전한다는 것을 강조한다. 즉, 지역사회의 발전은 권력의 소유 여부에 의존한다. 권력은 자원이 풍부한 개인, 집단 또는 조직과 자원이 빈약해 도움을 받아야 하는 개인, 집단 또는 조직들 사이의 돕는 관계에 내재해 있다(Blau, 1964). 권력의존이론은 지역사회 안에 존재하는 집단이나 조직들이 어떻게 권력을 얻고 또 분산시키는지를 조사하는 데 사용되었다(김용환 외, 2022: 96 – 97).

하다나(Donna Hardina)의 저서 『지역사회조직의 분석기술(*Analytical Skills for Community Organization Practice*, 2002)』에 따르면, 권력의존이론의 기본 전제는, 특히 지역사회에 있는 지역사회복지조직들은 생존을 위해 자원의 수납에 의존한다는 것이다. 즉, 권력의존이론에 따르면, 지역사회조직에서 권력은 자원을 의미하고 자원은 곧 조직운영을 위한 경제적 측면의 자원을 의미한다. 따라서, 조직은 생존을 위해 외부의 기부자(donor)로부터의 계약과 보조금에 의존해야만 한다. 낙후된 지역에서 활동하는 조직 중에서 조직의 생존을 위한 자금이 지역 내의 재원에서 들어오지 않는 조직들에게 이 문제는 매우 중요하다. 따라서, 권력의존이론은 지역사회 안에 존재하는 조직들이 권력을 갖든지 또는 권력에 의존함으로써 지역사회복지가 성장 가능하다는 것을 강조한다.

『지역사회조직의 분석기술』
(2002년 출판)

하지만 기부자에 대한 조직의 의존은 결국 조직이 추구하는 목적 불일치, 자율성의 상실, 정부정책에 반대 또는 찬성하기 위해 로비를 할 수 있는 능력에 대한 제한 등의 결과를 초래할 수 있다. 이는 자원을 많이 제공하는 집단에 대해 자원을 제공받는 집단은 여러 측면에서 종속적 관계를 유지할 수밖에 없기 때문이다. 기부자와 조직의 관계는 또한 지역주민과 조직 간의 관계에도 비슷한 영향을 끼칠 수 있다. 즉, 조직으로부터 무임의 서비스를 받은 지역주민은 조직에 의존하게 되고 의무를 갖게 되며, 그 조직의 문제점이나 서비스 또는 프로그램에 대한 비판을 자제하게 된다. 이와 마찬가지로 정부의 지원금을 받은 조직도 정부의 요구를 수용할 수밖에 없으며, 결국 지역주민과의 상호작용에서 정부의 정책이 강화되는 결과를 낳을 수 있다.

지역사회조직의 자원(특히, 경제적 자원)에 대한 의존을 강조하여 자원의존 여부가 조직의 발전과 지역사회 발전에 영향을 미칠 수 있음을 강조하는 권력의존이론이 지역사회복지실천에 미친 함의는 다음과 같다(박현식 외, 2021: 98 – 99).

첫째, 균형적인 자원의 투입(또는 수납)은 지역사회조직이 생존하기 위해서 반드시 필요한 생존 원천일 수 있다.

둘째, 외부재원과 연관된 요구는 사회변화를 위해 노력하는 지역사회조직의 능력을 제한시킬 수 있다.

셋째, 지역사회복지조직으로부터 무임 사회서비스를 제공받는 사람은 사회서비스를 못 받을 수 있다고 믿기 때문에 자기자신을 위해 지지하는 행동을 주저할 수 있다.

넷째, 사회변화는 자원의 교환이 가능할 수 있는 분위기에서 일어날 수 있다. 정치적 측면에서 일자리나 정치적 호의, 다른 자원들을 받은 사람들은 그 후보자를 지지하거나 투표해 주어야 하는 의무를 가질 수 있다.

자원의존을 통해서 지역사회조직이 발전하고 나아가 전체 지역사회가 발전할 수 있지만, 보조금이나 후원금 등에 대한 과도한 의존은 지역사회조직 본래의 수행능력을 제한하여 지역사회의 유지·발전에 영향을 미칠 수 있다. 사회복지사는 지역사회복지실천을 위해서 균형적인 권력을 통한 자원개발이 중요하다는 점과, 권력을 통해서, 즉 권력을 행사해서 지역 내에 있는 조직은 원하는 자원을 획득 또는 사용할 수 있다는 점을 깊이 인식해야 한다.

그러므로 권력의존이론은 지역사회복지실천영역에서 지역사회조직이 지역사회의 발전과 번영을 위해 보조금과 같은 자원(권력)에 의존하게 됨을 강조하지만, 과도한 의존은 지역사회조직 본래의 목적을 수행하고 조직기능을 원활히 하는 데 부정적인 영향을 가져다줄 수 있으므로, 지역사회복지조직은 권력의 균형적인 배분을 위한 지역사회자원 개발을 위해 노력하여야 한다.

6. 자원동원이론

자원동원이론(Resource mobilization theory)은 기존 사회체제에 대한 구성원들의 불만과 그 개선을 바라는 의견과 신념들이 모여 이루어진다. 이러한 신념들이 모인 집합의지를 성공적으로 실현할 수 있기 위해서 사회운동조직이 갖추어야 할 조건과 그 효과적 충당의 방법에 관해서 관심을 기울인다. 자원동원이론은 이러한 사회운동조직의 역할과 한계를 규명하는 이론이다.

자원동원이론을 이해하기 위해서는 먼저 자원과 동원의 개념을 살펴볼 필요가 있다. 여기서 자원(resources)은 가용자원이 존재하는 장소에 따라서, 내부 유용자원과 외부 유입자원으로 구분하거나, 자원의 특성에 따라 물적자원(Tangible resources)과 비물적자원(Intangible resources)으로 구분할 수 있다. '동원'이라는 낱말의 사전적 의미는 '전쟁이나 기타 비상사태에 대처하기 위하여 국력을 가장 유효하게 발휘할 수 있도록 국가의 인적·물적 자원을 통제·운용하는 행위 및 군대의 일부나 전부를 전쟁 기타 비상사태에 대처할 수 있는 태세로 전환시키는 일'이다. 자원동원이론에서의 동원(mobilization)은 한 조직이 집합행동을 위하여 필요한 자원을 통제하고 획득하는 과정을 의미한다.

자원동원이론은 조직이나 개인이 소유하고 있는 가용자원을 통하여 행위의 촉발을 유도한다는 이론을 말한다. 여기서 가용자원은 재정을 비롯하여 시간, 열정, 교육수준, 기술수준, 사회자본 등 여러 가지를 포함한다.

자원동원이론에서 한 집단이 동원할 수 있는 자원의 양과 질에 따라 사회집단들이 집단행동을 행사하기 위한 동원능력은 불평등하게 분배되어 있다는 점을 제시하고 있다. 즉, 개인의 자원이 개인이나 조직의 자발 환경 위의 촉발이나 결정에 중요한 영향력을 미치며, 행위나 결정에 필요한 에너지를 공급

하고 재생시켜 지속적으로 기능하고 성장(sustainable function and development)
을 가능하게 한다.

자원동원이론의 특징은 다음과 같다.

첫째, 사회운동조직이 사회적 약자나 비주류계층 권리의 옹호를 대변하는
사회적 활동을 지원하기 위해서는 자원이 필요하고, 이에 따라 회원을 모집하
고, 필요한 자금을 마련하기 위한 후원금을 모금하고, 대중과 주요 의사결정
자들에게 정당성을 인정받으려는 활동을 한다. 자원은 돈, 정보, 사람은 물론
자원동원과 연계에 관련된 모든 활동을 포함한다. 특히, 자원의 유무에 따라
사회운동의 성패가 결정된다.

둘째, 조직구성원의 적극적 참여와 활동을 위하여 동질적 소속감을 갖는
것이 요구되는데, 소속감은 연대감과 집단응집력을 높여 조직의 목표달성을
가능하게 한다.

셋째, 조직의 대외적 활동영역의 확대를 위해 언론이나 외부조직과의 여러
채널들을 확보하기 위한 연계와 협력네트워크를 구축하고 활용한다.

넷째, 조직의 재정적 안정을 위해서는 후원활동을 통해 회원을 확보하고,
정기·일시 기부자들을 확보하고 관리·유지해야 한다.

자원동원이론은 조직의 힘이 자원을 동원할 수 있는(회원 확보를 통해 또는 회
비의 증대를 통해) 능력에 의해 결정될 수 있음을 강조한다. 자원동원이론이 강
조하는 자원동원은 지역사회의 발전을 위해서도 매우 중요한 원천이다. 즉,
지역사회에 내재한 지역문제가 해결되고, 지역사회가 보다 나은 사회로 발전
하기 위해서는 이를 위해 필요한 자원이 동원되어야 가능하다.

모든 지역사회는 그 지역에 거주하는 주민으로 구성되어 있고, 지역주민이
납부하는 세금 등에 의해 지역사회의 안정이 유지·발전된다. 또한 지역구성
원들의 계속적인 유입은 그 지역자원의 증대를 의미하고, 자원의 증대는 지역
사회발전에 기초가 된다. 지역주민의 이탈이 가속화되는 지역은, 경제적·인
적 자원의 부족으로 지역주민을 위한 다양한 정책이나 사업을 수행하기 어렵

게 되어, 지역사회문제의 해결에 어려움을 겪게 된다. 그 결과, 지역사회는 고
립되고 격리될 수 있는 가능성이 증대하게 된다. 따라서, 자원동원이론은 지
역사회자원(물적·인적 자원) 동원이 지역사회발전에 가장 중요한 요인이 됨을
강조하며, 지역사회가 발전하기 위해서는 적합한 지역사회의 자원이 동원되
어야 함을 강조한다.

지역사회복지실천에서 자원동원이론의 함의는 다음과 같다(박현식 외, 2021:
93-94).

첫째, 지역사회 발전은 필요한 인적·물적 자원의 확보와 동원에 달려 있다.

둘째, 지역사회 발전을 위한 자원을 동원하기 위해서는 지역사회주민이 자
원동원에 대한 필요성을 인정하도록 하고 집단적 동질감을 갖도록 하는 것이
중요하다.

셋째, 지역사회가 유지·발전되기 위해 필요한 자원의 동원은 그 지역사회
에 내재해 있는 개인, 집단 그리고 조직과 조직구성원들, 나아가 사회복지사
들의 역할에 따라 많은 영향을 받을 수 있다.

7. 사회교환이론

사회교환이론(social exchange theory)은 사회를 거시적으로 분석하려는 기능
주의에 대한 대안이론으로, 보다 미시적인 차원에서 개인·가족·사회 현상을
분석하고자 한다. 이 이론은 호만스(Homans, 1950)와 블라우(Blau, 1964)가 주
장하고 있는데, 가장 일반적인 명제는 사람들은 자신의 이익을 극대화하기 위
해 손해 보는 행동을 피하고 보상이 주어지는 상호작용이나 인간관계를 추구
한다는 점이다. 여기서 보상과 비용은 물질적인 측면뿐 아니라, 심리적인 만
족감, 포괄적인 서비스도 포함된다.

지역사회복지실천이론으로서의 사회교환이론은, 지역사회가 겪고 있는 문
제를 지역사회 주체들 간의 교환을 통해 해결할 수 있다고 설명해 준다. 즉,
지역사회는 교환이 이루어지는 장이며, 무엇인가를 주고받는 과정에서 지역

주민 개인이나 지역사회의 문제를 해결할 수 있고, 이 과정에서 교환 주체들의 상호작용이 늘어나게 된다. 이런 의미에서 사회적 교환은 사회통합에 기여할 수 있다.

교환을 하는 대상에는 물건이나 화폐뿐만 아니라, 노동이나 협동, 정, 신뢰 같은 비물질적인 것도 포함된다. 교환이 잘 이루어지기 위해서는 교환 주체들의 상호 이익이나 가치에 부합되어야 한다. 그리고 주체들이 좀 더 다양해지게 되면 더 많은 내용들이 더 효과적으로 더 필요한 사람에게 주어질 수 있다. 이러한 효과적인 교환과정을 통해 지역사회에 내재된 문제들을 물질적으로나 비물질적으로 해결할 수 있는 가능성이 생기며, 아울러 교환을 통해 이루어진 주체들 간의 상호작용이 공동체성의 회복과 강화로 이어져 앞으로 생길 수 있는 문제나 위험에 능동적으로, 그리고 협동적으로 대처할 수 있도록 해 준다.

좋은 지역사회를 만들기 위해 지역에서 자원봉사를 실시하고 있는 주민의 경우에도 타인과 공공을 위한 활동은 자신이 가진 시간이나 노동력, 그리고 재능을 나누어야 하는 쉽지 않은 일이지만, 이를 통해 보람과 성취감, 기쁨 그리고 사회적 인정 등의 보상을 받기에 지속적으로 이루어질 수 있는 것이다. 그러나 모든 교환과정에서 모두가 지속적으로 만족하기는 힘들다. 이것은 위에서 블라우가 말한 교환 내용물의 가치가 항상 같을 수가 없고, 언제 이루어질지도 모르는 교환의 불확실성 때문이다. 또한 자발적인 것이 아니라, 환경에 의한 또는 관습에 의한 강제력이 형성될 경우, 불평등한 교환이 이루어질 가능성도 있다. 즉, 지역사회의 구성원에게 필요한 사회적·물질적 자원의 교환은 상호작용의 기본이며, 구성원 간의 호혜적 교환은 교환 주체들 간의 신뢰와 관계망을 강화시키지만, 불평등적 교환은 관계형성에 부정적인 영향을 미친다. 따라서, 교환이 평등하게 이루어지는 것이 중요하다(김영란 외, 2021: 156-157).

1) 교환행동주의 : 호만스

호만스(George C. Homans)는 1950년 그의 저서 『휴먼그룹
(*The Human Group*)』에서 구조기능주의의 반작용으로 교환행
동주의를 주장하고 있는데, 호만스는 인간의 상호작용의 본
질은 보상과 대가의 교환으로 보고 행동의 동기는 보상에의
욕구 때문이라고 본다. 스키너(Skinner)의 행동주의 심리학을
응용하여 설명한다. 그에 따르면, 사회집단과 사회의 특성은
시간이 경과하면 여러 개인의 상호작용의 결과이지, 그 이상
의 것이 아니다. 즉, 호만스는 미시적인 면접적 상호작용을
강조하면서 규모가 큰 사회제도도 면접적 상황에서 발전된

『휴먼그룹』
(2013년 출판)

여러 유형의 복합적인 산물이라고 본다(김현호 외, 2020: 84–85).

호만스가 주장하는 사회적 행동의 기본 명제는 다음과 같다(Homans, 2013).

① 성공명제 : 개인의 특정한 행위에 대하여 보상은 자주 줄수록 그 행위는
   반복할 가능성이 크다. 그러나 보상으로 인해 그 행위가 반복된다 하더
   라도, 그 과정은 무한정 반복될 수 없다.
② 자극명제 : 과거의 특수한 자극 또는 일련의 자극이 개인이 보상받는 계
   기가 되었다면, 현재의 자극이 유사할수록 개인은 과거와 같은 행동을
   할 가능성이 높다.
③ 가치명제 : 개인이 행한 어떤 행위의 결과가 그에게 가치가 크면 클수록
   그 행위를 반복할 가능성이 커진다.
④ 박탈–포만 명제 : 경제학의 한계효용의 법칙처럼 개인의 특정 행동에
   대하여 최근 특정 보상을 자주 받았다면, 앞으로 주어지는 보상은 덜
   소중하게 된다.
⑤ 공격–인정명제 : 개인이 기대하던 보상을 받지 못하거나 예외의 벌을
   받는다면, 그는 화를 낼 것이다. 그럴 경우 공격의 가능성이 높아진다.

그러므로 어떤 특정 행동의 가능성은 과거에 받은 보상의 빈도, 받은 보상

의 가치, 과거에 받은 보상행동의 상황, 현재 상황의 유사성 정도에 따라 보상이나 이익이 클 행동으로 선택하게 된다.

2) 교환구조주의 : 블라우

『사회생활의 교류와
권력』
(2017년 출판)

블라우(Peter Blau)는 1964년 저서 『사회생활의 교류와 권력 (*Exchange and power in social life*, 1964)』에서 블라우는 호만스와 달리, 블라우는 상징적·상호작용이론적 입장에서 교환이론을 강조한다. 그에 따르면, 인간은 보상을 원하지만 행위의 선택과 결정은 친구나 친족 등의 사회적 영향력을 행사하는 것에 의해 제약을 받는다. 따라서, 인간행동의 결과는 사회적 자아를 갖고 있으며, 갖고자 하는 행위자들의 상호작용으로 설명된다. 그는 개인적 교환으로부터 사회구조와 변동에 이르기까지 4단계의 절차를 구상하였다. 그 내용은 다음과 같다(Blau, 2017).

제1단계 : 사람들 사이의 개인적 교환거래가 일어난다.

호만스와 유사한 심리학적 접근을 하고 있는데, 즉 인간은 보상을 얻기 위하여 타인과 상호작용을 한다. 교환행위는 되돌려 받기를 원하면서 행하는 개인의 자발적인 행동으로 보았는데, 이것은 어떤 행위에 앞서 자기중심적으로 계산된 선택을 한다.

제2단계 : 지위와 권력의 분화가 초래된다.

개인 간의 상호관계에서 교환되는 보상은 내재적(애정, 존경)이거나 외재적(물질, 돈)일 수 있으나, 개인이 지닌 자원은 각기 다르므로 양편이 항상 동등한 보상을 받을 수 없다. 교환관계는 기본적으로 상호 호혜성의 원리에 기초하므로 상대방의 호혜성에 맞는 보상이 주어져야 하는 데, 그 보상을 되돌려 줄 수 없을 때도 있다. 그 경우는 강제력의 동원, 다른 자원의 개발, 상대방에게 복종 등의 형태가 오가면서 권력-의존관계가 형성된다.

제3단계 : 정당화, 조직화가 된다.

복잡한 사회관계망에서는 공통된 가치관과 규범이 간접적인 교환관계를 위한 상징적인 매체를 제공한다. 이 가치관과 규범은 사회 내에서 제도화되고, 사회화 과정을 통해 구성원들에게 어느 정도 내재화된다. 이는 보상과 공정한 교환관계를 판단하는 기준을 제시한다. 여기서 특수 가치, 보편적 가치, 권위적 가치, 대립의 가치가 있어 각기 다른 기능을 수행한다.

제4단계 : 대립과 변동이 일어난다.

공유된 가치관에 의한 사회의 기능적 통합을 강조하는 데 그치지 않고 변증법적 갈등론의 요소를 부가하였다. 즉, 사회에는 교환구조로 제도화되지 않은 가치관이 언제나 존재하기 마련이다. 이 대립적인 가치관이 반제도적 요소를 제공한다. 교환관계란 완전한 균형상태를 이루고 있는 것이 아니어서, 이러한 가치 불균형이 기존 제도에 도전하는 잠재적인 원천이 되기도 한다.

블라우의 경우, 개인을 대신하여 다양한 사회적 사실을 중요시한다. 즉, 집단, 조직, 규범, 가치들을 논의하면서 거시적 사회단위를 결합시키고 있다.

3) 교환형태주의 : 에머슨

에머슨(Robert M. Emerson)은 개인이 왜 교환관계에 들어가는가에 대한 개인의 속성보다는 행위자들이 형성하는 사회관계 자체의 속성에 관심이 있다. 사회관계는 참여자 간의 가치 있는 행동의 호혜적 흐름에 근거한 것으로 거래, 교환 등의 용어는 본질적으로 상호작용적이다. 교환관계는 장기성을 갖고 있으며, 거기에는 종속, 권력, 균형의 개념들이 중요시된다. 교환관계는 궁극적으로 권력의 사용과 균형화의 문제가 제기된다.

에머슨은 교환관계를 설명하기 위해서 교환자원과 교환방식의 이해를 교환상황에 대한 분석틀로 제시하였다(Emerson, 1962). 여기서 교환상황은 '분배적 교환'과 '생산적 교환'으로 나뉘는데, 분배적 교환에서는 구성원들이 교환하는 자원은 단일 유형의 동일한 가치적 자원이며 그 교환방식은 상대적 자원과의 직접적인 거래이고, 관계의 성격은 상대적 교환비율에 의해 결정된다. 생산적 교환은 집단문제의 해결이나 집단의 협동, 집단 내의 자원 분배, 노동의 분화를 논의하는 데 유용한 개념이다. 교환망에 대하여 에머슨은 사회계층, 노동 분화, 공동체 구조 내에서 권력과 지위 연구에 유용하다고 본다. 교환의 가치는 바른 형태와 가치로도 충분히 상응될 수 있으며, 가끔은 그럴 필요도 없다.

사회교환이론은 사회적 상호작용이 각자 이익을 최대로 하려는 동기에 의해 형성되고 유지되는 일단의 교환이며, 모든 사회적 상호작용은 행위자가 호혜적인 보상행동체계에 참여하고 있다고 믿는 한 진행된다고 주장한다. 호만스와 블라우가 관계에 참여하는 개인, 행위자를 각각 한 단위로 간주하는 반면에, 에머슨은 행위자들이 형성하는 교환관계 자체를 분석 단위로 삼아 행위자의 개인적 동기나 가치가 아닌 행위자 간에 교환되는 보상의 비율에 주목함으로써 관계의 구조 및 기본과정을 밝히고 있다.

교환이론은 지역사회 내 다양한 권력관계를 설명하는 데 유용한 이론이다. 이 이론은 교환에서 발생하는 교환상의 불균형을 수정하기 위해 다양한 전략을 활용할 수 있는데, 그 내용은 다음과 같다(Hardcastle & Powers, 2011).

첫째, 경쟁전략이다. 누군가 필요한 자원을 독점하는 이가 있어 그에게 복종해야 되는 상황이 될 경우, 독점하는 이와의 교환을 포기하고 다른 경로로 자원을 획득하려는 전략이다.

둘째, 재평가전략이다. C는 D의 자원에 대한 재평가를 통해 관심을 덜 가지게 되어 D의 권력이 약화된다. D는 지속적인 교환을 위해 C에게 새로운 제안을 할 수 있다.

셋째, 상호 호혜의 전략이다. 상호 쌍방이 선호하는 자원을 교환함으로써, 의존적 관계가 아닌 상호적 관계로 또는 동등한 관계로 변화할 수 있다.

넷째, 연합전략이다. 자원이 부족한 주체들이 연합이라는 과정을 모색하여, 의존적이고 영향력을 행사하지 못한 상대로부터 평등하고 대등한 교환관계를 가질 수 있다는 것이다.

다섯째, 강제 또는 강압 전략이다. 상대에 자신이 원하는 바를 관철시키기 위해 물리적이고 강압적 힘을 사용하여 제압하는 전략을 말하는 데, 지역사회 복지 영역에서는 윤리적 문제로 인해 수용하기 어려운 전략이다.

사회교환이론에 나타난 지역사회복지실천의 함의는 다음과 같다(박현식 외, 2021: 94 - 95).

첫째, 개인과 개인, 집단과 집단, 조직과 조직 간에 또는 상호 교차적인 교환은 교환의 장으로서의 지역의 발전에 기여한다.

둘째, 지역 내의 조직 또는 다른 지역의 조직과 이루어지는 교환이 상호 호혜의 균형전략에 기반을 둔다면 한정된 자원과 정보를 가지고도 효율적으로 지역사회복지를 실천할 수 있으며, 또한 지역 내에 존재하는 각각의 참가자들은 자원과 정보를 공유하고 교환함으로써 지역의 균형발전에 기여할 수 있다.

셋째, 자원과 정보의 공유와 교환을 통한 지역발전을 추구하기 위해 교환의 주체들은 서로 힘을 합치거나, 공동의 목적을 위해 같이 운동할 수 있는 기반을 닦을 수 있다. 이는 곧 새로운 조직체의 결성 또는 연합체의 결성으로 이어지며, 결국 지역사회복지실천의 강력한 지지세력의 확대재생산을 의미한다.

사회교환이론은 공익성을 추구하고 공리의 법칙을 만들어 가는 이론으로 유효하다. 이를 응용할 수 있는 가능성에 대해 제시해 보면 다음과 같다(김영란 외, 2021: 156 - 158).

① 지역사회복지실천은 교환의 장이며, 다양한 교환행동과 법칙들이 있다.
② 교환이 되는 자원들은 물리적 자원 외에 정보, 아이디어, 서비스, 권력, 지위, 의미, 관계망 등 다양하기 때문에 교환자원의 가치를 부여하면서 개발한다.
③ 사회복지실천가는 개인이 추구하는 보상과 이익, 대가의 가치를 진단해야 한다.

④ 교환은 공공성, 공리성, 상호 호혜성을 바탕으로 만들어 가되, 지역사회 단체 및 클라이언트를 위한 활동은 그들이 원하는 방향으로 원칙을 수립한다.

⑤ 물질적 가치와 보이지 않는 사회심리적 가치, 사회관계 및 교환 법칙을 사회통합을 위해 개발한다.

⑥ 권력 균형을 잡기 위한 자원의 재분배, 가치 재평가, 상호 호혜성을 찾기 위한 전략개발을 한다.

8. 상호조직이론 : 하젠펠트

상호조직이론(Interorganizational theory)은 조직 상호 간의 지지와 상호 협력이 지역사회를 발전시킬 수 있음을 설명해 주는 이론이다. 사회비조직화이론에 따르면, 지역사회발전의 기초는 바로 지역사회조직화의 정도에 달려 있다고 할 수 있으며, 어떠한 공식적 조직이 없는 지역사회는 존재하지 않는다. 지역사회에 기초한 조직들은 지역사회의 발전을 위하여 상호 협력하여야 하며, 조직이 조직 자체의 이익이나 조직구성원만의 이익을 추구하는 경우, 지역사회문제의 해결과 전체 지역사회구성원들의 상호 발전은 기대할 수 없다.

지역사회복지실천 영역에는 다양한 형태의 조직이 포함되어 있는데, 상호조직이론은 이러한 지역사회조직 간의 조정과 협력이 지역사회의 복지를 개선, 증진시키는 데 중요하다는 것을 강조한다. 많은 부분의 지역사회복지실천 활동은 다른 집단이나 조직과 관계를 성립하고 관리하는 것을 포함한다. 상호조직이론은 이 조직 간의 관계를 이해하는 데 도움을 준다. 여기서 분석의 단위는 개인보다는 조직에 있으며, 지역사회복지실천의 입장에서 집단이나 조직 상호 간의 행동을 이해하려는 노력이 상호조직이론이다.

상호조직이론은 모든 조직은 생존과 번영을 위해 더 큰 집단이나 조직의 연결망 안에 놓여 있어야 한다는 것을 기본 전제로 한다. 상호 조직의 연결망 또는 교환의 장 안에서 각각의 조직은 그들만의 특별한 영역을 각인하게 된다. 지역사회조직들이 다른 조직과의 상호 관계 아래 그들의 영역을 확인한다면, 조직은 중복된 서비스나 서비스 영역, 그리고 서비스 대상자들에 대한 조정을 통하여 조직이 가진 자원을 최대화할 수 있다. 예를 들어, 노숙자 수가 20여 명인 서울 용산동에 같은 영역의 노숙자를 위한 동일한 서비스를 제공하는 조직이 두 개가 있을 필요는 없다. 두 조직 간의 상호 조정을 통하여 한 조직은 노숙자를 위한 상담이나 치료를 제공하고, 다른 조직은 노숙자를 위한 기술교육이나 자활공동체 운영 등의 서로 중첩되지 않는 서비스를 제공할 수 있다. 지역사회는 매우 다양하기 때문에 각각의 조직은 서로 다른 영역의 서비스를 다양하게 제공할 수 있다. 조직의 영역은 조직이 다른 조직에 의존해야 하는지, 또는 다른 조직과 연관을 맺어야 하는지를 결정해 준다.

자원은 어떤 환경에서는 부족하기도 하고, 또 다른 환경에서는 풍부하기도 하다. 어떤 환경은 많은 경쟁자와 규정을 가지고 있지만 또 어떤 환경은 부족한 경쟁자와 규정을 가지고 있기도 하다. 따라서, 효율적으로 자원을 소비하고 자원 사용의 이점을 최대화하기 위하여 조직은 조직을 둘러싼 과업환경을 이해하고, 필요하지 않은 자원은 지역사회를 위해 소비할 수 있는 방안을 찾아야 하며, 조직목적을 실현하기 위하여 필요한 자원을 소유하고 있는 조직과 협력하는 것이 필요하다.

하젠펠트(Yeheskel Hasenfeld)의 저서 『휴먼 서비스 조직 (*Human Service Organization*, 1982)』에 따르면, 조직은 목적을 성취하기 위해서는 다음과 같은 여섯 개의 과업환경이 필요하다.

『휴먼 서비스 조직』
(1982년 출판)

첫째, 자금, 노동, 재료, 장비, 그리고 작업할 수 있는 공간의 제공자다.

둘째, 권위와 정당성의 제공자인데, 사회복지교육협의회의 사회복지교육과정에 대한 신뢰 등의 제공자이다.

셋째, 클라이언트 또는 소비자의 제공자로, 예를 들어 클라이언트 소개기관이다. 조직의 서비스를 직접적으로 필요로 하는 개인이나 가족은 물론이고, 조직에 개인이나 가족을 소개해 주는 사람이나 기관 등이 여기에 해당된다.

넷째, 보조적 서비스 제공자로, 예를 들어 필요한 서비스를 위한 다른 조직들이다.

다섯째, 조직의 상품과 서비스의 소비자와 수혜자로, 예를 들어 사회복지조직의 클라이언트들이다. 사회복지 상품이나 서비스의 수혜자나 소비자가 없으면, 사회복지조직은 존재하지 않게 된다.

여섯째, 경쟁자인데, 어떤 조직이 아무런 경쟁조직 없이 독점적인 서비스를 제공하는 경우는 거의 없다. 대부분의 지역사회에서 조직들은 같은 대상자 또는 같은 후원자 등을 위해 경쟁하게 된다. 따라서, 성공적으로 경쟁할 수 있는 능력은 조직적 삶을 위해 중요하지 않을 수 없으며, 또한 경쟁을 통해 조직은 발전하게 된다.

그러므로 상호조직이론에 따르면, 독점적인 조직의 영역이란 존재하지 않으며, 현대의 조직적 삶은 실제로 상호 조직적 삶이고, 상호 조직적 삶은 복잡하고 계속 변화하며 예측할 수 없는 환경에서의 끊임없는 협상과정을 포함하고 이 상호 조직적 삶이 지역사회발전의 원천이 된다(Aldrich, 1979).

조직 상호 간의 지지와 상호 협력이 지역사회를 발전시킬 수 있음을 설명해 주는 상호조직이론에 나타난 지역사회복지실천의 함의는 다음과 같다.

첫째, 지역사회 내의 집단과 조직들의 상호작용이 지역사회발전에 영향을 미친다.

둘째, 부족한 자원 또는 한정된 주민이나 대상자를 확보하기 위한 조직 간의 경쟁은 지역사회발전을 퇴보시키는 요인이 될 수 있기 때문에, 지역사회의 조직들은 각각의 영역 내에서, 상호 교환과 협력·조정을 통해서 지역사회의 욕구를 해결해 나가야 한다.

그러므로 상호조직이론은 조직 간의 협력과 조정을 강조하며, 지역에 실재
해 있는 조직들의 상호 협력은 지역사회발전을 위한 중요한 토대를 제공한다
는 점을 강조하기 때문에, 지역사회발전을 위해 노력하는 사회복지사는 조직
과 조직 사이를 연결하는 조정자와 중개자의 역할을 수행하여야 한다.

1. 기능주의 관점에서 본 지역사회의 기능이 아닌 것은?

   ① 사회통제의 기능   ② 사회화의 기능
   ③ 상부상조의 기능   ④ 생산·분배·소비의 기능   ⑤ 사회분화의 기능

2. 지역사회이론 중 옳게 짝지어진 것은?

   ① 기능주의 : 체계 간의 조절, 조정, 통합 등을 통해 사회체계 유지
   ② 갈등주의 : 지역사회의 유지와 균형을 중시
   ③ 갈등주의 : 경제적 문제로 인한 갈등은 문화적 요인으로 해결된다는 주장
   ④ 기능주의 : 지역사회 지도자 및 조직이 갈등에 많은 영향을 미침.
   ⑤ 기능주의 : 지역사회 내의 권력, 자원 등의 재분배를 요구

3. 지역사회복지를 설명하는 이론에 관한 설명으로 옳은 것은?

   ① 갈등주의이론 : 인간과 환경의 상호작용을 강조한다.
   ② 사회구성론 : 지역사회 내 자원의 배분관계에 관심을 가진다.
   ③ 자원동원이론 : 사회운동의 성패는 역량 있는 조직원을 확보하는 데 있다.
   ④ 교환이론 : 이익집단들의 상대적 영향력에 따라 정책이 달라진다.
   ⑤ 생태이론 : 주민의 문화적 가치와 규범을 이해한다.

4. 지역사회의 의사결정 구조를 설명하는 이론에 대한 설명 중 옳은 것은?

   ① 다원주의 이론은 공공정책이 그 지역사회의 소수 기업인, 공공기관의 정책결정가, 정치인 등에 의해 의사결정이 이루어진다고 주장한다.
   ② 엘리트 이론과 다원주의 이론은 독일사회에서 지역사회 권력구조에 대한 연구결과로 탄생한 이론이다.
   ③ 다원주의 이론은 다수 대중의 의사 반영을 무시한다.
   ④ 다원주의 이론은 전문성에 기반을 둔 다양한 사람들이 이익집단을 형성하여 지역사회의 의사결정에 참여한다는 지역사회 권력 분산을 설명한다.
   ⑤ 일원주의 엘리트 이론은 사회구조를 여러 개의 피라미드적 위계질서가 서로 겹쳐 있다고 설명한다.

정답 1. ⑤ 2. ① 3. ③ 4. ④

지역사회복지실천의
이론과 방법론

Chapter 6. 지역사회복지실천의 이해

Chapter 7. 지역사회복지실천의 과정

Chapter 8. 지역사회복지실천의 모형

Chapter 9. 지역사회복지와 사회복지사의 역할

Chapter 10. 지역사회복지실천의 기술

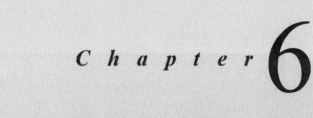

Chapter 6
지역사회복지실천의 이해

개요

지역사회복지실천은 기본적으로 '지역사회를 기반으로 하는 사회복지의 구체적 개입
활동'이라는 의미를 바탕으로 하고 있다. 또한 사회복지사가 사회적 안녕상태를 이루
기 위해 필요한 구체적 서비스를 그 서비스가 요구되는 현장에서 실천에 옮기는 작
업이다. 여기에서는 지역사회복지실천의 이해를 학습하고자 한다.

학습목표

1. 지역사회복지실천의 이해도 향상
2. 이론 정리
3. 이론과 현실 접목

학습내용

1. 지역사회복지실천의 개념
2. 지역사회복지실천의 원칙
3. 지역사회복지실천의 구성체계
4. 지역사회복지실천의 직접서비스

지역사회복지실천의 이해

1. 지역사회복지실천의 개념

1) 지역사회복지실천의 정의

지역사회복지실천은 기본적으로 '지역사회를 기반으로 하는 사회복지의 구체적 개입활동'이라는 의미를 바탕으로 하고 있다. 지역사회복지실천을 강조하게 된 이유는, 현대산업사회가 안고 있는 사회문제에 대해 과거의 자선적이고 비조직적인 노력으로선 대처하기 어렵기 때문에 과학적이고, 조직적이고, 계획적인 실천이 강조된 데서 비롯된 것이다. 이에 발맞추어 호응하여 최근 지역사회를 클라이언트로 보는 지역사회실천이 강조되고 있다.

사회복지실천은 사회복지사가 사회적 안녕상태를 이루기 위해 필요한 구체적 서비스를 그 서비스가 요구되는 현장에서 실천에 옮기는 작업이라 할 수 있으며, 사회복지사가 개인, 집단, 가족, 지역사회, 제도 및 사회적 수준에서 클라이언트가 스스로 문제와 욕구를 해결하도록 도와주어, 사회적 기능을 향상시키고 나아가서는 삶의 질을 높이는 데 목적을 둔 종합적 실천활동이다.

이러한 의미에서 지역사회복지실천은 사회복지실천을 기초로 지역사회 내에서 클라이언트의 의뢰, 지역사회자원의 사정, 클라이언트 지원체계의 개발, 클라이언트의 욕구충족을 위한 정책결정자에 대한 옹호활동 등 거시적 사회복지실천활동 및 직접적 서비스 제공과 관련된 모든 실천활동을 의미한다(김현호 외, 2020: 97).

웨일(Marie Weil) 등이 편집한 『지역사회실천 핸드북(*The Handbook of Community Practice*, 2012)』에 따르면, 지역사회복지실천의 개념은 지역사회에서의 삶과 선택의 기회를 제공하고, 인간으로서의 권리와 분배정의를 실현시키기 위해 사회복지 전문영역에서 개입하는 활동들로, 이러한 개입의 내용은 기본적으로 개발(development), 조직화(organizing), 계획(planning), 진보적 변화(progressive change)로 구성될 수 있다.

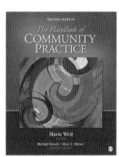

『지역사회실천 핸드북』
(2012년 출판)

2) 지역사회복지실천의 목표

지역사회복지실천의 개념을 근거로 할 때, 지역사회복지실천은 무엇을 지향하고 있는가? 즉, 지역사회복지실천은 지역사회구성원이 기본적 욕구를 충족시킬 수 있도록 기능하는 지역사회를 만드는 것을 그 목표로 하고 있다. 특히, 그 지역사회의 문제가 되는 상황이나 환경조건 등을 파악하여 역기능적 상황을 순기능적 상황으로 변화시키는 것이 그 궁극적 목표이다.

던햄(Dunham, 1970)은 지역사회 구성요소 간의 상호작용에 의식적 변화를 추구하는 과정으로서 다음의 세 가지 목표를 강조하였다.

① 지역사회의 광범한 욕구를 충족하고, 욕구와 자원 간의 조정과 균형을 도모한다.

② 지역주민의 참여의지, 자조능력, 협동능력 등을 강화하여 자신의 문제에 보다 효과적으로 대처할 수 있게 한다.

③ 지역사회와 집단 간의 관계와 의사결정권의 분배에 변화를 초래한다.

던햄의 지역사회복지실천의 목표는 <표 6-1>과 같다.

〈표 6-1〉 던햄의 지역사회복지실천의 목표

과업중심목표 (task goals)	지역사회의 광범위한 특성 욕구를 충족하거나 특정 문제를 해결하기 위해 욕구와 자원 간의 조정과 균형 도모하기
과정중심목표 (process goals)	지역사회주민의 참여의지, 자조능력, 협동능력 등을 개발하고 유지· 강화시켜 그들의 문제를 보다 효과적으로 대처할 수 있게 하기
관계중심목표 (relationship goals)	지역사회와 조직 간의 관계 및 의사결정권의 분배에서 변화 초래하기

자료: Dunham(1970).

웨일과 갬블(Weil & Gamble, 1995)은 지역사회복지실천의 중요한 목표를 다음과 같이 제시하고 있다.

① 지역주민의 '삶의 질'의 향상

② 지역사회의 이익 대변

③ 인간적·사회적·경제적 개발

④ 최적의 서비스와 프로그램 개발

⑤ 적절한 서비스의 통합

⑥ 사회행동의 실천과 사회정의 실현 등

펄먼(Robert Perlman) 등은 지역사회복지실천의 목표에 따라 지역사회복지실천에 관한 내용을 다음과 같이 분류하고 있다(Perlman et al., 1972).

① 지역사회 참여와 통합의 강화

지역사회에 있는 모든 집단이 자신들의 의사를 표현하도록 격려하고, 효과적 상호작용을 통해 자신들의 사회환경을 개선하는 방안에 대해 협의한다.

② 문제대처능력의 고양

지역사회가 환경과 변화에 대처할 수 있는 능력을 갖도록 하기 위해서 소통과 상호작용의 수단을 향상시키는 데 역점을 둔다.

③ 사회조건과 서비스의 향상

지역사회의 욕구와 결함을 찾아내고, 사회문제를 해결하거나 예방하기 위한 효과적 서비스와 방법을 개발한다.

④ 불이익집단의 이익증대

지역사회 내의 특수집단이 받아야 할 물질적 재화와 서비스의 몫을 증대시킴으로써, 또 지역사회의 주요 결정에 있어서 그들의 역량과 참여를 증대시킴으로써 그들의 이익을 증대하도록 한다.

3) 지역사회복지실천의 기능

지역사회복지실천은 지역사회 내의 일차적 문제를 취급하는 것으로 항상 지역주민의 욕구나 문제에 대한 반응에서 시작한다. 사회복지기관에서 사회복지사가 행하는 지역사회복지실천의 기능은 다음과 같다(Dunham, 1970).

① 지역사회계획

지역사회의 계획범위를 정하고, 프로그램을 개발하며, 지역수준의 복지향상과 조정하는 계획활동을 수행한다.

② 프로그램 운영

지역사회의 변화를 위해, 지역사회복지기관을 통하여 적절한 프로그램을 운영한다.

③ 사실 발견과 조사

지역사회조직의 계획과 프로그램 개발에 관련된 사실을 발견하고 조사한다.

④ 공적 관계 형성

지역주민의 욕구에 따른 프로그램과 서비스를 제공하고, 공적 관계를 통하여 지역사회의 이익을 위해 노력한다.

⑤ 기금 확보와 배당

대내·외적으로 기금확보의 노력과 연합 캠페인을 통하여 지역사회기관과 단체에 기금의 예산을 편성하고 배당을 실시한다.

⑥ 근린집단사업

저소득층 지역과 도시 근린지역의 주민집단과 함께 자립사업을 추진한다.

⑦ 지역사회개발

지역사회의 욕구해결과 자기결정, 자립과 협동에 대한 태도를 개선하며, 지역주민의 조직화를 실시한다.

⑧ 지역사회행동

지리적 수준에서 사회적 약자를 위해 법률분석과 참여증진을 촉진하고, 절차상 지역사회행동이나 직접적 행동을 유도한다.

⑨ 기타 활동

지역사회조직과 지역사회개발을 위하여 교육하고 자문을 실시하여 지역복지를 실현하도록 한다.

2. 지역사회복지실천의 원칙

지역사회복지실천의 목표는 지역사회구성원의 기본 욕구를 충족시키고 만족시켜 인간다운 삶을 영위할 수 있도록 모든 지역사회 역량을 실천하여 튼튼한 지역사회를 만드는 것이다. 이러한 지역사회복지실천의 목표를 달성하기 위하여 실천의 원칙은 지역사회복지를 실천하는 데 있어서 올바른 행동에 관한 규칙(rule of right action)을 의미한다. 또한 지역사회복지를 실천하는 데 있어서 지역사회주민에 의한 자발적이고 조직적인 참여를 유도해야 하고, 민주적 이념과 가치체계를 포함해서 실천해야 한다.

1) 로스의 주장

지역사회복지의 실천원칙 중 실제적으로 로스(Murray G. Ross)의 견해가 가장 대표적이라고 할 수 있다. 그의 저서 『지역사회조직: 이론, 원칙, 실제(*Community Organization: Theory, Principles, and Practice, 1955*)』에서, 로스는 지역사회복지를 실천하는 주체로서 어떤 종류의 구조나 사회조직체를 강조하고 있다. 로스는 이러한 조직체를 '추진회(association)'라 부르고, 지역사회조직의 일체의 과정은 이 추진회를 중심으로 전개된다고 본다. 그 내용은 다음과 같다(Ross, 1967).

『지역사회조직』
(1955년 출판)

① 지역사회에 존재하는 불만으로부터 추진회가 결성된다. 주민들은 자신이 사는 지역사회에 대한 불만을 갖고 있으며, 이 불만을 해소하기 위해 추진회를 구성하는 것이다. 지역사회에 대한 불만이 극히 개인적이거나, 일부 지역에 해당하거나, 표출되지 않았거나, 합의점을 찾지 못한 불만으로는 추진회를 만들어 활동하기가 어려울 것이다. 불만을 인위적으로 유도해서는 안 되지만, 주민이 자신의 불만을 표출하고 이를 다른 주민과 공유하여 지역 공통의 불만으로 인식하게 될 때 추진회의 결성이 가능하게 되고, 그 불만 해소를 위한 활동이 활발하게 전개될 수 있다.

② 불만은 특정 문제에 관한 계획을 세우고 실천에 옮길 수 있도록 집약되어야 한다. 지역사회에 불만이 있다는 자체만으로 해소를 위한 행동이 일어나는 것은 아니다. 일부 주민은 지역사회의 모든 일에 대하여 불만을 가지고 비관적인 태도를 가질 수 있다. 이러한 경우에 주민참가를 유도하는 데에는 어려움이 있겠지만, 불만을 집약하고 좀 더 구체화시킨다면 해결을 위한 참가도 가능하게 될 것이다.

지역사회조직에서는 문제를 자각하고, 고민하는 사람들이 모여 그 문제 자체와 문제의 범위에 대하여 논의해서 대책을 세우고, 이를 근거로 행동한다. 따라서, 지역사회의 문제인 주민의 불만은 막연한 것보다 특정

화되어야 하고, 잠재된 불만은 현재화해야 하고, 불만에 대한 논의수준
에서 그치는 것보다 이를 해소하기 위한 행동으로 이어지게 하는 것이
중요하다.

③ 집약된 불만은 지역사회 내에서 공유되어야 한다. 불만은 각종 지역사
회 내 조직들의 힘을 규합하는 역할을 한다. 그러나 지역사회조직은 지
역사회 내의 일부 조직의 욕구나 불만만을 충족시키는 것이 아니다. 따
라서, 지역사회의 집약된 불만은 지리적 또는 기능적 지역사회의 각 부
분에 알려져 지역사회 전반에 걸쳐 공유되어야 한다.

같은 지역사회 내에서도 일부 지역에서는 집약된 불만의 정도가 다른
지역보다 높거나 낮을 수 있고, 지역 내의 단체나 조직에 따라 그 정도
가 다를 수 있으므로 집약된 불만에 대한 공유인식이 낮을 경우, 지역사
회주민 및 조직·단체의 분열을 초래할 수도 있다.

④ 추진회에는 지역사회 내 주요 하위집단의 지도자를 참여시켜야 한다.
지역사회조직에서는 주민에 의해 여러 가지 변화가 이루어지므로 지역
주민들의 참여가 중요하다. 그러나 다양한 개인의 특수성으로 인해 모
든 주민들의 참가에는 한계가 있으므로 대표를 통한 참가를 고려하게
된다. 추진회에 하위집단의 지도자를 참여시키기 위해서는 우선 지역주
민들의 다양한 이익을 반영하고 있는 주요 집단, 즉 주민의 마음을 사
로잡고 있는 공식 및 비공식 집단을 찾아내어야 하고, 또한 이러한 집
단을 대표하며 존경과 신뢰를 받고 있는 지도자를 발견해야 한다.

이들이 실질적으로 추진회와 지역주민 간의 연결고리 역할을 할 수 있
을 때, 지역사회주민과 추진회 간의 의사소통 과정이 확보되는 것이다.
나아가 지역사회의 전체적인 균형과 조화를 이룰 수 있게 되는 것이다.

⑤ 추진회는 지역사회주민들로부터 고도의 지지를 받을 수 있는 목표와 운
영방법을 가져야 한다. 추진회는 지역사회 내의 다양한 집단이 참여하
고 있으며, 각 집단은 독특한 관심, 태도 및 행동을 하므로 이들 집단이
나 지도자를 하나로 모아 공동의 움직임을 가능하게 하는 것은 쉬운 일

이 아니다. 이를 가능하게 하기 위해서는 공통의 목표점과 동의를 얻는 절차를 설정하는 것이 필요하다.

추진회가 목적이나 운영절차를 성문화하고 회칙을 정하는 것으로 시작하는 경우가 있는데, 그것보다는 목표와 운영절차를 표명하는 것이 모든 구성원들에게 의미 있는 것이라면, 서둘러 작성하기보다는 실천과 경험, 토론을 통해 신중하게 연구해서 작성해야 한다.

⑥ 추진회의 사업에는 정서적 활동이 포함되어야 한다. 개인이든 단체이든 인간생활에 있어 정서적·문화적·교양적 요소가 중요하다. 생활은 합리적이면 되고, 지역주민이나 단체는 지적 관심을 함께하는 것으로 충분하다고 생각하는 것은 곤란하다. 지역사회 내의 다양한 집단을 일체화하기 위해서는 공통의 관념, 감정 및 전통이 있어야 한다. 이러한 다양한 지역사회의 구성원을 하나로 결속시키기 위해서는 그 지역사회의 특성에 적합한 축제적 행사의 주체 및 지원이 있어야 한다. 추진회가 정서적 내용이 담긴 행사를 가짐으로써 주민들 상호 간의 신뢰감이 형성될 수 있으며 더불어 협력적인 태도를 갖게 될 것이다.

⑦ 추진회는 지역사회 내의 선의를 활용하여야 한다. 일반적으로 지역사회에는 냉담과 무관심만이 존재한다고 생각하는 사람이 있다. 그러나 지역사회의 많은 사람들은 지역사회의 일에 대해 기여하고 참가하기를 원하고 있다. 따라서, 추진회는 지역사회 내의 선의와 지지를 개발하고 활용해야 한다.

첫째, 지역사회 여러 집단과의 연락방법, 각 집단에 호소하는 책임의 수준 및 그들의 지지를 확보하는 방법에 대해서 알고 있는 주민 및 집단 지도자들의 지혜를 이용해야 한다.

둘째, 보다 많은 주민의 지지를 얻기 위해 집단이나 단체를 대상으로 하기보다 개인에게 직접 호소해야 한다.

셋째, 주민이 경험할 수 있는 수준에서 또는 그들에게 의미 있는 방법에 의해 사회에 공헌하는 활동에 참가할 기회를 제공할 필요가 있다.

⑧ 추진회는 효과적인 의사소통방법을 개발해야 한다. 의사소통은 통신을 보내거나 받는 기계적인 과정이라기보다 그것을 통해 공통의 이해, 공통의 생활, 공통의 가치를 공유할 수 있는 영역을 확장하는 것이다. 지역사회조직이란 지역사회 내에 있는 다양한 집단을 규합하여 상호작용할 수 있도록 의사소통을 촉진시킴으로써 지역사회를 형성하는 수단을 개발하는 것이라고도 볼 수 있다. 이러한 의사소통을 효과적으로 유도하기 위해서는 우선 추진회에 참가하는 사람들이 안정감을 가지고 자유롭게 의견을 발표할 수 있는 분위기를 만드는 것이 중요하다.

다음은 의사소통을 구성하는 방법도 중요하다. 여기에는 두 가지 면이 있는데, 하나는 의사소통을 원활하게 하기 위한 인력배치와 이들 간의 관계이고, 다른 하나는 상호 관계를 유지하기 위한 방법이다.

⑨ 추진회는 참여집단을 지지하고 강화해야 한다. 지역사회는 자연적으로 분화해 온 단위조직, 즉 집단을 통하여 추진회에 참가하게 된다. 이들 단위조직은 지도자를 통해서 전원이 바람직하다고 인정하는 목표를 달성하기 위해 협력한다. 추진회는 이들 단위조직의 지지기반 위에 성립하게 되는 것이다. 추진회의 구성요소인 지역의 단위조직이 분열·붕괴·냉담 상태에 있으면, 지역사회에서 추진회의 지지와 기반은 좁아지게 된다. 따라서, 추진회에서는 그 구성조직에 대하여 지지와 격려, 원조를 제공하여야 한다. 이를 위해서는 모든 조직이 추진회에서 수용되고 있다고 느낄 수 있는 분위기를 만들고, 비판을 받고 있다고 느끼지 않도록 해야 한다. 또한 전문직원의 원조를 통한 약한 집단에 대한 직접적인 육성과 지도자의 양성 등이 이루어져야 한다.

⑩ 추진회는 절차에 있어서 융통성을 가져야 한다. 추진회가 설립되면 효과적이고 효율적인 기관 운영을 위해 구성원들에게 수용될 수 있는 지침과 절차가 필요하다. 이러한 지침과 절차가 마련되었을 때, 추진회의 실무운영에 있어서 안정감을 확보할 수 있다. 또한 추진회가 주민들의 적극적인 관심과 참가를 유지하기 위해서는 확립된 절차를 통한 결정을

유지해야 한다. 하지만 확립된 절차의 범위 내에서 여러 가지 방법을 활용하는 융통성을 가져야 한다.

⑪ 추진회는 활동에 있어서 지역사회의 현상에 보조를 맞추어야 한다. 보조에는 두 가지 의미가 있는데, 하나는 추진회가 자체의 활동을 설계하는 보조이고, 다른 하나는 지역사회 내에 존재하는 생활의 보조로서 이것들이 추진회 활동의 추진속도를 결정 짓게 된다. 추진회의 활동속도는 그 구성원들이 공동활동을 익혀감에 따라, 운영절차를 확립해 감에 따라, 받아들일 책임에 관한 동의가 생겨감에 따라 달라지는 것이다. 지역사회를 현장으로 활동하는 사회복지사들은 사업의 성취에 집착한 나머지 지역사회의 능력을 무시한 채 성급하게 사업을 추진하여 결과를 얻고자 하는 경향이 있다. 동일한 지역사회라고 하더라도, 그것을 수용하고 추진해 나가는 데 있어서는 많은 차이점을 보일 수 있다. 따라서, 지역사회의 현상에 대한 적절한 보조를 맞추기 위해서는 지역사회의 전반적인 실태나 특성에 대해 파악하는 것은 물론이고, 눈에 보이는 것뿐만 아니라, 보이지 않는 것까지 파악할 필요가 있다.

⑫ 추진회는 유능한 지도자를 육성해야 한다. 추진회는 지역사회조직의 과정을 용이하게 하고, 추진회와 지역사회의 발전을 유도하는 유능한 지도자를 육성해야 한다. 유능한 지도자란 지역사회 조직과정을 용이하게 하고, 추진회가 좋은 성과를 거둘 수 있도록 노력하며, 추진회와 지역사회의 사기를 진작할 수 있는 지도자를 말한다. 이러한 유능한 지도자를 효과적으로 육성하기 위해서는 집단수준에서 행해지는 지도력 훈련을 지속적으로 제고하여 지도기술을 증대시킬 뿐만 아니라, 집단의 응집력 강화에도 영향을 줄 수 있도록 할 필요가 있다.

⑬ 추진회는 지역사회 내에서 적절한 위상을 가져야 한다. 지역사회조직이란 지역사회 내의 많은 집단이 공동사업을 추진하면서 상호 간의 협력관계를 갖도록 하는 과정이다. 이것은 막연한 개념이므로 보다 구체적인 개념이 되기 위해서는 추진회가 부분적이지만 지역사회조직에서 성

과를 이루어 주민들에게 그 필요성을 설명하고 지역사회 내에서 신망을 얻음으로써 성취될 수 있는 것이다.

이러한 의미에서 추진회는 지역사회의 협력의 상징이 되어야 하나, 이것을 효과적으로 이루기 위해서는 주민으로부터 인정받고 있는 집단지도자를 추진회에 참여시키고, 어려운 지역사회 문제를 해결할 수 있는 역량을 가져야 하는 것이다.

2) 맥밀렌의 주장

『사회복지의
지역사회조직』
(1947년 출판)

맥밀렌(Wayne McMillen)은 1947년 그의 저서 『사회복지의 지역사회조직(*Community Organization for Social Welfare*)』에서, 지역사회복지실천을 위해 7개의 실천원칙을 제시하였다.

① 지역사회주민과 그들의 욕구에 우선적 관심을 둔다. 지역사회복지실천의 목표는 지역사회복지 자원과 지역사회주민 욕구 간의 보다 효과적인 적응을 초래하고 유지함으로써 인간다운 삶을 추구하는 것이다.

② 일차적 클라이언트는 지역사회이다. 지역사회는 근린지역, 지방자치단체가 될 수도 있고, 국가 및 국제사회가 될 수도 있다.

③ 지역사회를 있는 그대로 이해하고 수용해야 한다. 지역사회복지실천과정이 전개되는 환경을 그대로 이해해서 실천해야 성과를 거둘 수 있다.

④ 지역사회주민의 사회적 복리(보건 및 복지서비스)에 관심을 둔다. 사회적 복리를 추구하면서 이익을 대변하는 구성원의 참여가 실천에 있어서 중요한 목표가 된다.

⑤ 지역사회주민의 욕구 및 집단 간의 관계도 계속 변화함을 인식해야 한다. 실천의 목표를 시대의 흐름에 따라 변화해서 설정하는 것이 중요하다.

⑥ 지역사회 내의 사회복지기관과 단체는 서로 협력해야 한다. 즉, 어떤 기관도 고립해서 존재할 수 없으며, 다른 기관과의 관계 속에서 맡은 바 기능을 수행해야 한다.

⑦ 지역사회복지실천과정이 사회복지실천의 한 분야임을 인식한다. 실천방법
상의 지식과 기술이 다르더라도, 목적은 인간다운 삶을 추구하는 것이다.

3) 존스의 주장

존스(Ray Earl Johns)는 1951년 그의 저서 『지역사회 조직과 기관의 책임
(*Community Organization and Agency Responsibility*)』에서, 지역사회복지실천을
위한 일반적 원칙을 다음과 같이 설명하고 있다(Johns, 1951).

① 지역사회복지실천은 이익 목적이 아니라 수단이다. 따라서, 인간의 복
지와 성장이 목적이다.

② 지역사회도 개인과 집단처럼 특유의 성격과 문제를 갖고 있다. 따라서,
문제와 특성에 따라 개별화하여야 한다.

③ 지역사회는 개인과 마찬가지로 자기결정권을 가지고 있다. 따라서, 강
요에 의한 사업을 추진해서는 안 된다.

④ 지역복지활동의 토대는 사회적 욕구이다. 따라서, 각 욕구 사이의 중재
를 위해 민주적 태도를 지녀야 한다.

⑤ 지역사회복지관 자체의 이익보다 지역사회의 욕구를 우선해서 고려해
야 한다.

⑥ 조정(coordination)은 공통의 이익과 목표에 대한 인식에서 이루어져야
한다.

⑦ 지역복지활동을 수행하기 위한 구조는 가능한 한 단순해야 한다. 너무
복잡한 구조는 집단 간의 협력체계가 무너져 오히려 방해가 될 수도 있다.

⑧ 지역사회의 서비스는 공평하게 분배되어 모든 사람이 차별 없이 평등하
게 이용할 수 있어야 한다.

⑨ 문제해결의 접근방법에 있어서 다양성이 존중되어야 한다.

⑩ 복지기관협의체에는 광범위한 집단의 이익이 반영되어야 한다. 각 집단
은 집단의 이익을 솔직하게 대변할 수 있는 기회를 가져야 한다.

⑪ 지역사회복지관의 효과적 운영과 사업을 위해서는 집중과 분산 간의 균

형이 있어야 한다.

⑫ 지역사회 내에 존재하는 집단 간의 의사소통을 가로막는 장애는 제거되어야 한다.

⑬ 지역사회는 전문가의 도움이 필요하다. 전문가는 지역사회복지의 욕구를 발견하고, 규명하고, 충족할 수 있도록 돕는다.

4) 맥닐의 주장

맥닐(C. F. McNeil)은 그의 논문 「사회복지를 위한 지역사회조직(Community Organization for Social Welfare, 1954)」에서, 지역사회조직에 관한 원칙을 다음과 같이 제시하고 있다.

① 사회복지를 위해서 지역사회조직은 사람들과 그들의 욕구에 관심을 갖는다. 지역사회조직의 목표는 사회복지 자원과 사회복지 욕구 간의 보다 효과적인 적응을 초래하고 유지함으로써 인간생활을 풍요하게 하는 것이다.

② 사회복지를 위한 지역사회조직에 있어서 일차적인 클라이언트는 지역사회이다. 지역사회는 근린지역, 시·군·구가 될 수도 있고, 국가·국제사회일 수도 있다.

③ 지역사회는 있는 그대로 이해되고 수용되어야 한다는 것이 지역사회조직의 철칙이다. 지역사회조직 과정이 전개되는 환경을 이해하여야만 그 과정이 성과를 거둘 수 있는 것이다.

④ 지역사회의 모든 사람은 보건과 복지서비스에 관심을 갖는다. 각계각층의 이익이 대표되고, 이들의 적극적인 참여는 지역사회조직에 있어서 주요한 목표가 되는 것이다.

⑤ 인간의 욕구는 계속 변한다는 사실과 사람들과 집단들 간의 관계도 계속 변한다는 현실은, 지역사회조직 과정에 있어서 인식되어야 한다. 목적을 향한 변화는 지역사회조직에 있어서 기본적인 목표가 되어야 한다.

⑥ 모든 사회복지기관과 단체는 상호 의존적이다. 어떤 기관도 고립해서

존재할 수 없으며, 다른 기관과의 관계 속에서 맡은 바 기능을 수행하는 것이다.

⑦ 과정으로서 지역사회조직은 일반적인 사회사업의 한 분야이다. 방법상의 지식과 이를 적용하는 기술은 인간의 욕구를 충족시키고자 하는 일체의 지역사회의 노력을 발전시키는 데 필요하다.

3. 지역사회복지실천의 구성체계

사회복지의 구성체계는 주체(기관), 객체(대상), 방법(기능), 그리고 자원(재원) 등으로 구성된다. 또한 사회복지실천의 구성요소는 구체적 대상으로 사람(Person)이 있어야 한다. 그 사람은 반드시 문제(Problem)를 가지고 있으며, 그러한 문제를 가진 사람을 도와주기 위해서는 일정한 장소(Place)에서 일정한 과정(Process)을 거치면서 업무가 진행되며, 추가적으로 전문가(Professional)와 제공물(자원, Provisions)이 있어야 된다는 6P로 정의하고 있다(김현호 외, 2020: 104-105). 이와 같이 지역사회복지실천의 구성체계의 내용은 다음과 같다(김현호 외, 2020: 105-108).

1) 주체(기관)

지역사회복지실천을 수행하는 기관은 가족, 종교단체, 민간(법인), 그리고 정부 등을 비롯한 여러 가지 형태의 사회기관이 있다. 즉, 민간의 자발적 활동, 국가의 강제적 활동, 그리고 이 두 활동의 중간형태의 성격을 띤 중간집단 등 다양한 사회기관이 있다. 여기서 중간집단은 지역사회구성원의 이익을 대변하거나 대표할 수 있는 집단 또는 개인의 대표자로 구성된 집단을 의미한다.

이렇게 수행되는 주체는 공공주체와 민간주체로 구분할 수 있다. 공공주체는 국가 및 지방자치단체의 지역사회복지사업 관련 기관과 시설 등이고, 민간주체는 지역사회복지실천을 위한 각종 협회, 위원회, 연합회, 연맹과 같은 중간집단이다.

　　이러한 민간주체는 주민의 욕구와 지역사회복지실천에 있어서 복지계획을
세우고 이를 수행하는 데 필요한 예산을 확보하고, 기관에 종사하는 인력이
자기능력을 발휘할 수 있도록 전문지식을 습득할 수 있게 함으로써 지역사회
복지실천의 효과가 크다고 할 수 있다. 또한 민간주체의 개개인은 지역사회복
지실천에 있어서 전문가의 역할을 수행하지만, 일부 협력자로 활동하는 비전
문가도 포함된다.

　　일반적으로 지역사회복지실천을 추진하기 위한 사회기관은 그 구체적 내용
이나 지역사회복지실천의 방법에 따라 달라질 수 있다. 따라서, 후진국이나
사회주의 국가의 경우, 국가가 지역사회복지를 실천하는 경우가 많으며, 선진
국이나 자유주의 국가는 지역사회의 중간집단(사회복지공동모금회, 사회복지협의
회, 사회복지관 등)이나 사회기관(법인시설, 개인시설 등) 등이 주체가 되고, 국가가
중간집단이나 사회기관을 관련 법령에 의하여 통제하는 위탁운영방식으로 간
접개입하는 경우가 많다.

2) 객체(대상)

　　일반적으로 지역사회복지실천의 대상은 지역사회복지실천의 형태에 따라
달라질 수 있는데, 지역사회조직사업과 지역사회개발의 경우 지역사회주민이
나 이익집단의 구성원이 될 수 있고, 지역사회보호의 경우 노인, 장애인, 그리
고 아동 등의 요보호자가 될 수 있다. 이러한 면에서 지역사회복지실천의 대
상은 주민의 공통된 욕구(common needs), 결핍된 욕구, 그리고 지역사회의 사
회문제라고 할 수 있다. 따라서, 지역사회복지실천의 대상은 지역사회주민의
공통된 욕구와 지역사회의 사회문제를 구분하여 살펴볼 수 있다.

(1) 지역사회주민의 공통된 욕구

　　지역사회주민의 공통된 욕구는 기본 욕구와 사회적 욕구로 구분할 수 있
다. 기본 욕구는 인간의 욕구 중에서 누구에게나 공통적이며 필수적인 것들로
최저수준에만 적용되는 욕구를 의미한다. 즉, 모든 개인에게 공통적(의식주, 직

업, 건강, 가정 등)이고, 모든 개인에게 필수적(헌법상 생존권 규정 등)이라는 것이고, 모든 개인의 최저수준 또는 사회적 최저수준을 의미한다.

사회적 욕구는 사회적 위험 때문에 개인의 욕구를 충족시키지 못하는 사회구성원이 발생했을 때 나타날 수 있다. 즉, 당면한 사회적 위험을 사회가 공동의 노력으로 해결할 수 있는 욕구를 의미한다. 이러한 사회적 욕구는 욕구 미충족의 원인이 사회구조이기 때문에 욕구해결의 책임을 욕구를 가진 개개인에게 지게 할 수 없다. 또한 사회적 위험을 야기한 가해자를 쉽게 찾아낼 수 없기 때문에 지역사회가 공동으로 해결할 수밖에 없다는 것이다. 사회적 욕구영역으로 식품, 주택, 의료보호, 교육, 사회적·환경적 서비스, 소비자 보호, 여가기회, 상호적 이웃관계, 그리고 교통시설 등을 들고 있다.

(2) 지역사회의 사회문제

지역사회의 사회문제는 사회의 다수인 또는 사회의 집단에 의해서 바람직하지 못해 개선할 필요성이 있다고 생각되는 사회조건(환경)이다. 이러한 사회문제는 집단적 행동(collective action)에 의해서 개선될 수 있다. 일반적으로 지역사회의 사회문제는 그 지역사회에 따라 다양한 형태로 나타날 수 있으며, 또한 그 지역사회의 특수성에 따라 성격이 달라질 수 있다.

지역사회의 사회문제는 사회부적응 현상인 탈선행위(deviant behavior) 또는 반사회적 행위(anti-social behavior)와 사회불평등, 그리고 지역사회의 해체이다. 즉, 탈선행위는 범죄, 비행, 자살, 그리고 알코올 및 마약중독과 같은 반사회적 행위를 의미한다. 사회불평등은 빈곤, 실업, 그리고 문화적 박탈과 같이 주로 사회구조적 모순으로 생성되는 것을 의미한다. 지역사회의 해체는 결손가정, 빈민촌, 홍등가, 그리고 환락가와 같은 것을 의미한다. 그 밖에 가정의 적절한 보호를 받지 못하는 고령노인이나 장애인 등 가정의 해체로 나타나는 문제 역시 지역사회문제가 될 수 있다.

3) 방법

　지역사회복지실천의 방법은 정책적 접근방법과 실천적 접근방법으로 구분할 수 있으나, 실천적 접근방법에 있어서는 지역사회의 궁극적 목적이 사회통합에 있으므로 통합적 접근방법이 필요하다. 정책적 접근방법은 정부나 지방자치의 정책으로 실천하는 방법이고, 통합적 접근방법은 지역사회주민의 상호부조와 협동적 노력으로 지역사회주민의 자조력과 적응력, 인간관계형성 등을 통하여 실천하는 방법이다. 특히, 통합적 실천방법에 있어서 지역사회주민의 조직화와 협동이 강화되지 않으면, 자발적이고 민주적인 지역사회복지실천의 통합은 불가능하다. 따라서, 지역사회주민의 자기결정력을 향상시키고, 그들의 의식변화를 통해서 지역사회복지를 실천해 나아가야 한다.

4) 자원(재원)

　지역사회복지실천을 위해서는 자원이 필수적이다. 지역사회의 자원은 지역사회의 삶을 개선하는 데 쓰일 수 있는 모든 것을 의미한다. 사회정책에 의한 자원은 국고와 지방비 및 수혜자의 실비부담 등이 있고, 지역사회조직사업(지역사회복지실천)의 경우에는 민간모금 또는 헌금 등이 있다. 이러한 재정적 자원도 중요하지만, 지역사회복지실천에 있어서 인적자원이 중요하다. 지역사회자원은 지역사회 내에 거주하는 지역사회주민 및 가정도 자원은 물론, 지역사회조직의 공식적·비공식적 자원, 그리고 학교, 병원, 경찰, 사회복지기관 등의 공식적 기관의 모든 유·무형의 자원을 의미한다. 또한 지역사회복지실천방법에서 자원은 재분배 효과뿐만 아니라, 기존 잠재적 자원을 창조적으로 활용하고, 지역사회주민 간의 사회적 관계를 형성하는 노력 등이 포함된다.

4. 지역사회복지실천의 직접서비스

1) 인구대상별 직접서비스

　지역사회에서 실천되는 프로그램에 의한 직접서비스는 인구대상을 중심으로 다음과 같이 분류할 수 있다.

(1) 아동복지 프로그램

아동상담 및 사회교육, 어린이공부방, 아동기능교실, 부모 상담 및 교육, 유아교육

(2) 청소년복지 프로그램

청소년상담, 교양교육, 청소년독서실, 근로청소년 사회교육, 청소년 기능교실

(3) 노인복지 프로그램

사회교육 및 여가지도, 불우노인 결연, 노인부업교실, 노인가정봉사원 파견, 노인 식사 및 목욕서비스

(4) 장애인복지 프로그램

재활서비스, 장애인 이송, 자립작업장 설치·운영, 재가장애인서비스

(5) 가족복지 프로그램

가정문제 종합상담, 취업·부업 기능훈련, 선의봉사실운영, 보건의료서비스

(6) 지역사회복지 프로그램

주민사회교육, 주민편의시설 제공, 취미교육

2) 기능별 직접서비스

지역사회에서 제공되는 직접서비스는 기능별로 다음과 같이 분류할 수 있다.

(1) 환경적 개입

클라이언트와 지역사회환경 간의 관계를 변화시킨다. 이러한 접근은 지역사회 내의 다른 기관과의 연계나 협력을 통하여 클라이언트의 권익을 옹호하

거나, 문제를 해결하며, 경제적 지원을 행하거나, 지역사회에의 소속감이나 유대를 강화하기도 한다.

(2) 신체적 개입

클라이언트의 물리적 필요를 충족해 주는 목욕, 이용 및 미용 서비스를 제공하고, 보건의료서비스를 제공한다.

(3) 정서적 개입

심리적 문제를 갖고 있는 클라이언트를 대상으로 상담이나 심리재활서비스를 실시하여 감정, 정서, 태도의 변화를 도모한다.

(4) 인지적 개입

클라이언트에게 필요한 정보를 제공하거나, 교육, 기술훈련, 인지개선 프로그램을 통하여 인식과 인지의 변화를 도모한다.

3) 돌봄의 주체별 직접서비스

(1) 가족, 친구, 이웃 등 돌봄 제공자에 의한 서비스

지역사회보호는 서비스의 제공에 있어서 공공기관과 민간조직의 역할에 초점을 두고 있지만, 대부분의 보호는 가족, 친구, 이웃을 포함한 돌봄 제공자에 의하여 제공된다. 공공과 민간의 공식적인 서비스 제공자의 주요 책임은 보호를 제공하는 돌봄 제공자를 지원하는 데 있다. 그들의 가치 있는 기여를 지원하고 유지하기 위해서는 무엇보다도 돌봄을 제공하는 수발자를 돕는 일이 정당하고 건전한 사회적 투자라는 인식이 전제되어야 한다.

(2) 사회적 돌봄

일상생활에서 실질적인 도움이 되는 사회적 돌봄은 양질의 지역사회보호에서 주요한 요소다. 세탁, 식사준비, 이동, 가계예산 등을 비롯한 일상생활 과

업을 돕는 서비스는 사람들로 하여금 지역사회에서 정상적인 생활이 가능하
도록 돕는 필수적인 요소이다. 그리고 주간보호, 단기보호, 주택, 교육 등의
서비스도 사회적 돌봄의 한 부분이다. 주거보호, 요양보호가 반드시 필요한
사람에게는 이들 서비스를 선택할 수 있는 방안이 마련되어야 한다.

(3) 건강보호

의료보호와 요양보호도 중요한 지역사회보호의 한 부분이다. 방문보건서비
스는 필수적이다. 지역사회 보건의사의 기본 역할은 보건의료욕구를 실현하
는 것이며, 지역사회 간호사도 환자와 정기적으로 접촉을 하면서 서비스의 중
요한 역할을 담당한다.

(4) 사회보장

사회보장체계도 다양한 방법으로 지역사회보호를 위한 재정적인 지원을 제
공한다. 여기에는 저소득층과 장애인, 노인 등을 위한 다양한 급여가 포함된
다. 지역사회보호를 위한 사회보장이 발달한 영국의 경우에는 사회보장 재정
지원으로 장애인 보호수당(invalid care allowance), 장애급여(disability benefit),
소득부조(income support), 주택급여(housing benefit), 사회기금(social fund) 등이
있다.

1. 인구대상별 직접서비스가 아닌 것은?

① 사회적 돌봄　　　　　② 아동복지 프로그램
③ 청소년복지 프로그램　　④ 노인복지 프로그램
⑤ 장애인복지 프로그램

2. 지역사회복지실천의 원칙으로 적절한 것은?

> 가. 개별화의 원칙을 준수한다.
> 나. 지역주민의 욕구를 우선적으로 고려한다.
> 다. 주민의 다양성을 인정해야 한다.
> 라. 각 계층의 적극적인 참여를 목표로 한다.

① 가, 나, 다　　　② 가, 다　　　③ 나, 라
④ 라　　　　　　 ⑤ 가, 나, 다, 라

3. 다음에서 설명하는 것은?

> 전통적인 전문사회사업실천의 한 방법이며, 공공과 민간 사회복지기관의 전문사회복지사에 의해 수행된다. 이것은 보다 조직적이고, 추구하는 변화에 대해 의도적이며, 과학적인 지식과 기술을 사용한다.

① 지역화폐운동　　② 지역사회보호　　③ 가상공동체
④ 시설보호　　　　⑤ 지역사회조직

정답 1. ① 2. ⑤ 3. ⑤

Chapter 7

지역사회복지실천의 과정

개요

지역사회복지실천의 과정은 문제 발견 및 분석, 욕구사정, 계획 및 개입, 프로그램의 실천, 평가의 다섯 단계로 진행된다. 여기에서는 지역사회복지실천의 과정을 학습하고자 한다.

학습목표

1. 지역사회복지실천의 전 과정 습득
2. 과정별 진행사항 숙지
3. 사례와 접목

학습내용

1. 문제 발견 및 분석
2. 욕구사정
3. 계획 및 개입
4. 프로그램의 실천
5. 평가

지역사회복지실천의 과정

지역사회복지실천의 과정은 문제 발견 및 분석, 욕구사정, 계획 및 개입, 프로그램의 실천, 평가의 다섯 단계로 진행된다(염일열 외, 2022: 160-173 ; 김용환 외, 2022: 146-167 ; 양정하 외, 2021: 137-145 ; 박현식 외, 2021: 130-138).

1. 문제 발견 및 분석

1) 지역사회와 사회문제

(1) 문제규정의 중요성

지역사회 문제해결의 과정에서 첫 단계는, 지역사회의 충족되지 않은 욕구나 해결을 필요로 하는 문제를 찾아내는 것이다. 이러한 문제가 존재한다는 것은, 사회복지사 또는 지역사회주민들에 의해서 감지되고 인지될 수가 있다. 그러나 불만 또는 충족되지 않은 욕구가 존재한다는 것만으로는 문제해결을 위한 충분한 전제조건이 될 수 없다. 다시 말해서 그러한 문제들은 해결하기 위한 방안을 수립하고 실천에 옮길 수 있도록 집약되고 분명하게 규정되어야 한다. 문제를 어떻게 규정하느냐 하는 것은, 다음에 있을 문제해결의 과정에서 그 문제가 어떻게 취급되느냐에 큰 영향을 미친다. 문제를 어떻게 개념화하느냐에 따라 정책수립을 위한 구상이 달라지고, 그에 따른 구체적인 해결방안과 실천전략이 달라지는 것이다.

지역사회의 문제가 어떤 특성을 갖고 있는가를 인지하는 것은, 문제파악의 주요한 측면이 될 수 있다. 일반적으로 문제 특성을 파악하는 데 고려할 사항은 다음과 같다(박원진 외, 2018: 109-110).

① 문제의 복잡성 정도

문제 및 문제의 상황과 관련해서 얼마나 다양한 개인이나 이해집단들이 존재하는지 등을 파악해야 한다.

② 문제의 강도 정도

문제와 관련된 이해관계자들의 감정적 투입이 어느 정도로 강하게 또는 약하게 개입되어 있는가를 파악해야 한다.

③ 문제의 확산 정도

문제가 어느 정도까지 확산되어 있는지를 파악해야 한다.

④ 문제의 긴급성

문제가 얼마나 시급히 해결되어야 하는지를 파악해야 한다.

⑤ 문제의 지속성

문제가 얼마나 오랫동안 지속되었는지를 파악해야 한다.

(2) 사회문제와 가치관 고려

문제발견단계에서 고려해야 할 가장 중요한 점은, 문제의 개념에 대해서 현존의 서비스, 기관, 전문분야나 이익집단이 규정하고 있는 것을 그대로 수용할 것이냐, 그렇지 않으면 문제상황을 다소 적절하게 기술하고 있고, 그래서 그대로 개입을 하는 데 있어서 보다 나은 지침이 될 수 있는 일단의 자료를 토대로 하여 보다 '객관적'으로 규정할 것이냐 하는 점이다.

문제를 규정하고 분석하는 데 있어서 사회복지사는 해결하고자 하는 문제와 관련된 가치관에 대한 면밀한 배려를 하지 않으면 안 된다. 그 내용은 다음과 같다(양정하 외, 2021: 138).

① 누가 주어진 문제를 '문제'로 보며, 누가 그것을 '문제'로 보지 않는가에 대한 분석을 해야 한다. 사회문제는 일반적으로 모든 사람이 해결되기를 바라는 것처럼 생각하지만, 그것이 존속되기를 바라는 사람들이 있다는 사실을 간과해서는 안 된다.

② 사회의 어떠한 가치관과 제도가 문제를 파생시키며 존속시키고 있는가를 분석해야 한다.

③ 특정 사회문제에 대해 사회의 지배계층의 사고방식을 분석해야 한다.

④ 사회문제에 대해서 사회복지사가 속해 있는 기관이나 단체의 견해를 분석해야 한다.

⑤ 전문분야가 갖는 견해와 가치를 분석해야 한다. 동일한 사회문제에 대해 전문분야에 따라 상이하며, 동일 전문분야의 경우에 있어서도 그 분야가 활동하고 있는 사회적 상황과 시대에 따라 차이가 있을 수 있다.

(3) 사회문제와 관련 이론을 검토

전문사회복지사의 문제 분석에 따른 작업은 오로지 가치관에 의해서만 결정될 수 없고, 또 결정되어서도 안 되며, 계획전문가가 사회문제와 관련된 객관적인 자료를 수집하고 분석해야 한다.

사회문제의 분석에 필요한 자료를 수집하기 위해서 계획전문가가 고려해야할 점은 다음과 같이 정리된다(박원진 외, 2018: 111).

① 문제와 관련된 특수집단과 지역에 대한 특성을 기술한 통계자료, 실태조사 보고서 등을 분석해야 한다. 이러한 자료가 존재하지 않을 때 직접적으로 조사를 행하는 것은 물론 중요하다.

② 특정 사회문제와 관련된 사회과학의 이론을 활용하여야 한다. 이러한

이론들은 사회제도와 관련된 인간행동을 다루는 이론(사회행동)과 지역
사회 분석, 조직이론, 사회계층, 권력구조 등에 관한 이론(제도분석)으로
나눌 수 있다.

그러나 지역복지활동에서의 '문제해결'은 문제를 근본적으로 해결하는 것
이 아니고 상황적인 수준에의 개입이라고 한다면, 다양한 이론과 모형을 분별
있게 활용할 수밖에 없는 것이다.

(4) 사회문제의 조작화

사회문제에 관한 이론을 분석하고 그것과 관련된 가치관에 대한 검토로서
사회문제에 대한 분석과 정의가 충분하지 않다. 여기에서 관심을 갖는 사회문
제는 구체적인 해결방안을 찾아 해결을 위한 실제적인 조치를 취하기 위한
것이므로, 이러한 일련의 활동을 위해서 좀 더 구체적으로 조작화되어야 한
다. 사회문제를 조작화한다는 것은, 그 개념을 측정할 수 있고, 실천할 수 있
으며, 평가할 수 있도록 구체화한다는 것이다.

2) 지역사회 특성 이해

지역사회의 문제확인을 위해서는 지역사회 특성에 대한 이해를 위해 역사
적·문화적·환경적 요인, 지역주민, 사회자원 및 권력구조를 잘 파악해야 하
는 데, 구체적인 방법은 다음과 같다.

(1) 지역사회 특성 이해

① 역사적·문화적 요인

지역사회에서 발생하는 문제는 그 지역사회의 역사적·문화적 요인과 연관
이 많기 때문에 이에 대한 자료수집과 정보를 파악할 필요가 있다. 유용하고
객관적인 자료를 수집하기 위해서는 주요 정보를 지닌 주민들에 대한 정보수
집이 이루어져야 하며, 지역사회 공청회, 통계자료, 지역주민들에 대한 설문

조사 등을 통해서 문제확인이 이루어져야 한다.

이때 전체 주민들을 대상으로 정보를 수집하기가 어려우므로 표적집단 (focus group)을 설정하는 것이 유용하다. 지역주민 전체가 표적집단이 될 수 도 있지만, 시간과 자원의 제약이 있기 때문에 모집단(population)을 대표할 수 있는 표적집단을 선정할 필요가 있다. 표적집단을 구성할 때는 인구사회학 적 특징, 사회적·경제적 상태 등과 같은 개인적 요인과 지역사회의 환경과 같은 사회환경요인 등을 고려해야 한다.

(2) 환경적인 요인

지역사회의 환경적인 요인을 이해하기 위해서는 다음 몇 가지를 고려해야 한다.

① 지역구분은 행정적 구분, 즉 행정의 편의성에 의한 지역구분과 자연환 경에 의한 지역구분, 즉 지리·지형에 의한 지역 구분으로 나눌 수 있 다. 행정 구분은 근거리이지만, 교류가 활발하지 못한 경우도 있고, 원 거리이지만 교류가 활발한 경우도 있다.

② 지역사회의 산업구조의 특성에 따라 지역의 특성과 발생하는 문제가 달 라질 수 있다. 즉, 농업지역, 공업지역, 상업지역 등은 각 지역마다 연령 별 인구 구성비가 다르고, 주변 환경을 비롯한 여러 가지 생활환경도 차이가 나므로 발생하는 문제도 달라질 수 있다.

③ 주민교류의 장인 공원, 각종 회관, 쇼핑센터, 문화센터 등이 얼마나 있 는지에 따라 주민생활과 교류의 형태가 달라질 수 있으므로 이에 대한 파악이 필요하다.

④ 주택상황을 살펴볼 필요가 있다. 주택이 밀집해 있거나 고층아파트가 들어서 있는 신흥주택단지에는 직장에 근무하는 세대가 많이 생활할 것이다. 그렇다면 주간에 그 지역에 머무는 사람은 전업주부나 노인, 취학 전의 아동일 가능성이 높다. 그 결과, 성인여성끼리 알고 지낼 가 능성이 높은 데 비해서 성인 남성들은 지역 내에서 알고 지내는 일이

적을 것이다. 이 같은 지역적 특성 때문에 주민활동을 전개하려고 할 때 자치회의 임원을 성인 남성이 맡기 어려우며, 주민 지도자를 확보하기가 어려울 수 있다.

(3) 지역주민

지역주민의 특성을 파악하기 위해서는 다음의 점들이 고려되어야 한다.

① 인구동태 및 인구사회학적 특성파악이 이루어져야 한다. 이를 위해서는 인구조사 결과나 각 지방자치단체가 제공하는 통계자료로부터 다양한 인구동태에 관한 정보를 얻을 수 있다. 예를 들어, 지역의 인구 규모와 전입·전출에 의한 이동 경향, 지역주민의 연령별·성별 분포상황, 독거노인세대, 핵가족, 삼세대가족 등 세대의 종류와 세대당 인구, 경제적 상태 등 지역사회복지실천에 필요한 기초 정보를 파악할 수 있다.

② 지역에 대한 주민의식을 파악해야 한다. 이를 위해서는 다음과 같은 것을 중심으로 파악할 필요가 있다.

  a. 지역주민은 그 지역사회의 좋은 곳, 개선해야 할 곳을 어떻게 생각하고 있으며, 무엇이 그 원인이라고 생각하고 있는가, 지역에 대한 귀속감 정도는 어느 수준인가 등과 같은 지역사회 전체에 관한 주민의 의식을 파악해야 한다.

  b. 지역에 있는 주민단체에 대한 의식을 파악해야 한다.

  c. 서비스 제공기관에 대한 의식을 파악해야 한다.

  d. 행정에 대한 신뢰도와 지지도에 대한 파악이 이루어져야 한다.

③ 지역주민 상호 간에 실제로 어떤 네트워크를 형성하고 있는지를 파악할 필요가 있다. 네트워크는 가족, 친척, 이웃관계, 친구관계 등으로부터 형성되는 사회적인 인간관계를 말한다. 네트워크는 지역사회의 중요한 자원이며, 주민집단 편성 시 중요한 정보이다.

④ 지역의 평균적인 가치관이나 행동양식을 알아야 한다. 지역사회에 따라서는 이웃 간의 교류나 협력을 중시하는 가치관을 지닌 지역이 있는 반

면에, 주민 개인의 프라이버시를 보다 중시하는 가치관을 가진 지역도 있다. 사회복지사는 개입하기 전에 그 지역의 평균적 가치관이나 행동양식을 충분히 파악하고 있어야 한다. 이는 개입방법이 좋은지를 판단하는 중요한 정보가 되기 때문이다.

(4) 주민조직·단체

지역에는 다양한 주민조직이나 단체가 활동하고 있다. 예를 들어, 반상회, 자원봉사활동단체, 노인 관련 단체, 아동·청소년·여성 관련 단체, 장애아동이나 가족의 당사자 단체 등이다. 이들 조직·단체의 상황 및 지역문제에 대응하기 위한 기능을 갖고 있는지 등을 분석할 필요가 있다.

이러한 항목의 현황과 이에 영향을 미치는 요인을 분석할 필요가 있다. 사정해야 할 항목은 다음과 같다.

① 주민조직과 단체의 회원 입회상황
② 회원의 활동 참가율
③ 활동내용과 빈도
④ 조직과 단체의 운영방법

(5) 정보전달과 의사소통

지역사회 내에서 정보가 어느 정도 전달되는지를 파악하는 것 또는 지역에서 의사결정에 중요한 영향을 미치는 사람이나 조직의 의사소통 방향성을 파악하는 것이 중요하다. 왜냐하면 이러한 정보는 그 지역에 사회복지사가 개입해서 문제해결을 위한 여론을 주민들 사이에서 형성해 갈 때, 어떻게 주민들과 의사소통을 하는 것이 가장 효과적인지를 결정하는 지침이 되기 때문이다.

지역주민 간의 정보전달 및 의사소통의 수단은 지역신문이나 벼룩신문, 홈페이지, 유선방송, 전단지, 게시판 등과 같은 공식적 의사소통방법과, 소문과 같은 비공식적인 의사소통 방법을 활용할 수 있다.

(6) 사회자원 파악

사회복지사는 지역사회의 사회자원을 이용하여 지역문제를 해결해 나가므로 사회자원에 대한 파악이 중요하다. 따라서, 지역사회의 인적·물적 자원, 공공기관과 비공식조직, 정보자원에 대한 내용을 구체적으로 파악할 필요가 있다.

지역사회의 다양한 자원을 구분하면 <표 7-1>과 같다.

〈표 7-1〉 지역사회의 자원구분과 내용

자원구분	내용
인적자원	• 지역사회 주요 인물 • 지역사회와 연고가 있는 주요 인물
물적자원	• 후원금 개발이 가능한 기업, 복지재단 • 후원금 개발이 가능한 계층(자영업자, 근로자 등)
공공기관·비공식조직	• 공공기관 : 시청, 군청, 주민자치센터, 경찰서, 소방서, 교육기관 • 시민단체 : 문화, 체육, 종교(YMCA·YWCA, 각종 종교단체협의회) • 주민조직 : 자원봉사조직, 민간 서비스제공자
정보자원	• 주민생활과 밀접한 법률 제정 및 개정 사항, 특히 의회의 조례 • 지역사회 문제확인을 위한 실증자료와 수집에 관한 사항(각종 보고서 및 통계자료집) • 지역사회복지실천을 저해하는 장애요인에 관한 사항

자료: 김용환 외(2022: 150-151).

(7) 권력구조 파악

지역사회에 영향을 미치는 권력구조를 파악하기 위해서는 의사결정에 중요한 역할을 하는 주민조직의 종류와 규모, 공식·비공식적 지도자의 특성과 양자의 힘의 관계, 그리고 지역주민들의 지도자에 대한 신뢰도와 지지도를 파악해야 한다.

그 밖에도 사회복지사는 문제를 확인하고 분석하는 단계에서 지역문제와 관련된 가치관에 대해서 세밀하게 고려해야 하는 데, 그 내용은 다음과 같다.

첫째, 문제의 주체를 파악해야 한다. 먼저, 누가 주어진 문제를 문제로 보는가를 분석한다.

둘째, 사회의 어떠한 가치관과 제도가 문제를 파생시키며, 존속시키고 있는

가를 분석한다.

셋째, 특정 사회문제에 대해 사회 지배계층의 사고방식을 분석한다.

넷째, 사회문제에 대해서 사회복지사가 속해 있는 기관이나 단체의 견해를 분석한다.

다섯째, 전문분야가 갖는 견해와 가치를 분석해야 한다. 동일한 사회문제에 대해 전문분야에 따라 의견이 다를 수 있으며, 동일 전문분야의 경우에도 그 분야가 활동하고 있는 사회적 상황과 시대에 따라 차이가 있을 수 있다.

(8) 사회문제와 관련이론 검토

사회복지사의 문제분석에 따른 오로지 가치관에 의해서만 결정될 수는 없고, 또 결정되어서는 안 되며, 계획전문가가 사회문제와 관련된 객관적인 자료를 수집하고 분석해야 한다. 사회문제 분석에 필요한 자료를 수집하기 위해서 계획전문가가 고려해야 할 점은 다음과 같다.

첫째, 문제와 관련된 특수집단과 지역에 대한 특성을 기술한 통계자료, 실태조사보고서 등을 분석해야 한다. 이런 자료가 존재하지 않는다면, 직접적으로 조사를 실시해야 한다.

둘째, 특정 사회문제와 관련된 사회과학의 이론을 활용해야 한다. 이러한 이론들은 사회제도와 관련된 인간행동을 다루는 이론인 사회행동과 지역사회분석, 조직이론, 사회계층, 권력구조 등에 관한 이론인 제도분석으로 나눌 수 있다.

2. 욕구사정

지역사회복지 욕구의 파악은 개인이나 가족, 집단이 안고 있는 개별적 문제와 욕구의 사정으로부터 시작된다. 예를 들어, 개개의 아동이나 노인, 장애인이 재가복지에 대해서 느끼는 문제와 욕구를 파악하는 것이다. 다음으로 그 문제의 정도, 즉 강도와 깊이를 파악함으로써 지역사회복지 욕구의 전체적인 상황을 파악하게 되는 것이다.

1) 욕구의 개념

욕구는 인간이 어떤 목적을 위해 무엇인가의 결핍상태를 충족시키기 위해서 그것을 필요로 하는 상태를 의미한다. 문제는 사회복지를 통한 개입의 수준과 내용은 어디까지인가 하는 것이다. 사회복지는 인간의 모든 욕구충족이 아니라, 기본 욕구가 결핍될 때 개입하게 된다. 기본 욕구란 인간 욕구 중에서 모든 개인에게 있어야 하는 공통적이면서 동시에 필수불가결한 욕구의 최소한을 의미한다.

그러면 왜 이와 같은 기본 욕구를 사회복지에서 특히 중시하는가? 개인이 느끼는 욕구 불충분은 개인의 책임이 아니라, 사회변동의 결과로 인해서 생겨나는 각종의 사고 또는 위험으로 인해서 개인이 욕구결핍상태에 처하게 된다고 보기 때문이다. 따라서, 사회적 욕구는 특정 사회에서 사회복지를 통해 해결해야 하는 인간의 기본적 욕구라는 사회적 특성을 반영하고 있다 욕구의 구분은 다음과 같다(염일열 외, 2022: 162-163).

(1) 규범적 욕구

규범적 욕구(normative needs) 전문가나 기존 자료에서 제시한 목표기준에 바탕을 둔 개념으로, 이 기준에 미달하면 욕구가 존재한다고 본다.

(2) 느낀 욕구

느낀 욕구(perceived needs)는 개개인이 느끼는 개념으로서, 사람들이 실제로 생각하거나 선호하는 욕구이다.

(3) 표출된 욕구

표출된 욕구(expressed needs)는 사람들이 어떤 서비스가 필요하다고 느끼면서 욕구가 충족되기를 요청하거나 요구하는 행동을 취하는 경우의 욕구를 말한다.

(4) 비교욕구

비교욕구(relative needs)는 욕구를 갖는 당사자와 유사한 사람을 비교하거나, 타지역과 비교하여 정해지는 욕구를 의미한다.

2) 지역사회복지 욕구조사

지역사회의 문제나 지역사회주민들의 충족되지 않은 욕구를 찾아내는 것이 지역사회 복지욕구조사의 중요한 목적이다. 지역사회 복지욕구조사는 지역사회와 관련한 문제를 포괄해야 하고 다양한 조사방법을 적용하기 때문에 조사과정에서 몇 가지 고려해야 할 사항이 있다.

첫째, 조사과정에서 활용 가능한 자료의 상황에 대해 파악해야 한다. 기존자료 중 복지욕구조사를 위해 활용할 수 있는 자료가 있는지, 해당 자료가 정확한지, 만약 활용 가능한 자료가 없다면, 어떠한 방법을 통해 자료를 수집할 것인지, 자료수집에 시간과 비용은 어느 정도 소요될 것인지 살펴봐야 한다.

둘째, 현재 지역사회 내의 다양한 제도 및 서비스들이 지역사회의 문제나 욕구를 어느 정도 포괄하고 있는지를 확인해야 한다. 아울러 복지욕구조사와 관련하여 지역사회의 허용 정도도 고려할 필요가 있다.

셋째, 복지욕구조사는 공식적이고 체계적인 자료수집과정이 요구되고, 조사분석과정에서는 다양한 관점을 견지할 필요가 있다.

넷째, 실제 욕구조사과정에서는 조사기간과 조사과정에서 필요한 자원, 그리고 실제 조사에 활용할 질문들을 적절히 고려해야 한다. 특히, 질문내용으로 지역사회 관점과 서비스 욕구 관점, 서비스 제공자의 관점, 그리고 지역사회자원에 대한 관점 등을 활용할 수 있다.

이러한 관점을 활용한 구체적인 조사질문내용을 살펴보면 <표 7-2>와 같다.

<表 7-2> 욕구조사 질문내용

관점	질문내용
지역사회	① 개인과 집단이 현재 어떠한 사회적 문제를 경험하고 있는가? ② 그 문제가 현재 어떻게 처리되고 있는가? ③ 문제해결을 위해 지역사회주민과 공공기관, 정부가 어떠한 행동을 취하고 있는가? ④ 문제해결을 위해 지역사회 기관은 어떤 행동을 취하고 있는가?
서비스 욕구	① 사회문제해결을 위해 지역사회에서 어떠한 서비스가 제공되고 있는가? ② 문제해결을 위하여 어떠한 서비스가 필요하다고 느끼는가? ③ 문제해결을 위해 지역주민이 이용할 수 있는 서비스가 존재하고 있는가? ④ 서비스를 받지 못하는 지역주민이 있는가? ⑤ 어떠한 서비스가 추가적으로 제공되어야 하는가?
서비스 제공지	① 지역주민에게 필요한 서비스의 형태는? ② 현재 지역사회조직을 통해 제공되는 서비스는 무엇인가? ③ 서비스가 지역주민 욕구를 충족할 만큼 적절한가? ④ 서비스에 대한 지역주민들의 접근성은? ⑤ 서비스를 받지 못하는 지역주민들이 있는가? ⑥ 어떻게 서비스가 조직 간에 조정되는가?
지역사회자원	① 지역주민들에게 필요한 자원은 무엇인가? ② 지역 내 주요 조작 시설은 어떠한 것이 있는가? 이 조직과 시설이 지역사회자원으로 활용가능한가? ③ 지역조직 간에 연계되고 있는 것은 무엇이고, 이것들이 주민조직화 과정에 어떻게 활용되고 있는가? ④ 지역의 건축물 등이 지역조직을 위해서 활용될 수 있는가? ⑤ 지역조직을 위해 활용할 수 있는 지역사회 외부의 자원은 어떠한 것이 있는가?

자료: Hardina(2013).

3) 욕구조사 자료수집방법

지역사회 욕구사정을 위해서는 다양한 방법들을 사용할 수 있는데, 크게 양적 접근방법과 질적 접근방법이 있다(염일열 외, 2022: 165 – 166 ; 김용환 외, 2022: 158 – 159).

(1) 양적 접근법

① 사회지표 분석방법

정부기관 및 사회복지 관련 조직이 수집한 기존 자료를 이용하여 지역사회 주민들의 욕구나 문제를 분석하는 방법으로, 통계청의 각종 통계자료, 인구센서스 자료, 한국의 사회지표, 사회통계 조사 보고서, 노동통계, 보건복지통계 등을 활용할 수 있다.

② 사회조사방법

설문지를 이용한 우편조사나 집합조사, 면접조사, 전화조사 등을 포함한 다양한 방법으로 지역사회 내에서 충족되지 않은 욕구에 대한 정보를 수집하는 방법이다.

③ 지역사회집단 접근

사회조사, 여론조사의 방법으로 가장 널리 쓰이는 욕구조사방법이다. 전체 지역사회나 하위 지역사회에서 개인 인터뷰, 전화 인터뷰 등을 활용한 조사방법이다.

(2) 질적 접근법

① 공식·비공식적 인터뷰

공식·비공식적 인터뷰는 지역사회에 대한 파악을 위해 인터뷰 방법을 적용하는 것으로, 우선 공식적 인터뷰는 지역사회나 지역사회에 현존하는 문제에 관하여 전문적인 지식을 보유하였거나, 가장 잘 안다고 생각되는 사람들을 직접 만나거나, 전화 등의 방법으로 공식적인 인터뷰를 진행하는 것이다. 따라서, 인터뷰와 관련하여 계획이 수립되어야 하고, 구체적인 질문도 마련되어야 한다.

이에 반해, 비공식적 인터뷰는 공식적 인터뷰에 비해 비계획적이고 예정하지 않았던 정보제공자로부터 기대하지 않았던 상호작용을 통해 지역사회에 대해 다양한 정보를 제공받게 된다. 인터뷰 과정에서 정보제공자들은 조사자들과 단지 대화할 뿐 자신이 인터뷰를 하고 있다고 느끼지 못한다.

② 민속학적 방법

민속학적 방법(ethnographic method)은 관찰, 인터뷰, 현장연구 등을 통해 다양한 규범과 행위를 규명하는 방법이다. 지역사회복지실천가들은 지역사회주민이 해결에 필요한 지역문제를 어떻게 인식하고 있는지, 문제해결을 위해 현재 활용하고 있는 접근방법은 무엇인지에 대하여 살펴볼 수 있다. 특히, 민속학적 방법은 특정 집단의 신념이나 그들의 삶에 대한 이해를 목적으로 하고 있어서 지역사회 내 주민들 간의 사회적 상호작용이나 행동패턴 등을 조사할수 있다.

③ 지역사회포럼 및 공청회

지역사회포럼은 지역사회를 대표하는 사람들을 초대하여 지역사회문제에 대한 설명을 요청하고, 이에 대한 의견을 나누는 기회를 가지며, 다양한 지역문제 해결방안을 모색할 수 있는 방법이다. 대체로 구조화된 접근으로 이루어지며, 포럼의 과정을 통해 지역사회문제에 대해 참여자들 간 인식을 공유할수 있다.

이에 반해, 공청회는 지역사회주민들을 대상으로 공공기관의 계획이나 지역사회 내 조직들의 프로그램을 소개할 수 있는 기회 제공을 목적으로 한다. 공개된 장소에서 대체로 참가자에 대한 제한을 두지 않고 있어 다양한 의견을 들을 수 있다는 장점이 있지만, 비구조화된 모임이므로 통제에 어려움이 발생할 수도 있으며, 소수의 개인이나 집단이 공청회를 주도할 수 있어서 전반적인 지역사회주민들의 의견을 수렴하기 어려울 가능성도 있다. 따라서, 성공적인 공청회를 위해서는 다양한 주민들의 참여를 독려하고 많은 의견이 도출될 수 있는 방법을 모색할 필요가 있다.

④ 초점집단인터뷰

초점집단인터뷰(Focus Group Interview)는 지역사회문제와 관련한 소수의 사람이 한 공간에서 의견을 제시하게 하는 방법으로 집단의 역동성을 활용한다. 보다 구체적으로 살펴보면, 지역사회복지실천가는 지역사회문제를 잘 아는 6~8명을 선택하고, 이들에게 이슈와 관련된 개방형 질문을 제시하여 의견을 요청한다. 초점집단인터뷰과정에서는 참여자들 간에 상호작용이 이루어지기 때문에 집중적 토론에 따른 많은 의견을 도출하는 데 매우 효과적이다.

⑤ 명목집단기법

명목집단(Nominal Group)기법은 소수의 응답자를 선정하고, 지역사회문제에 대한 질문에서 각자의 의견이나 해결방법을 제시하게 하고, 이를 응답자 간에 공유한다.

이후 응답자들 간에 토론을 통해 우선순위를 결정하는 방법으로써 이를 통해 지역사회문제에 대한 이해를 높이고 문제와 관련한 해결책을 개발하는 데 매우 효과적이다.

⑥ 델파이기법

델파이(Delphi)기법은 지역사회문제와 관련한 전문가들을 대상으로 우편 또는 e-메일을 통해 합의에 이르기까지 여러 번에 걸쳐 설문의 과정을 반복하게 된다. 구체적인 방법을 살펴보면, 우선 전문가를 선정하고 1차 조사과정으로 지역사회문제와 관련한 개방형 설문지를 작성하여 발송한다. 회수된 설문지를 통해 이들의 응답내용을 종합적으로 정리하여 합의된 내용과 합의되지 않은 내용을 구분한 후, 합의되지 않은 내용을 중심으로 2차 조사과정을 실시한다. 또다시 설문지를 회수하여 응답을 분석하고 합의에 이르기까지 조사과정을 반복한다. 설문구성은 1차의 경우, 개방형으로 설정하고, 2차 이후에는 유사한 응답내용을 중심으로 폐쇄형으로 구성하여 질문하게 된다.

⑦ 서베이

서베이(Survey)는 지역사회의 복지욕구조사를 위해 설문지를 작성하여 우편이나 e-메일, 직접면접조사방법을 통하여 자료를 수집하는 것으로 가장 보편적으로 활용되는 방식이다. 조사자가 질문항목을 선정해야 하기 때문에 다소 자의적일 수 있다는 한계는 있지만 응답내용을 표준화할 수 있고, 지역 간, 인구집단 간 응답내용을 비교분석할 수 있다는 장점이 있다. 따라서, 설문문항을 구성할 때, 현장조사를 통해 보다 현실적인 내용이 담겨야 하고, 인구집단별 또는 지역사회문제별 세분화된 설문작성이 필요하다.

⑧ 사회지표분석

사회지표분석은 기존 수집된 다양한 자료를 통해 지역사회문제나 복지욕구를 분석하는 방법이다. 통계청의 각종 자료와 기초·광역 지방자치단체의 통계자료, 그리고 다양한 사회복지기관들이 수집한 자료를 이차자료로 활용하여 분석하게 된다.

최근 들어 인터넷을 활용한 각종 사회지표의 자료수집이 용이해서 접근성이 높지만, 지역사회단위에서 활용 가능한 자료가 없어서 분석 자체가 어려울 가능성도 있다.

3. 계획 및 개입

계획 및 개입 단계는 지역사회 사정과 욕구파악을 통해서 도출된 문제해결을 위해 지역사회복지실천 계획을 세우고, 본격적으로 개입(실행)에 옮기는 과정을 말한다. 즉, 지역에서 파악한 욕구나 문제를 명확하게 하며, 목표를 설정하고, 어떤 방법이 지역사회 자원을 활용할 것인가에 대한 구체적인 내용이나 스케줄 등을 설정해야 한다(김용환 외, 2022: 159-160).

1) 개입계획 수립

목적과 목표는 욕구사정을 바탕으로 도출되는 것으로, 목적(goal)은 대부분 장기적이고 추상적인 의도로 사용되며, 기대결과를 간략하게 표현한다. 목표 (objective)는 구체적이고 단기적인 계획으로 목적을 세부적으로 설명한다(염일 열 외, 2022: 166).

2) 목적과 목표 설정

(1) 목적 설정

목적(goal)은 기대 결과나 바라는 미래에 대한 일반적 기술로서, 욕구사정 의 결과와 직결된다. 따라서, 지역사회에 개입을 통해 무엇이 이루어지기를 바라는지에 관한 가치판단이 들어 있으며, 기대와 희망의 표현으로 관측과 측 정이 가능해야만 하는 것은 아니다.

(2) 목표 설정

목표(objective)는 목적을 달성하기 위한 세부적 지침으로 구체적이고 측정 가능해야 하며, 시간적 한계를 두고 설정하도록 한다. 적절하게 설정된 목표 는 조직에 논리와 방향성을 제시하고 있으며, 좋은 목표란 다음과 같은 특징 을 갖는다.

① 구체적으로(specific) 명료하게 작성한다.
② 측정 가능한(measurable) 형태로 양적으로 작성한다.
③ 실현 가능한(achievable) 형태로 작성한다.
④ 현실적이고(realistic), 결과 지향적으로(result-oriented) 작성한다.
⑤ 시간 구조(time frame)를 갖도록 작성한다.
⑥ 도전적이어야(challenging) 한다.

(3) 목표수립

목표(objective)는 일을 수행하기 위한 방향이며 해결하여야 할 과제로서, 해결하여야 할 내용이 무엇인지, 어느 정도의 결과를 원하는지를 구체적으로 명시한 것이다. 목표가 제대로 정립된 실천과 그렇지 못한 실천은 끝에는 실천 결과가 큰 차이를 나타나게 된다. 즉, 목표가 제대로 수립되지 못한 지역사회 복지실천은 효과성이나 효율성을 확보하지 못하게 될 가능성이 매우 높다.

사회복지 프로그램의 개발에서 좋은 목표는 다음과 같은 조건을 갖추고 있어야 한다(박현식 외, 2021: 132-133).

첫째, 목표는 뚜렷해야 하며, 측정 가능한 용어로 사용되어야 한다.

둘째, 목표는 달성이 가능해야 한다.

셋째, 목표는 사회복지사가 자신의 지식과 기술의 범위 내에서 다룰 수 있는 것이어야 한다.

넷째, 목표는 클라이언트의 성장을 강조하는 긍정적인 형태로 진술되어야 한다.

다섯째, 목표는 클라이언트가 스스로 목표를 선택하고 집중할 수 있도록 기술되어야 한다.

여섯째, 목표가 사회복지사의 권리를 침해하거나 가치에 맞지 않는다면, 동의해서는 안 된다.

일곱째, 목표는 사회복지기관 및 시설의 기능에 맞아야 한다.

(4) 목표의 종류

목표의 종류는 다음과 같다(박현식 외, 2021: 133-134).

① 산출목표

산출목표는 프로그램 실행을 통해 발생하는 결과물로서, 바람직한 성과를 획득하기 위하여 실시되는 활동을 의미한다. 따라서, 프로그램을 실행하기 위한 구체적 일정이 반영되어야 한다. 예를 들어, 지역아동센터의 사회복지사가 "아동에게 방과 후 교육프로그램을 주 3회 일일 3시간씩 실시한다."라는 목표를 세웠을 때, 이를 산출목표라고 할 수 있다. 이렇듯 산출목표는 사회복지사가 중심이 되어 달성해야 하는 목표가 된다.

② 성과목표

성과목표는 프로그램에서 특정 활동이 지역주민에게 미친 영향(변화정도)에 집중하는 것으로, 성과는 활동내용이나 실적이 아니라, 결과의 양과 질을 통하여 목표를 달성한 정도를 의미한다. 예를 들어, 지역아동센터의 방과 후 학습지도를 통해 "아동의 학습 흥미도가 10점 향상된다."라는 목표를 세웠다면, 이는 성과목표가 된다. 이렇듯 성과목표는 산출목표에 비해 장기적인 목표이며, 클라이언트의 변화에 초점을 맞춘 클라이언트 중심의 목표가 된다. 따라서, 사회복지기관에서는 궁극적으로 성과목표의 달성을 위해 지역사회복지실천의 전략을 수립하는 것이 우선시되어야 할 필요가 있다.

③ 대안 선택

지금까지의 조사 및 파악에 근거해서, 지역사회의 문제에 관하여 토의를 심화시키고, 지역사회의 문제들 중 해결이 필요한 문제의 우선순위를 결정한다. 이렇게 우선순위로 선택된 문제들부터 그 해결을 위한 구체적 대책들에 대하여 하나씩 검토를 하기 시작하며, 다양한 해결방법 중 가장 적합한 방법(대안)을 선택하게 된다. 이후 그 대안을 보다 구체화시키며, 시간순에 의한 활동 계획을 수립한다. 수립된 계획 속에는 반드시 홍보계획도 마련하여 지역사회의 관심을 환기시키고, 보다 자주적으로 문제가 해결될 수 있는 분위기가 조성될 수 있도록 한다.

3) 정책 및 프로그램의 개발

해결을 필요로 하는 문제가 분석되고 조작적으로 정의된 다음에 거쳐야 할 단계는 정책을 수립하고, 정책을 실천하기 위한 프로그램을 개발하는 일이다. 정책수립은 다양한 대안 중에서 선택되는 확고한 행동노선이며, 장래의 결정에 대한 일반적인 지침이 되는 기본 계획을 의미한다. 이러한 의미에서 정책수립은 문제해결을 위해 취하고자 하는 조치와 프로그램의 방향을 결정하는 것이라고 볼 수 있다. 문제를 보는 관점이 다양한 것처럼 주어진 문제를 해결하는 데 있어서의 목표와 방향도 다양하다. 따라서, 정책을 수립하는 것은 다

양한 해결대안 중에서 가장 효과적이고 효율적인 방안을 찾아내는 '정책선택'
이라고 할 수 있다(박원진 외, 2018: 111-112).

정책을 선택하는 데 있어서도 사회복지사는 그를 둘러싼 환경의 가치관에
상당한 영향을 받는다. 다시 말해서 주어진 문제와 직간접으로 관련되어 있는
행동체계가 문제의 해결에 대해서 어떤 견해를 갖느냐는 것이 중요한 요건이
된다는 것이다.

행동체계는 일반적으로 ① 정부기관, ② 사회복지사가 속해 있는 사회복지
기관, ③ 문제로 인해 직접적인 영향을 받는 클라이언트 집단, ④ 문제해결과
이해관계에 있는 정치인, 기업인, 전문분야 등의 관련 집단으로 구성된다. 행
동체계를 구성하는 각각의 인자는 문제의 해결을 위한 목표와 전략, 전술 등
에 있어서 서로 다른 견해를 갖는다.

정책목표를 수립할 때, 사회복지사는 바람직하다고 생각하는 행동방향과
활용 가능한 대안들을 어떻게 혼합할 것인가를 고려해야만 한다. 이에 작용하
는 요인으로는 ① 특정 문제의 원인과 해결에 관한 지식상태, ② 사회복지사
활동을 지원하는 후원자와 기관의 성격, ③ 사회복지사와 함께 일하는 여러
집단들의 가치에 대한 견해의 일치 또는 불일치 정도를 들 수 있는데, 이러한
요소들을 근거로 하여 체계적인 정책을 수립하기 위한 지침은 아직도 미흡한
상태에 있다(김준환 외, 2019: 116).

문제해결을 위한 정책목표를 설정함에 있어서 사회복지사가 고려해야 할
점은, 그 정책이 실현 가능하냐는 것이다. 아무리 이상적인 정책목표도 이의
실천을 뒷받침해 줄 수 있는 자원(물적·인적)과 지식 및 기술이 충분히 개발되
어 있지 못하다면 달성될 수 있는 가능성은 그만큼 적어진다. 또 정치적·사
회적 분위기가 그러한 목표를 달성하고자 하는 노력에 어느 정도 긍정적이냐
하는 것도 정책의 실현 가능성에 지대한 영향을 미치는 것이다.

정책목표를 설정함에 있어서 고려해야 할 또 다른 점은, 과업지향적인 목
표와 과정중심적인 목표 중 어느 것에 더 역점을 두어야 할 것이냐는 점이다.
지역사회 문제해결의 성격이 사회계획적인 측면일 때는 과업지향적인 목표

에, 또 지역개발적인 측면일 때는 과정중심적인 목표에 더 역점을 둔다고 일반적으로 말할 수 있다. 그러나 현실적인 정책목표의 설정에 있어서는 양 목표가 역점의 정도에는 차이가 있더라도, 동시에 존재할 수 있다는 사실도 간과해서는 안 된다.

정책이 수립된 연후에는 이들 정책을 실천에 옮길 수 있는 프로그램을 개발한다. 프로그램의 개발이라고 하는 것은, 목표를 향한 광범한 정책을 실천하기 위한 조치들을 구체적으로 표현하는 것이다. 여기에서 중요시되는 것은, 결과를 추구함에 있어서의 효과성과 효율성으로 고려할 요소는 다음과 같다 (Perlman et al., 1972).

① 업무의 내용(해야 할 일에 대한 명세) : 어떤 종류의 활동 프로그램, 서비스를, 어떤 순서로, 얼마만큼의 양을, 어떤 전달체계를 통해서 제공할 것인가.

② 자원(여러 가지 활동을 전개하는 데 필요한) : 자본설비, 필요한 인력과 자격 및 지원으로 이러한 자원들은 현재 어디에 있으며, 누가 통제하고 있으며, 어떻게 동원할 수 있을 것인가.

③ 가능성(feasibility) : 자원의 활용 가능성은 어느 정도인가, 정책목표를 달성하기 위해 필요한 변화, 자원의 분배, 새로운 자원의 개발은 어떻게 할 것인가, 프로그램의 수행에 어느 정도의 수용 또는 저항이 존재하는가, 필요한 변화를 시도하기 위해 어떠한 전략(갈등, 협상, 타협 등)을 사용할 것인가.

4. 프로그램의 실천

프로그램의 실천이라고 하는 것은, 정책목표를 달성하기 위해서 행하게 되는 일련의 활동을 말한다. 활동의 내용과 형태는 문제의 성격에 따라 무한정한 것이기 때문에 일률적으로 논할 수는 없으나, 크게 두 가지 범주, 즉 '체제유지 또는 과정중심적인 활동'과 '과업중심적인 활동'으로 나눌 수 있다. 체제유지적인 활동은 클라이언트 집단이 문제를 스스로 해결할 수 있도록 능력을 배양해 주는 활동을 말한다. 과업중심적인 활동은 클라이언트 집단이 필요로 하는 서비스를 직접적으로 제공해 주는 활동을 말한다. 프로그램을 실천할 때에는 계획이 원활하게 실시될 수 있도록 지원하는 다양한 활동이 필요하다(박현식 외, 2021: 134-135).

1) 홍보활동

홍보활동은 가능한 한 많은 지역주민에게 지역사회복지 실천계획에 대한 이해나 인식을 넓히는 활동이다. 선정한 문제가 해결해야 할 욕구라는 것을 실천과정에 참가하는 사람들이 잘 이해하고 있거나, 일반 주민들이 반드시 잘 숙지하고 있다고는 할 수 없다. 이러한 점에서 홍보활동이나 복지교육의 추진에 의해 주민의 인식을 넓혀가는 것이 필요하다. 이때 문제해결의 중요성만이 아니라, 해결을 위한 수단에 대해서도 주민들이 이해하도록 알려야 한다. 만약 실천방법에 대한 이해가 없다면 주민은 활동에 협력·참가하기 어렵게 된다.

홍보활동의 구체적인 실시방법은 매스컴의 이용과 개인적인 의사소통으로 나누어진다. 각각의 장단점이 있으므로 상호 보완적인 활용이 필요하다. 매스컴 이용에서는 신문, 잡지, 사진, 서류, 팸플릿, 소식지 등의 시각에 호소하는 방법이나 라디오와 같은 청각에 호소하는 방법, TV, 영화, 인터넷과 같은 시청각에 호소하는 방법이 있다. 개인적인 의사소통으로는 주민간담회, 반상회, 각종 모임 등과 같은 주민의 직접참가와 대화에 의한 의사소통과 같은 공식적인 방법과 이웃 간의 교류나 구전과 같은 비공식적 방법도 있다.

2) 주민참가의 촉진

지역사회복지실천의 과정에서는 어느 단계에서나 주민참가의 촉진이 가장 기본적인 것이다. 지역사회복지의 실천주체는 어디까지나 지역의 생활자, 즉 주민이다. 따라서, 주민은 사회복지사와 협동하여 실천활동을 진행해 가는 것이 중요하다. 권력이나 권위를 통하여 주민을 주도하는 소위 톱다운(top down)방식의 운영방법은 지역사회복지의 이념에 반하는 것이 된다.

프로그램의 실천단계에서 주민의 참가는 매우 중요하다. 광범위하게 일반 주민이 실천활동에 참가하도록 하기 위해서는 일반 주민의 자유지원제 (Volunteerism)와 참가의욕을 자극하여야 한다. 특히, 지역주민이 활동을 주도적으로 실시할 수 있도록 주민 조직·단체를 강화·육성하는 것이 사회복지사의 중요한 과제이다. 주민단체의 활동을 넓히기 위해서 지역 내에 존재하는 다른 조직·기관·단체나 각종 전문직과의 연계가 중요하다. 왜냐하면 지역주민은 자신들의 지역문제가 어떤 형태로 발생하고 있는지를 이해할 수 없는 경우가 있기 때문이다.

주민 조직·단체를 일단 조직한다고 해도, 이후 주민 자신이 주민활동을 조직적으로 주도해 갈 수 없다. 주민 조직·단체가 지속적으로 기능하도록 하기 위해서는 가능한 한 많은 주민이 자발적으로 실천활동에 참가하는 것이 중요하다.

3) 연락·조정 활동

지역사회문제를 해결하기 위해서는 지역 내의 조직이나 집단, 주민의 협동과 협력이 필요하다. 특히, 많은 지역단체나 주민을 참여시키게 되고 조직이 점차 커지게 되면 보다 강력한 연대관계를 유지하는 것이 과제가 된다. 지역의 연대나 협동체제를 유지해 가는 것은, 지역문제를 해결하기 위한 수단으로서 뿐만 아니라, 지역의 협동체제를 확립·유지하는 것 자체가 지역사회복지의 주요한 목표이기 때문에 연락·조정 활동이 중요시되는 것이다.

프로그램이 실천되는 과정에서 새로운 문제가 발생될 수 있으며, 이 경우원래의 계획에 수정을 가해야 할 필요가 생긴다. 이러한 문제는 사업 외부적인 요인에서 발생될 수도 있고, 사업의 행동체계 내의 변화 등에서 비롯될 수도 있다. 극단적인 상황에서는 사업계획 자체가 백지화될 경우도 있고, 계획에 대폭적인 수정을 가해야 할 경우도 발생할 수 있다. 사업의 추진기간이 길면 길수록 변화가 발생할 가능성은 그만큼 크게 되어, 원래의 계획에 수정을 가해야 할 필요성도 그만큼 증대되는 것이다. 그러나 전문사회복지사는 계획의 단계에서 변화를 예측할 수 있는 통찰력이 있어야 하고, 변화가 발생했을 때 즉각적으로 대처할 수 있는 능력과 기술이 있어야 하는 것이다.

5. 평가

평가는 설정된 목표가 어느 정도 달성되었는가를 알아보기 위한 것으로 개입에 대한 가치와 의의를 판단하는 과정을 말한다. 또한 실천 전개과정에서 적절한 방법과 프로그램이 원활하게 진행되고 있는지를 분석하고, 어느 정도 실천이 종료된 단계에서는 이제까지의 실천을 점검하여 목표달성 정도나 방법 등을 평가하게 된다. 즉, 계획된 목표는 어느 정도 달성되었는지, 실천활동은 어느 정도 효과가 있었는지를 명확하게 하고 향후 실천에서 그 결과를 반영하는 일련의 과정이다(김용환 외, 2022: 165).

문제해결과정의 마지막 단계인 평가는 두 가지 목적을 갖는다. 그 하나는 프로그램의 실천과정에서 수립된 정보를 입수해서, 실천에 반영하여 실천의 궤도를 수정하는 경우이다. 이러한 의미에서는 평가가 문제해결과정의 마지막 단계라고 볼 수는 없고 문제설정, 목표수립, 프로그램의 개발, 프로그램의 실천이라는 전 과정에 영향을 주는 계속적인 활동이라고 보는 것이 타당하다. 평가의 두 번째 목적은 문제해결의 전 과정이 이룩한 결과와 최종 산물을 평가하는 것이다. 이러한 평가는 일반적으로 프로그램을 통해서 성취하고자 하는 목표가 어느 정도 달성되었는지, 즉 프로그램의 효과성과 영향을 측정하는 것이다.

1) 평가의 구분

평가의 구분은 다음과 같다(김용환 외, 2022: 165-166).

(1) 과정평가

과정평가는 형성평가라고도 하는 데, 프로그램 운영 중에 이루어지는 평가

로서 문제점을 발견하여 프로그램 수정 및 보완을 목적으로 이루어지는 평가
방법이다. 지역사회주민들에게 계획대로 서비스를 제공하고 있는지의 여부를
평가하는 데 초점을 둔다. 과정평가로 의도한 목표가 달성되지 않았더라도,
사회복지사나 주민들이 활동과정을 통해서 무엇인가를 얻을 수 있을 것이다.
이러한 성과는 새로운 활동에 반영하여 도움이 될 가능성이 높기 때문에 긍
정적으로 평가해 두어야 한다.

구체적인 평가내용으로는 활동과정을 통해서 지역주민이 스스로 문제를 주
체적으로 해결하려고 하는 의욕을 어느 정도 높였는지, 문제해결능력을 어느
정도 몸에 익혔는지 등이다.

(2) 결과평가

결과평가는 총괄평가라고도 하는 데, 모든 프로그램이 집행되고 난 후에
달성하려 했던 목표를 얼마나 잘 성취했는가의 여부를 평가하는 데 목적이
있다. 즉, 실천활동은 어느 정도 지역문제를 해결하였고, 주민의 욕구를 충족
시켰으며, 지역주민생활의 질을 향상시켰는지 등에 대해서 평가한다. 또한 실
천활동의 영향에 대한 내용을 파악해 둘 필요가 있다. 그 내용은 다음과 같다.

① 이차적인 영향은 없는가?
② 지역에 바람직하지 않은 영향을 미치고 있지는 않은가?
③ 활동의 효과나 영향은 어느 정도 유지할 수 있는가?
④ 활동의 비용과 그에 의해 나타난 효과를 비교해 볼 때, 활동의 효율성은
　어떠한가?
⑤ 이러한 효과를 달성하기 위해 다른 방법은 없는가?

그리고 표적인구집단에 일어난 변화에 초점을 두며, 특정 프로그램이 의도
하는 바를 제대로 수행했는지, 목표를 달성하였는지 등에 대해서 평가한다.
결과평가는 특정 프로그램이 지속될 것인지의 여부를 결정할 수 있는 중요한
근거가 된다.

과정평가와 결과평가의 주요 특성을 정리하면 <표 7-3>과 같다.

〈표 7-3〉 과정평가와 결과평가 비교

	과정평가(형성평가)	결과평가(총괄평가)
평가 목적	• 진행과정 • 프로그램 수정, 보완 및 개발	• 프로그램 성과와 영향 결정
평가의 정도	• 프로그램 운영, 개발을 위한 피드백 제공	• 프로그램의 계속, 중단, 확대에 대한 종합 판단(정책결정자 및 기획자)
이해당사자	• 기관책임자, 프로그램 관리자, 사회복지사	• 기관책임자, 정부, 재원공급자, 클라이언트집단
평가자	• 내부평가, 외부평가자의 자문	• 외부평가자, 내부평가자의 원조와 지원
표본 수	• 비교적 적음	• 대체로 많음
기본 질문	• 무엇이 작용하고 있는가? • 발전을 위해서 무엇이 필요한가? • 이것이 발전될 수 있는가?	• 어떤 결과가 나왔는가? • 누구와 함께 했는가? • 어떤 상황하에서, 어떤 훈련과 함께 비용은 얼마나 들었는가?
평가항목	• 프로그램이 지역사회 욕구를 충족시킨 정도 • 문제해결의 정도 • 서비스 제공의 적절성 여부 • 서비스 내용과 양	• 목표는 달성되었는가? • 프로그램의 결과와 영향 • 프로그램의 비용 효과성

자료: 김용환 외(2022: 167).

2) 평가 내용

평가의 내용은 다음과 같다(양정하 외, 2021: 144-145).

첫째, 과정평가로 의도된 목표가 달성되지 않더라도, 사회복지사나 주민이 활동과정을 통해서 무언가 얻을 수 있을 것이다. 이러한 성과는 다음 활동에 도움이 될 가능성이 높기 때문에 긍정적인 평가를 해야 한다. 구체적인 평가 내용으로는, 활동과정을 통해서 지역주민이 스스로 문제를 주체적으로 해결하려고 하는 의욕이 어느 정도 높아졌는지, 문제해결능력을 어느 정도 몸에 익혔는지 등이다.

둘째, 결과·효용의 평가로 실천계획에서 설정된 목표가 어느 정도 달성되었는지를 평가하는 것이다. 즉, 실천활동은 어느 정도 지역문제를 해결하였고, 주민욕구를 충족시켰으며, 지역주민생활의 질을 향상시켰는지 등에 대해서 평가한다.

셋째, 욕구파악으로서의 평가로 실천활동을 통해 잠재되어 있던 욕구를 파악함에 있어 도움이 된 정도를 평가하는 것이다. 이는 사회복지사가 주민과 함께 활동함으로 인하여 지금까지 보이지 않던 욕구를 발견하는 경우가 있기 때문이다. 즉, 욕구파악과 이를 해결하기 위한 활동과의 관계는 순환적인 관계이기 때문이다.

프로그램의 효과를 평가하는 방법으로서 가장 흔히 쓰이는 방법은 실험조사방법이다. 실험조사의 형태는 다양하나 지역사회조직사업과 관련해서 가장 많이 쓰이는 형태는 '후 측정실험방법'과 '전후 측정실험방법'이다. 전자는 프로그램을 실시한 연후에 변화를 측정하는 것이고, 후자는 먼저 기초조사를 하고, 프로그램을 실시한 후에 다시 조사하여 두 조사의 결과를 비교함으로써 변화를 측정하는 것이다.

프로그램의 결과와 효과에 관해 수집된 자료는 문제해결을 위해 수립된 정책이나 프로그램을 계속할 것인지, 중단할 것인지, 또는 수정할 것인지를 결정하는 데 쓰인다. 평가가 있은 이후에 행하는 단계에는 다섯 가지 경우가 포함된다(Dunham, 1970).

① 취했던 조치가 원래의 문제를 해결한 것으로 받아들이는 경우
② 문제를 재설정해야 하는 경우
③ 새로운 문제를 발견하는 경우
④ 프로그램을 변경하지 않거나 수정하여 조치를 계속하기로 결정하는 경우
⑤ 최소한 당분간은 그 문제를 해결하려는 노력을 포기해 버리는 경우

1. 지역사회복지 실천과정으로 적절한 것은?

   ① 문제발견과 분석 – 지역사회복지실천계획 수립 – 지역사회복지실천계획의 실시 – 평가
   ② 지역사회복지실천계획 수립 – 문제발견과 분석 – 지역사회복지실천계획의 실시 – 평가
   ③ 지역사회복지실천계획의 실시 – 문제발견과 분석 – 지역사회복지실천계획 수립 – 평가
   ④ 문제발견과 분석 – 지역사회복지실천계획의 실시 – 지역사회복지실천계획 수립 – 평가
   ⑤ 서비스 – 옹호 – 동원 – 조직화

2. 지역사회복지의 실천과정 중 정책 및 프로그램의 개발 시 가장 중요하게 고려되어야 하는 것은?

   ① 효과성과 효율성   ② 자원의 동원성   ③ 분석력
   ④ 독창성   ⑤ 업무의 내용

3. 지역사회복지의 실천과정 중 정책 및 프로그램의 개발 단계에 대한 설명으로 적당한 것은?

   > 가. 문제해결을 위한 조치와 프로그램의 방향을 결정한다.
   > 나. 자원의 동원 가능성에 대해 예측한다.
   > 다. 프로그램의 수행에 대한 저항 여부를 고려해야 한다.
   > 라. 실현 가능성에 영향을 미치는 요인들에 대해 분석한다.

   ① 가·나·다   ② 가·나·라   ③ 가·다·라
   ④ 나·다·라   ⑤ 가·나·다·라

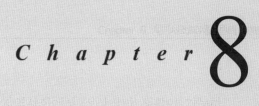

Chapter 8

지역사회복지실천의 모형

개요

지역사회복지는 매우 포괄적인 개념으로 전문 또는 비전문 인력이 지역사회 수준에 개입하여 지역사회에 존재하는 각종 제도에 영향을 주고, 지역사회의 문제를 예방하고 해결하고자 하는 일체의 사회적 노력을 의미한다. 주요 목표는 지역사회주민의 복지증진으로 이러한 목표 달성을 위하여 다양한 실천모형이 있다. 여기에서는 지역사회복지실천의 모형을 학습하고자 한다.

학습목표

1. 각 모형 간 이론 및 차이점
2. 지역사회복지 실체에 모형 적용
3. 사례연구

학습내용

1. 지역사회복지실천모형의 개념
2. 로스만의 모형
3. 테일러와 로버츠의 모형
4. 웨일과 갬블의 실천모형
5. 포플의 실천모형
6. 실천모형의 선택

지역사회복지실천의 모형

1. 지역사회복지실천모형의 개념

지역사회복지는 매우 포괄적인 개념으로 전문 또는 비전문 인력이 지역사회 수준에 개입하여 지역사회에 존재하는 각종 제도에 영향을 주고, 지역사회의 문제를 예방하고 해결하고자 하는 일체의 사회적 노력을 의미한다. 주요목표는 지역사회주민의 복지증진으로 이러한 목표달성을 위하여 다양한 실천모형이 있다(우수명 외, 2023: 80). 지역사회복지를 실천하는 데 있어 사회복지사는 주민의 욕구를 총족시키고자 최선을 다할 것이다. 이러한 과정에서 사회복지실천모형은 사회복지사에게 지역사회 개입방법을 안내하는 역할을 수행한다(Hardia, 2002).

지역사회의 문제해결을 위한 사정과 전략을 선택하게 하며, 개입에 대한 평가 등에서 유용하게 사용될 수 있다(Weil, 1996). 또한 각 모형은 사회복지사로 하여금 지역사회의 개입방법을 비교하고, 상황에 따른 적정한 모형을 선택하는 데 도움을 줄 수 있기 때문에, 사회복지실천가는 이에 대한 충분한 숙지가 필요하다.

지역사회복지실천모형의 일반적 특징을 살펴보면 다음과 같다(박원진 외, 2018: 129).

첫째, 시대적 상황 및 개별 국가의 경험을 반영하고 있고 단일한 모형보다는 다양한 모형으로 분류되는 경향이 있다. 즉, 미국의 경우 조직화, 개발, 계획, 사회행동 등을 강조하고, 민간 주도적 지역사회복지실천을 중점적으로 다루지만, 영국의 경우 공공부문 중심의 사회복지서비스 제공 및 실천활동의 특성을 반영한다.

둘째, 실천모형의 발전과정은 사회경제적 배경이나 이데올로기, 사회복지실천의 전문화 경향과 밀접히 연관된다. 구체적으로 신자유주의의 확산과 경쟁원리의 강화가 많은 영향을 미쳤으며, 프로그램 개발 및 연계모형 또는 협력 등이 중요한 실천활동의 초점으로 변화되는 경향이 있다.

셋째, 1990년대 이후 다분화되고 다원화되는 사회문화적 환경의 변화에 기존 실천모형의 유형이 세분화되는 경향이 있다.

넷째, 실천모형의 다양화는 각각의 실천현장에 적합한 적용과 선택에 유용하다.

여기서는 지역사회복지실천을 위해서 활용될 수 있는 기본적인 세 가지 모형인 로스만(Jack Rothman)의 3모형, 테일러와 로버츠(Samuel H. Taylor & Robert W. Roberts)의 5모형, 웨일과 갬블(Marie Weil & Dorothy Gamble)의 8모형, 포플(Keith Popple)의 8모형에 대해 살펴보고자 한다.

2. 로스만의 모형

지역사회복지실천을 위한 개입모형으로, 가장 일반적으로 활용되고 있는 것은 로스만(Rothman, 2005)의 세 가지 모형이다. 로스만은 지역사회관심개발모형, 사회계획모형, 사회행동모형을 제시하고 있다. 로스만의 세 가지 실천모형과 더불어 많은 학자들에 의해 다양한 이름의 실천모형들이 제시되고 있지만, 대부분 로스만의 세 모형을 중심으로 발전되었다. 로스만 모형은 지역사회복지실천의 개입전략에 있어서 상호 중복되고 혼합된 형태이다. 로스만은 초기에 제시한 세 가지 모형의 전형을 현실의 지역사회복지실천과정에 적용하기 위하여 모형의 혼합과 전환이라는 개념을 도입하였다.

로스만의 지역사회복지실천모형은 <표 8-1>과 같다.

〈표 8-1〉 로스만의 지역사회복지실천모형

구분	지역사회관심개발모형	사회계획모형	사회행동모형
지역사회 활동목표	• 지역사회가 기능적으로 통합을 이룸. • 자조적으로 협동적 문제해결에 참여민주적 능력 배양(과정중심에 목표)	• 지역사회문제의 해결 (과업중심에 목표)	• 권력관계와 자원의 변화 • 기본적 제도의 변화(과업 및 과정중심에 목표)
지역사회구조와 문제상황에 관한 전제	• 지역사회의 상실, 아노미 • 사회적 관계 및 문제해결능력의 결여 • 정태적·전통적 지역사회	• 지역사회의 실질적 사회문제 • 정신적·신체적 건강문제, 주택, 여가활동	• 사회적 고통을 당하고 있는 사람 • 사회부정의, 박탈, 불평등
변화를 위한 기본전략	• "함께 모여 이야기해 보자." • 다수의 사람이 모여서 자신의 욕구를 결정하고 해결해 나가는 것 • 지역사회의 자주성 중시	• "진상파악을 위한 논리적 조치 강구" • 문제에 대한 자료수집 • 합리적이고 가능한 방안 행동조치	• "억압자 분쇄를 위한 규합" • 이슈의 구체화와 표적 대상에 대한 조치를 취할 수 있도록 주민 동원
변화를 위한 전술과 기법	• 합의(consensus) • 지역사회집단 간, 이해관계 간 상호 의사소통, 집단토의	• 합의 또는 갈등 (consensus & conflict)	• 갈등(conflict) 또는 투쟁, 대결, 직접 행동, 교섭
사회복지사의 역할	• 조력자, 조정자 • 교육자(문제해결기술, 윤리적 가치관 지도) • 격려자	• 사실수집가와 분석자 • 계획가 • 프로그램 실행자, 촉진자	• 옹호자 • 선동가(활동가) • 매개자, 중재자, 지지자

변화매개체	• 과업지향적 소집단의 조직과 지도(creation & guidance)	• 자료수집과 분석, 공식 조직(기관, 행정, 입법)의 조정	• 대중조직과 대중운동의 유도, 정치적 과정에 영향
클라이언트의 집단 및 범위	• 전체 지역사회 (지리적 지역사회 전체)	• 지역사회 전체 또는 지역사회 일부분(기능적 지역사회 내포)	• 지역사회의 일부분(억압받는 주민, 지역의 문제해결)
지역사회구성원 간의 이해관계에 대한 전제	• 공통의 이해관계 및 조정 가능한 차이	• 조정 가능한 이해, 갈등상태에 있는 이해	• 쉽게 조정되지 않는 상호 갈등적 이해 • 부족한 자원
클라이언트 집단에 더한 개념	• 주민(citizen) : 완전히 개발되지 않은 상당한 잠재력을 가짐.	• 소비자(consumer) • 사회계획 결과의 프로그램, 서비스의 소비자, 이용자, 수급자	• 피해자(victims) : 체제의 희생자
클라이언트 역할의 견해	• 상호작용적 문제해결과정의 참여자	• 수혜자, 소비자	• 동료(회원) • 고용주, 지역사회구성원
권한부여의 이용	• 협동적이고 동의된 결정을 이끌어 내기 위한 지역사회의 능력 고취 • 주민의 주인의식 고취	• 서비스 욕구 규명(서비스 선택의 정보제공)	• 수급자 체계(지역사회)를 위한 객관적 권력 • 지역사회 의사결정에 영향을 미치는 권리와 수단의 획득 • 참여자의 역량강화

자료: Rothman(2005).

1) 지역사회관심개발모형(Community Development Model)

지역사회개발은 일반적으로 경제적 성장, 사회적 기강 및 인간다운 삶을 그 내용으로 포함하고 있다. UN에서 채택한 지역사회개발의 정의에 따르면, 어느 지역사회의 제 조건을 개선하고 지역사회로 하여금 국가적 계획에 공헌할 수 있도록 주민의 노력과 정부의 노력이 뭉쳐지는 과정으로 보고 있다. 우리나라에서 처음 공식적으로 채택한 지역사회개발의 정의는 일정한 지역 내의 주민이 생활의 개선과 향상을 위하여 집단적 또는 개별적 계획을 수립하고 실천하고 수행하는 사회개선사업을 말한다.

트웰브트리스(Alan Twelvetrees)의 저서 『지역사회복지(*Community work*, 2008)』에 따르면, 지역사회개발은 지역에서 살고 있는 집단이나 개인들을 새로운 자율

『지역사회복지』
(2008년 출판)

적이고 독립적인 집단이나 개인이 돕도록 돕는 것이다. 따라서, 지역사회관심개발모형은 지역사회의 지역주민들이 자신들의 문제를 스스로 해결할 수 있도록 역량을 강화시키는 모형이라 정의할 수 있다.

지역사회관심개발모형은 지역사회 구조 및 문제에 대한 기본 가정으로, 현대사회의 인간관계와 문제해결기술의 부재가 지역사회문제의 출발점이라고 규정하고 있다. 즉, 교육을 통해 주민들의 지역사회문제의 해결능력과 민주적 방식에 대한 이해를 높이는 것이 중요하다. 이렇게 볼 때, 지역사회관심개발모형의 가장 큰 특징 중의 하나는, 지역사회개발의 주역이 지역주민의 참여와 자조를 바탕으로 한다는 것이다.

지역사회관심개발모형은 지역주민의 자조기반에 근거하여 지역사회의 문제해결을 위한 지역사회 능력과 사회통합이라는 과정목표를 통해 지역사회를 새롭게 만드는 데 초점을 두고 있으며, 지역사회의 문제나 욕구를 다룰 때 주민들의 자조정신을 강조하는 형태이다. 따라서, 주민들이 문제를 스스로 해결할 수 있는 능력을 강화시켜 주는 데 역점을 두고, 문제의 파악 및 해결과정에 있어서 주민들의 광범위한 참여를 장려한다는 측면에서 과정목적이 강조되고 있다. 즉, 지역사회관심개발모형은 결과목표보다는 과정목표를 더 중요시하는 실천모형이라는 점을 확인할 수 있다. 따라서, 지역주민이나 조직, 단체의 자발적인 자조와 참여, 그리고 협동이 필수적인 요소가 된다. 구체적으로는 주로 교육적인 방법을 통해 주민들 가운데 지도자를 양성하고, 그 지도력을 개발하여 지역사회문제에 주민들이 협력적으로 일할 수 있는 분위기를 조성하는 것을 강조하게 된다.

지역사회관심개발모형의 기본 전략은 "함께 모여 의논하자."로 이해될 수 있다. 즉, 광범위한 주민들이 참여해서 자신들의 욕구를 결정하고 문제를 해결하려는 것으로 보며, 다양한 이해관계로 경쟁하고 있는 지역사회 집단들이 서로 화해하고 협력하는 것이 가능하다고 가정한다. 또한 보통의 지역주민으로서 많은 잠재능력을 소유하거나, 개발하지 못하고 있어서 실천가의 도움이 필요하다. 지역주민들은 상호 간에 또는 실천가와의 상호관계과정에서 적극적으로 참여하여 집단토의를 통해 스스로 욕구를 발견하고, 목표결정과정에 참여하여야 하는 역할을 가지고 있다.

켐프(Kemp, 1995)는 기본 전략으로 사람 간, 조직 간, 지역사회 간의 상호지지와 연결망을 유지하고 증진시키는 사회적 지지전략과, 어떠한 프로그램을 수정하고 변화시키기 위해 지역이나 조직의 힘을 사용하고 개발하는 정치적 행동전략을 제시하고 있다.

지역사회관심개발모형의 전략을 실행하기 위한 전술은 집단의 이해관계 발생 시 토론을 통하여 합의점을 도출하여 나가면서 문제를 해결하고 의견을 교환하는 것이다. 그리고 지역문제를 발견하고 해결하는 데 있어서 과업지향적인 소집단을 변화의 매개체로 활용하는 것이다. 지역사회관심개발모형은 성별, 인종, 종교, 사회문화를 초월하여 지역주민 전체로 모든 하위조직을 포괄하고 기존 권력집단도 협력자로 적절히 활용하여야 한다.

기본적인 기법은 다음과 같다.

첫째, 지도자를 양성하고 협력적 활동분위기를 조성하는 것이다.

둘째, 실천가는 조력자, 촉매자, 조정자, 문제해결 기술훈련자, 주민 상호 간의 접촉, 네트워크 내의 멤버십 촉진, 주민 연대로 역량을 강화하고 개발하도록 격려하는 역할을 하여야 한다.

셋째, 민주적인 절차와 자발적인 협동, 토착적인 지도자의 개발과 교육이 강조되어야 한다.

대표적인 지역사회관심개발모형은 새마을운동, 지역사회복지관의 지역개발 사업, 성인교육과 공중보건교육 분야에서의 지역사회활동 등을 들 수 있다.

지역사회관심개발모형은 개인과 집단들을 협상현장에 끌어들일 수 있다는 장점이 있다. 그러나 다음과 같은 한계점과 문제점을 가지고 있다(Hardina, 2013).

첫째, 지역사회의 변화를 위해 지역에 있는 모든 사람이나 집단, 조직 간의 합의나 협력을 끌어내기 용이하지 않다는 점이다. 즉, 지역사회의 가진 자와 가지지 않은 자, 또는 관련 집단들의 광범위한 합의와 참여를 이끌어 내는 데 한계가 있다.

둘째, 지역사회의 모든 참가자가 성, 계급, 인종, 능력, 나이 등과 관련하여 집단들 사이의 공통관은 나를 찾는 과정은 쉽지 않은 일일 것이다. 즉, 개별 주민이나 집단, 조직들의 독특성이나 상이성이 고려되지 않을 수 있다.

셋째, 힘이 있는 정책결정자들이 협상을 거부할 수 있는 권력구조의 문제이다. 즉, 지역사회의 변화를 정책결정자와 권력집단들은 합의와 협상의 과정에서 일시적으로, 또는 효율적으로 협상이나 제휴전략보다는 권력구조나 한계로 인해 거부당하거나 방해를 받을 수 있다.

2) 사회계획모형(Social Planning Model)

현대도시형태를 가지고 있는 지역사회에서는 주거, 빈곤, 보건, 범죄, 교육, 교통 등 수많은 사회문제를 안고 있고, 선의의 경쟁으로 이해관계에 있는 집단들이 서로 실용주의적인 입장에서 문제를 해결해 가는 것으로 가정한다. 따라서, "무엇을 할 것인가(what to do)."의 의미로 최적의 대안을 찾는 것이다. 개인적 측면에서는 자신의 행동을 통하여 보다 훌륭하고 뛰어난 성과를 얻기 위해, 기업적 측면에서는 기업활동을 통하여 실적을 향상하기 위해, 지혜 또는 지혜를 활용한 창조행위를 기획이라 볼 수 있다.

『마르크스, 뒤르켐, 베버』
(2012년 출판)

모리슨(Kenneth Morrison)의 저서 『마르크스, 뒤르켐, 베버: 현대사회사상의 형성(Marx, Durkheim, Weber: Formations of modern social thought, 2012)』에 따르면, 사회계획모형은 지역주민이나 지역의 욕구를 해결하기 위해서 정책의 수정이나 변경, 그리고 개선을 통하여 지역사회문제를 해결해 나가는 실천모형으로 정의될 수 있고, 지역사회관심개발모형보다는 실천영역에서 일반적으로 더 많이 사용되는 모형이다.

사회계획모형은 지역사회 내에서 문제 확인, 욕구사정, 평가 등 다양한 과업들을 수행하고 지역사회가 당면한 사회문제를 해결하는 실천모형으로 알려져 있다. 사회계획모형에서 지역주민의 역할은 서비스의 소비자나 고객으로 인식되며, 정책이나 의사결정 과정에는 참여시키지 않는다. 따라서, 지역사회계획모형은 다음과 같은 특징을 가지고 있다.

첫째, 사회문제의 해결에 있어서는 전문가에 의한 합리적인 계획수립과 기술적인 과정을 통하여 통제된 변화를 강조한다. 즉, 기획가의 역할을 중요하게 생각한다.

둘째, 사회문제의 해결에 있어서 과정보다는 과업중심적인 목표에 역점을 둔다.

셋째, 사회문제의 해결을 위해 전문가의 조사와 분석을 통해 실행 가능한 대안을 마련하고, 합리적이고 과학적으로 대안을 제시하고 실행하는 데 역점을 둔다.

넷째, 위로부터인 하향식 접근방식이다.

다섯째, 지역사회관심개발모형과 같이 지역사회의 문제해결을 위해 주민의 역량강화에 중점을 두고 있지는 않다. 또한 사회행동모형과 같이 사회변혁을 추구하지도 않는다.

사회계획모형의 전략은 지역사회 문제의 "진상을 파악하여 논리적인 조치를 강구하자."라는 의미를 담고 있다. 따라서, 기획가에 의한 과학적인 자료수집과 합리적인 대안제시가 필요하다. 그리고 전술은 전문가의 분석으로 지역갈등 및 합의점을 도출하기 위해 사실을 정확하게 파악하고 분석하는 기술을 주요 기법으로 활용하는 것이다. 지역사회의 기획가는 다양한 정보를 선택하고 가공하고 조립을 하여야 한다. 이러한 행위를 하기 위해서는 5W1H 기획의 설정이 요구된다. 그 내용은 다음과 같다.

첫째, [What] 무엇을 위한 기획인가?

둘째, [Who] 누가, 누구를 위한 기획인가?

셋째, [When] 언제부터, 언제까지인가?

넷째, [Where] 장소는 어디인가?

다섯째, [Why] 왜 이 기획이 필요한가?

여섯째, [How] 기획을 어떻게 실천할 것인가?

이러한 전술과 전략을 행사하기 위해서 기획가는 지역사회 진단, 조사기술, 타 지역사회에 대한 정보의 확보와 평가를 할 수 있는 전문가여야 한다. 기획가는 협의회, 기관 이사회, 시당국 담당자, 시의회, 실천가를 후원하는 조직 및 고용기관을 적절히 활용하여야 한다. 대상의 범위는 지역주민 전체, 또는 빈곤층, 정신장애인, 노년층, 청소년 비행 등 특정 대상층이 되어야 한다.

사회계획모형은 공식적인 관료조직을 변화매개체로 중요하게 인식하고 있다. 그러나 지역사회문제를 해결하는 과정에 있어서 정치적인 영향력은 고려하지 못하는 한계가 있다. 그리고 소수의 기획가가 무제한적인 자원과 시간을 가지고 있다. 또한 기획가가 이성적이며 가장 합리적인 판단의 결정자라 볼 수 없다. 실천현장에서의 사회복지사는 전문가로서 지역사회실천의 과정을 주도해 나가고, 욕구가 있는 지역사회주민들에게 재화와 서비스를 제공함으로써 지역사회주민들은 수급자의 역할에 머무르게 된다는 한계와 문제점이 존재한다.

3) 사회행동모형(Social Action Model)

『지역사회 조직 및 개발』
(2007년 출판)

사회행동모형은 지역사회의 억압받고 소외된 주민들이 사회정의와 정치적 공평성의 입장에서 사회적·정치적·경제적으로 보다 나은 처우를 받을 수 있도록 해 주는 활동을 말한다.

루빈과 루빈(Herbert J. Rubin and Irene Sharp Rubin)은 그들의 저서 『지역사회 조직 및 개발(Community Organizing and Development, 2007)』에서, 지역주민의 욕구를 무시하는 정책결정자들에게 대항하며, 불공평한 결정과 불평등한 조건을 변화시키기 위해서 개인의 역량을 강화시키는 노력들이라고 정의하고 있다. 또한 지역사회의 문제를 정의하고, 문제의 범위를 확인하고, 이러한 문제에 영향을 줄 수 있는 사람을 표적으로 선택하여 변화를 유도하며, 최종적으로 이슈화하여 직접적인 압력행동을 취하는 것이다. 따라서, 지역사회에서 박탈당하고 희생당하고 있는 소외계층의 복지증진과 혜택을 주기 위해 지역사회에 있는 기존 제도나 계급적 힘의 관계에 대항하여 결정구조 및 힘이나 자원의 분배구조, 공식적 조직구조 등에 근본적인 변화를 추구하는 것이다.

사회행동모형의 특징은 힘의 균형상태를 유지함으로써 의사결정구조에서 배제되었던 소외된 지역주민을 미래에 결정자의 역할을 담당하도록 하는 것이다. 사회행동모형은 다음과 같은 특징이 있다.

첫째, 지역사회에는 권력과 자원, 힘 등의 불평등한 관계가 존재하고 있다고 가정하는 갈등론적 입장을 가지고 있다.

둘째, 지역사회 내에서 사회적으로 배제되고 억압받는 집단을 조직화하는 것을 강조한다.

셋째, 지역사회 내에서 부당한 처우를 받는 집단이 집합적인 대항을 통해 공정한 자원 재분배를 요구할 필요가 있다.

넷째, 지역사회 내에서 이해관계에 있는 문제가 있는 경우, 논의와 합의를 통해 결정하기 어려운 문제를 해결하는 데 적합하다.

다섯째, 아래로부터인 상향식 접근방식이다.

여섯째, 사회복지사는 행동을 이끌어 내는 조직가, 억압받는 집단의 권리를 옹호하는 옹호자이다. 즉, 사회복지사들은 조직가로서 역할을 담당하게 되며, 직접행동을 취할 수 있도록 조직화하는 데 있으며, 사회적 약자를 지지하고 옹호하는 활동을 수행하게 된다.

그러므로 사회행동모형은 지역사회의 문제해결이나 대응시간이 부족할 경우에 사용할 수 있기 때문에 집단적 동질성이 강한 경우, 유리하게 사용할 수 있는 모형이다.

사회행동모형의 기본적인 변화전략은 "우리들의 억압자를 물리치기 위해 규합하고 체계를 변화시키자."로 이해될 수 있다. 따라서, 조직화가 무엇보다 중요하며, 지역조직화 행동이 기본 전략이라고 할 수 있다. 조직화는 사회적 힘을 찾는 행위로 함께 결집하는 행위이다. 결국 지역주민을 조직화하여 문제를 해결한다는 의미에서 구체적인 전략은 조직적 대항전략이 중심이 된다.

사회행동모형은 1차적으로 과업목표나 과정목표도 활용한다. 여기서 과업은 공공기관의 정책변경이며, 과정은 집단성원의 정치적 영향력 증대라고 할 수 있다. 이에 변화시켜야 할 문제점과 목표를 정확히 파악하여 합법적인 표적을 대상으로 문제를 해결해 나감을 의미한다. 지역사회의 문제해결을 위한 사회행동모형의 전술과 기법은 정면대결과 직접적인 실력행사이다. 구체적인 방법으로 항의, 시위, 보이콧, 파업, 피케팅 등 비교적 다수의 대중을 규합할 수 있는 능력이 요청된다. 이러한 표출행위의 예로, 여성운동, 소비자운동, 노동조합운동, 빈민운동, 환경운동, 복지권운동 등이 있다.

『거시적 사회복지실천』
(2022년 출판)

네팅(F. Ellen Netting)의 저서 『거시적 사회복지실천(*Social work macro practice*, 2022)』에 따르면, 사회행동모형은 저항을 중요하게 생각하는 데, 집단들이 참여하는 데 주저할 수 있다. 너무 많은 에너지를 필요로 하고 시간 소모적이며 과업에 치중하여 과정을 등한시하고 있다. 그리고 조직이나 집단을 양극화시키고, 파괴적일 수 있으며, 극단적인 전략과 전술은 참여하는 지역주민들을 위험한 상황에 처하게 만들 수 있다. 또한 수단의 불법성을 일으킬 수 있으며, 윤리적 논쟁을 불러일으킬 수 있다. 더불어 표적물이 반드시 극복되어야 하기 때문에 상대를 비방할 수 있다는 한계와 문제점이 있다.

3. 테일러와 로버츠의 모형

테일러와 로버츠는 그들이 편집한 『지역사회복지의 이론과 실제(*Theory and Practice of Community Social Work*, 2013)』에서, 로스만의 기본 세 가지 모형을 중심으로 두 가지 모형을 추가하여 다섯 가지 모형을 제시하고 있다. 즉, 지역사회복지실천 모형은 실천방법의 각 변인, 대안적 전략, 의사결정의 영향 정도 등에 있어 후원자와 클라이언트의 결정권한에 따라 각 모형을 구분하여 설명하고 있다. 그 내용은 다음과 같다.

『지역사회복지 이론과 실제』
(2013년 출판)

1) 프로그램 개발 및 조정 모형

프로그램 개발 및 조정 모형(program development and coordination model)은 지역사회복지의 모체인 인보관운동과 자선조직협회운동에 근거하고 있으며, 지역사회의 변화를 효과적이고 효율적으로 유도하기 위해 프로그램을 개발하고 조정해 나가는 모형이다. 따라서, 지역사회의 욕구를 파악하고, 문제해결 방법을 사정하며, 문제해결을 위해 지역사회자원을 활용하는 활동을 중심으로 구성된다. 이 모형에서 개발 및 조정은 클라이언트의 직접적 참여를 허용하기보다 기본적으로 지역사회서비스 기관, 자원제공자, 정치적 의사결정자와 같은 후원자가 전적으로 결정권한을 가지는 특징을 갖는다.

이 모형은 주로 공공기관, 지리적 지역사회를 대상으로 서비스를 제공하는 민간기관, 기능적 지역사회, 기관협의회 등에서 수행되는 실천에 초점을 두는데, 대표 조직으로는 각 지역의 사회복지협의회 및 지역공동모금회 등이 있다.

2) 계획모형

계획모형(planning model)은 로스만의 초기 사회계획모형을 인간지향적 측면을 강조하도록 수정한 것으로, 합리적 기획모형에 기초한 조사전략 및 기술을 강조하며, 특히 기획에 있어 사람들과의 상호 교류적 노력을 강조하고 옹호적이며 진보적인 정치적 접근을 포함한다. 따라서, 계획모형에 따라 실천해야 하는 사회복지사의 다양한 기술을 강조하는 데, 이는 과정지향적 기술인 조직과정의 관리, 영향력의 발휘, 대인관계 등을 강조할 뿐 아니라, 과업지향 적인 기술적 측면의 설계 및 실행의 필요성을 주장한다.

3) 지역사회연계모형

지역사회연계모형(community liaison model)은 로스만 모형에 포함되어 있지 않은 것으로, 사회복지기관의 일선 직원이나 행정가들에 의해 수행되는 기능 을 중심으로 하며, 개별적 문제와 지역사회문제의 연계를 통해 지역사회문제 를 해결해 나가는 모형이다. 이 모형에서 지역사회실천은 사회복지기관의 일 차적 책임인 직접서비스 전달에 대한 이차적 기능으로 보고 있다.

이 모형은 기본적으로 사회복지기관의 다양한 구성원(행정가, 사회복지사, 이 사회, 자원봉사자 등)이 클라이언트의 문제해결을 위해 필요한 연계활동을 통해 접근해 나가는 방식을 중심내용으로 하며, 사회복지기관이 전개하던 기존 일 반적 활동에 지역사회복지실천의 의미를 부여하고 있다.

사회복지기관의 행정가들은 지역사회관계, 지지활동, 환경개선, 조직 간의 관계 등과 같은 역할을 수행하는 데 반해, 일선 사회복지사들은 클라이언트의 옹호, 욕구사정, 프로그램 등의 역할을 수행한다. 따라서, 행정가 및 일선 사 회복지사들은 모두 소비자 집단과 함께 일하며, 표적집단의 욕구충족을 위한 프로그램의 적용 등에 관한 지역사회실천기술을 필요로 한다.

4) 지역사회관심개발모형

지역사회관심개발모형(community development model)은 지역사회의 자체적 역량을 개발하여 지역사회문제를 스스로 해결할 수 있도록 지지하고 지원하 며, 지역사회구성원과 지역사회를 성장하게 하는 것에 초점을 두고 있다. 이 모형은 조력, 리더십 개발, 자조, 상호부조, 지역성에 바탕을 둔 지역사회 연 구 및 문제해결을 강조한다. 특히, 지역사회복지실천가는 지역주민이 지역문 제의 해결과정에 참여하고 관여하도록 하며, 지역주민에게 교육을 통해 지역

사회가 자력적으로 문제를 해결할 수 있도록 하는 역할을 하는 데, 이때 조직
가(organizer)의 역할보다 주로 조력자(enabler)의 역할을 담당한다.

5) 정치적 권력강화모형

정치적 권력강화모형(political empowerment model)은 로스만의 사회행동모
형과 유사한 것으로서 갈등이론과 다원주의 사회에 있어서 다양한 이익집단
의 경쟁원리에 기초하고 있으며, 의도된 시민참여에 의한 정치적 권력강화에
초점을 둔다. 이 모형의 중요한 목적은 사회체계 및 사회제도에서 시민의 참
여를 보장하고 극대화함으로써, 민주주의의 확장을 도모하고, 새로운 조직개
발을 통해 참여를 촉진시키는 데 있다. 이때 전문가들은 교육자, 자원개발가,
운동가로서의 역할을 한다.

테일러와 로버츠의 지역사회복지실천모형은 <표 8-2>와 같다.

〈표 8-2〉 테일러와 로버츠의 지역사회복지실천모형

실천 모형	후원자와 대상자의 결정권한 정도
프로그램 개발 및 조정 모형	후원자가 100% 결정 권한
계획모형	후원자가 87.5%(7/8)의 결정 권한
지역사회연계모형	후원자와 대상자가 각각 1/2의 결정 권한
지역사회관심개발모형	대상자가 87.5%(7/8)의 결정 권한
정치적 권력강화모형	대상자가 100% 결정권한

자료: Taylor & Roberts(2013).

4. 웨일과 갬블의 실천모형

웨일과 갬블은 로스만의 모형 및 테일러와 로버츠의 모형을 기초로 여덟
가지 지역사회복지실천의 모형을 제시했다. 웨일과 갬블은 여덟 가지 모형에
따라 목표, 변화의 표적체계, 일차적 구성원, 관심영역, 그리고 사회복지사의
역할 등 다섯 가지로 분류하였으며, 여덟 가지 모형은 조직화(지리적 지역사회조

직모형, 기능적 지역사회조직모형), 개발(지역사회의 사회·경제적 개발모형), 계획(사회
계획모형, 프로그램 개발 및 지역사회연계 모형), 그리고 사회변화(정치·사회행동 모형,
연합모형, 사회운동모형) 등 기능 중심으로 재분류하였다. 이러한 여덟 가지 모형
은 다각화되고 있는 지역사회복지실천현장에서 새로운 욕구에 부합되는 실천
방법이라는 점에서 의미를 둘 수 있다. 여덟 가지 각각의 모형에 대해서 살펴
보면 다음과 같다(Weil & Gamble, 1995).

1) 지리적 지역사회조직모형

지리적 지역사회조직모형(neighborhood and community organizing model)은
지리적으로 가까운 지역사회의 조직화에 초점을 둔 모형이다. 또한 지역사회
주민의 삶의 질 개선을 위해 조직화를 통한 구성원의 역량을 개발하고 지역
계획과 외부개발에 의한 직접적 영향과 변화를 강조하는 모형이다. 즉, 지역
사회주민이 조직활동에 참가하면 조직하는 기술, 문제분석, 계획, 그리고 리
더십 등이 발전하게 된다. 이는 지역사회주민의 능력이 개발되고 조직활동을
통해 지역사회의 계획과 외부개발에 영향을 미쳐 구체적 사업이 성취된다는
것이다.

이 모형의 변화를 위한 표적체계는 지방정부, 개발계획을 추진하는 기업인
인 외부개발자, 그리고 지역사회주민을 들 수 있으며, 관심영역은 지역사회주
민의 삶의 질 향상에 있다. 이때 사회복지사는 조직가로서 조직이나 집단을
만들기 위해 주민과 함께 일하며, 조직과정과 조직화의 기술개발에 도움을 주
고, 촉진자로서 조직 내의 리더십을 형성하고 발전을 촉진하는 역할을 하고,
그리고 조직구성원 충원 전략, 조사 및 분석기법 교육, 행동을 위한 전략계획
수립을 위한 교육자 및 촉진자 역할을 수행한다.

2) 기능적 지역사회조직모형

기능적 지역사회조직모형(functional community organizing model)은 지리적
지역사회조직보다는 특정 이해관계를 기초로 한 집단의 권익을 추구하는 기

능적인 면에 초점을 둔 모형이다. 이 모형의 목표는 특정 이해집단이 선택한 이슈의 정책, 행동 그리고 태도의 옹호나 변화에 있다. 변화를 위한 표적체계는 지역사회의 삶과 관련된 사회제도 형성에 영향을 주는 일반대중이 될 수도 있고, 정책을 결정하고 집행하는 정부기관 등이 될 수도 있다. 또한 일차적 구성원은 생각이나 특성이 같은 사람으로 구성된 동호인을 들 수 있다. 이들의 관심영역은 선택한 이슈와 대상 집단을 옹호하는 것에 있다.

이 모형에서 사회복지사는 조직원의 충원, 문제의 정의, 옹호전략 및 전술 등을 결정하는 조직가 및 촉진자 역할을 수행해야 한다. 또한 이해관계로 인해 전국적으로 조직될 수 있으므로 구성원에게 다양한 정보를 제공하는 정보전달자 역할도 수행해야 한다.

3) 지역사회의 사회적·경제적 개발 모형

지역사회의 사회적·경제적 개발 모형(community social and economic development model)은 지역사회의 저소득층 및 불이익계층의 관점에서 개발계획을 수립하고, 이들을 위한 사회적·경제적 투자에 활용역량을 제고한 모형이다. 이 모형의 일차적 구성원은 지역사회의 저소득층, 주변계층, 그리고 불이익계층 등이 있을 수 있다. 또한 변화를 위한 표적체계는 은행, 재단, 외부개발자, 그리고 지역사회주민 등이 있다.

이 모형의 관심영역은 소득 및 자원에 사회적 지원망을 구성해 주고, 가난의 대물림을 방지하기 위한 기본 교육 증진과 리더십 향상에 있다. 사회복지사의 역할은 개발계획의 목표달성 촉진, 지역사회의 욕구사정 조사활동, 조직을 구성하고 교육시키는 계획 및 관리, 그리고 표적체계와의 협상 등을 할 수 있는 능력을 갖추는 것이다.

4) 사회계획모형

사회계획모형(social planning model)은 로스만의 사회계획모형과 유사한 개념으로, 객관적이고 합리적인 의사결정을 통해 문제의 우선순위를 정하고 자원의 활용과 배분에 있어서 효율성을 강조한 모형이다. 이 모형은 선출된 기관, 서비스기관의 협의체, 그리고 계획협의체 등에서 이루어진다. 이러한 협의체는 전문가의 지식 및 기술, 객관적 자료와 자료분석 등을 기초로 해서 합리적으로 지역사회문제를 해결하고자 한다. 즉, 사회복지서비스와 사회정책 개발, 확장, 그리고 조정을 통해서 실천하게 된다.

이 모형의 변화를 위한 표적체계는 지역사회 지도자의 관점, 서비스 지도자의 관점이 되고, 일차적 구성원은 선출직 공무원, 사회기관의 책임자, 기관 상호 간의 조직 또는 기관 간의 조합 등으로 이루어진다. 이들의 관심영역은 지역사회계획에 사회적 욕구를 통합시키며, 인간서비스의 관계망을 계획하고 조정하는 데 있다. 이 모형에서 사회복지사는 욕구조사, 욕구사정, 평가, 조정, 그리고 제안서 개발 및 분석 등을 하게 되는 조사자, 제안자, 정보전달자, 그리고 관리자로서의 역할을 수행한다.

5) 프로그램 개발 및 지역사회연계 모형

프로그램 개발 및 지역사회연계 모형(program development and community liaison model)은 지역사회의 새로운 욕구에 대처하기 위하여 서비스를 향상시키거나 새로운 서비스를 계획하고 실천하는 모형이다. 이 모형은 지역사회서비스의 효과성을 증진시키기 위해 기관 프로그램의 확대나 프로그램의 방향 전환도 목표가 될 수 있다. 즉, 지역사회의 새로운 욕구에 맞춰 보다 나은 서비스를 실행하고, 새로운 서비스 프로그램을 계획하여 실행하면서 욕구를 보다 효과적으로 충족시키는 것이 목적이다. 이러한 모형에서 목적을 달성하기 위하여 잠재적 대상자인 시민과 기관 프로그램 실무자와의 상호작용이 중요하다. 즉, 지역사회의 문제해결을 위한 프로그램을 기획하고 실행하는 과정에서 시민의 참여기회를 확대하고, 기관실무자 및 지역사회 지도자의 참여를 강화해야 한다.

이 모형의 변화를 위한 표적체계는 기관 프로그램의 재정적 후원자, 기관의 서비스 수혜자, 그리고 자원봉사자 등을 들 수 있다. 또한 이 모형의 일차적 구성원은 프로그램의 확대 및 방향전환에 관여한 기관위원회 및 행정가, 지역사회의 대표자를 들 수 있고, 관심영역은 특정 대상자나 지역사회를 위한 서비스 개발에 있다. 이때 사회복지사는 대변자, 계획가, 관리자, 그리고 제안자 등의 역할을 수행한다.

6) 정치·사회 행동 모형

정치·사회 행동 모형(political and social action model)은 로스만의 사회행동모형과 테일러와 로버츠의 정치적 권력강화모형과 유사하다. 이 모형은 지역사회에서 기회를 제한하는 불평등을 극복하고, 욕구를 무시하는 의사결정자에게 대항하고, 불공정한 조건을 변화시키려는 기술을 개발함으로써 주민의 권한을 부여하는 모형이다. 이 모형의 목표는 정책 또는 정책결정자의 변화에 초점을 맞춰 사회정의를 위한 활동이라고 할 수 있으며, 특히 저소득집단의 불이익을 받지 않도록 정부당국의 조치를 변화시키는 데 초점을 둔다. 이러한 모형의 관심영역은 권력을 이동시켜 초기 의사결정과정에서 배제된 주민이 미래의 의사결정에 참여하여 중요한 역할을 수행하고, 참여민주주의를 강화하여 사회정의를 실현하기 위한 제도의 변화에 있다.

이 모형의 변화를 위한 표적체계는 선거권자, 선출된 공무원, 그리고 잠재적 참여자 등이 될 수 있고, 지역사회주민의 건강과 생존을 위협하는 환경오염 등과 같은 지역사회에 해를 끼치는 활동에 참여한 기업이나 정부당국이 될 수도 있다. 이 모형의 일차적 구성원은 정치적 권한이 있는 주민이나 특정 사안에 책임이 있는 주민이 되며, 관심영역은 정치적 권력을 형성하는 것이고, 사회정의를 위한 제도의 변화에 있다.

이 모형에서 사회복지사의 역할은 조직가로서 내부적으로 집단과정의 의사결정 기술능력 배양에 관여하고, 옹호자의 역할을 수행하고, 외부적으로 직접적 행동기술, 대중과 언론관계, 심층적 조사에 초점을 두는 조사자 및 조정자의 역할을 수행한다.

7) 연합모형

연합모형(coalitions model)은 지역사회를 기반으로 존재하는 각 기관이 함께 힘을 모아 지역사회가 처한 문제에 대해 집합적으로 대처하여 사회변화를 만들어 가는 모형이다. 이 모형의 목표는 분산된 집단 및 조직을 집합적 복합조직으로 형성하여 프로그램 방향이나 자원을 확보할 수 있는 권력기반의 형성에 있다. 따라서, 이 모형은 지역사회가 당면하고 있는 문제해결이 한 집단의 노력보다 지역사회의 여러 집단 간의 장기적 협력관계가 필요할 때 선택될 수 있다.

이 모형의 변화를 위한 표적체계는 선출직 공무원, 서비스 프로그램의 신설과 확대에 자원을 제공하는 재단, 그리고 정부제도 등으로 일차적 구성원은 지역사회 특정 문제에 이해관계가 있는 조직과 주민이다. 또한 이 모형의 관심영역은 사회적 욕구와 연합의 집단과 조직이 지지하는 특정 이슈에 있다. 이때 사회복지사의 역할은 집단 및 조직의 연합을 만들고 유지하기 위한 중개자 및 협상가의 활동을 하고 또한 대변인의 역할을 수행한다.

8) 사회운동모형

사회운동모형(social movements model)은 지역사회의 특정 대상 집단이나 사회적 현안문제 등에 새로운 패러다임을 제공하여 사회정의활동을 추구하는 모형이다. 대표적인 사회운동은 민주화운동 및 시민운동을 들 수 있다. 이 모형의 변화를 위한 표적체계는 일반대중과 정치제도를 들 수 있고, 일차적 구성원은 새로운 비전과 사회구조를 창출할 수 있는 조직 또는 지도자이다. 이 모형의 사회복지사는 직업적 윤리 및 가치에 부합되는 사회운동에 동참할 수 있는 촉진자 및 옹호자의 역할을 수행한다.

웨일과 갬블의 지역사회복지 실천모형은 <표 8-3>과 같다.

〈표 8-3〉 웨일과 갬블의 지역사회복지 실천모형

구분	목표	변화를 위한 표적체계	일차적 구성원	관심영역	사회복지사의 역할
지리적 지역사회 조직 모형	-조직화를 위한 구성원의 역량 개발 -지역계획과 외부 개발에 의한 직접 영향과 변화	-지방정부 -외부개발자 -지역사회주민	-지역사회주민	-지역사회주민의 삶의 질	-조직가 -촉진자 -교육자
기능적 지역사회 조직 모형	-사회정의에 의한 행동변화와 옹호 -서비스제공	-일반대중 -정부기관	-같은 생각 또는 특성이 같은 자 -동호인	-특정이슈나 대상 집단 옹호	-조직가 -정보전달자 -촉진자
지역사회의 사회·경제적 개발 모형	-지역사회주민 관점에 입각한 개발계획 수립 -사회·경제적 투자에 대한 주민의 활용 역량 제고	-은행 -재단 -외부개발자 -지역사회주민	-지역사회의 저소득계층 -주변계층 -불이익계층	-소득, 자원, 사회적 지원 개발 -기본교육증진과 리더십 향상	-촉진자 -협상가 -교육자 -계획가 -관리자
사회계획 모형	-선출된 기관 또는 서비스 계획 협의회가 행동을 하기 위한 지역사회단위의 계획	-지역사회 지도자의 관점 -서비스지도자의 관점	-선출직 공무원 -사회기관과 기관 간의 조직	-지역사회계획에 사회적 욕구의 통합 -서비스 연계망 조정	-조사자 -제안자 -정보전달자 -관리자
프로그램 개발 및 지역사회 연계 모형	-지역사회 서비스의 효과성을 증진시키기 위한 기관 프로그램의 확대 -방향수정 -서비스조직화	-기관프로그램의 재정후원자 -기관서비스의 수혜자 -자원봉사자	-기관위원회 또는 행정가 -지역사회대표자	-특정대상자를 위한서비스 개발	-대변자 -계획가 -관리자 -제안자
정치·사회적 행동 모형	-정책 또는 정책 결정자의 변화에 초점을 둔 사회 정의를 위한 행동	-선거권자 -선출된 공무원 -잠재적 참여자	-정치적 권한이 있는 주민	-정치적 권력 형성 -제도의 변화	-조직가 -옹호자 -조사자 -조정자

연합모형	-프로그램의 방향 또는 자원을 확보할 수 있는 복합 조직을 통한 권력기반형성	-선출된 공무원 -재단 -정부기관	-특정 이슈에 이해관계가 있는 조직과 주민	-사회적 욕구와 관련된 특정이슈	-중개자 -협상가 -대변인
사회운동 모형	-특정 대상집단이나 이슈에 대해 새로운 패러다임을 제공하는 사회정의 활동	-일반대중 -정치제도	-새로운 비전과 사회구조를 창출할 수 있는 조직 또는 지도자	-사회정의	-촉진자 -옹호자

5. 포플의 실천모형

『지역사회복지분석』
(2015년 출판)

포플의 저서 『지역사회복지분석(*Analysing community work: Theory And Practice*, 2015)』에 따르면, 영국의 지역사회복지실천은 보호(care)와 행동(action)의 관점에서 서로 연속성을 갖고 있다. 포플은 여덟 가지 실천모형을 제시하면서 각각의 모형은 기법이나 기술적인 면에서 서로 중복될 수 있으며, 상이한 전통과 이데올로기를 반영하고 있다고 보았다. 그 내용은 다음과 같다(Popple, 2015).

1) 지역사회보호모형

지역사회보호모형(community care model)은 지역사회의 노인, 장애인, 그리고 아동 등 사회적 약자의 복지증진을 위한 사회관계망과 자발적 서비스를 증진하는 모형이다. 이 모형은 복지욕구를 충족시키기 위해 자조개념을 개발하고 향상시키는 데 초점이 있다. 이 모형에서 사회복지사는 자원봉사활동을 주도하고, 지역사회주민 스스로가 관계망을 넓히고 보호할 수 있도록 조직하는 조직가 및 격려자의 역할을 수행한다.

2) 지역사회조직모형

지역사회조직모형(community organization model)은 지역사회 내의 다른 복지기관들과 상호 협력을 증진시키는 수단으로 사용되는 모형이다. 이 모형은 복지기관 간의 상호 협력 및 조정으로 중복서비스를 방지하고 자원의 부재현상을 극복하여 복지서비스 전달의 효과성과 효율성을 높일 수 있다. 이 모형은 서비스 중심으로 수행되고 있으며 복지기관이 개발한 서비스를 지속시키고 관리하며, 정부의 재정보조를 유도하는 데 도움이 된다. 이 모형에서 사회복지사는 조직가, 촉매자, 그리고 관리자의 역할을 수행한다.

3) 지역사회관심개발모형

지역사회관심개발모형(community development model)은 지역사회구성원의 삶의 질을 향상시키기 위한 기술습득과 신뢰를 형성하도록 집단을 원조하는 모형이다. 이 모형은 지역사회주민의 적극적 참여를 유도하여 교육을 통해 자조개념을 증진시켜 지역사회의 독자성을 반영할 수 있다. 이 모형에서 사회복지사는 조력자, 촉진자, 그리고 지역사회활동가의 역할을 수행한다.

4) 사회지역계획모형

사회지역계획모형(social community planning model)은 지역사회개발모형과 유사하지만, 사회적 상황 및 사회정책과 사회복지기관의 서비스 분석, 주요 목표 및 우선순위 결정, 서비스 프로그램의 기획과 자원의 동원, 그리고 서비스와 프로그램의 실행 및 평가 등에 중점을 두는 모형이다. 이 모형에서 사회복지사는 조력자, 촉진자의 역할을 수행한다.

5) 지역사회교육모형

지역사회교육모형(community education model)은 교육과 지역사회 간의 관계를 보다 밀접하고 동등한 관계에서 방향설정을 모색하는 모형이다. 이 모형은 비판적 사고와 토론을 통해 강압적 조건이나 상황을 변화시키는 행동양식을 고취하는 데 중점을 둔다. 특히, 교육과정은 지역사회구성원의 경험, 문화, 그리고 가치 등의 타당성을 제공하는 것이 바람직하다. 이 모형에서 사회복지사는 교육자, 촉진자의 역할을 수행한다.

6) 지역사회행동모형

지역사회행동모형(community action model)은 지역사회의 계급 및 갈등에 대해서 직접적 행동을 활용하는 모형이다. 이 모형은 권력이 없는 집단이 자신들의 효과성을 증대시킬 수 있으며, 특정 이슈에 대한 권력권자와의 협상을 위해 직접행동을 선호한다. 이 모형에서 사회복지사는 행동가의 역할을 수행한다.

7) 여권주의적 지역사회사업모형

여권주의적 지역사회사업모형(feminist community work model)은 여성 불평등의 사회적 요인에 대한 집합적 대응을 통해 여성의 복지를 향상시키는 모형이다. 이 모형은 지역사회복지실천에 대한 페미니즘(feminism)의 적용이라는 특징을 갖고 있다. 이 모형에서 사회복지사는 행동가, 조력자, 그리고 촉진자의 역할을 수행한다.

8) 인종차별철폐 지역사회사업 모형

인종차별철폐 지역사회사업 모형(black and anti-racist community work model)은 지역사회복지실현에 있어서 인종차별에 저항하거나 소수인종의 권리보호를 위해 상호 원조하고 조직화하는 모형이다. 이 모형은 교육, 주택, 건강, 그리고 고용 등의 전반적 영역에서 차별을 시정하는 데 역점을 두고 있다. 또한 이 모형은 캠페인, 자조집단형성, 직접행동, 그리고 보충적 급여 제공 등 다양한 방식으로 전개된다. 이 모형에서 사회복지사는 행동가, 자원봉사자의 역할을 수행한다.

포플의 지역사회복지실천모형은 <표 8−4>와 같다.

〈표 8-4〉 포플의 지역사회복지실천모형

실천 모형	주요 전략	사회복지사의 역할
지역사회보호모형	• 사회적 관계망과 자발적 서비스 증진 • 복지욕구를 충족시키기 위해 자조개념을 개발하고 향상시키는 데 집중	• 자원봉사자 • 조직가 • 격려자
지역사회조직모형	• 지역사회 내의 다른 복지기관과 상호 협력 증진	• 조직자 • 촉매자 • 관리자
지역사회관심개발 모형	• 삶의 질을 향상시키기 위한 기술습득과 신뢰를 형성하는 데 집단을 원조 • 적극적 참여	• 조력자, 촉진자 • 지역사회활동가
사회지역계획모형	• 사회적 상황의 분석, 목표와 우선순위의 결정, 서비스 및 프로그램의 실행 및 평가	• 조력자 • 촉진자
지역사회교육모형	• 교육과 지역사회 간의 긴밀하고 동등한 관계에서 방향설정 유도	• 교육자 • 촉진자
지역사회행동모형	• 지역사회의 계급 및 갈등에 대해서 직접적 행동 활용	• 행동가
여권주의적 지역사회사업모형	• 여성복지향상에 힘씀. • 성 불평등 해소를 위한 집단적 행동 유도	• 행동가 • 조력자, 촉진자
인종차별철폐 지역사회사업모형	• 소수인종의 욕구충족을 위한 집단조직 및 활동 강화 • 인종주의에 대한 도전	• 행동가 • 자원봉사자

자료: Popple(1996).

6. 실천모형의 선택

지역사회에서 지역사회복지실천의 과정을 수행할 때, 다양한 모형이 지역사회의 상황이나 특성에 맞게 선택 및 사용되고, 이를 통해 지역사회와 주민의 삶의 질이 개선될 수 있도록 하는 것이 중요하다. 따라서, 어떠한 모형을 현장에 맞게 어떻게 선택하는가는 중요한 사항이다. 일반적으로 실천모형의 선택에서 고려할 사항은 다음과 같다(김현호 외, 2020: 125).

① 지역사회구성원의 욕구와 문화적 가치
② 지역사회복지실천가나 사회복지사가 선호하는 이론적 배경

③ 지역사회복지실천가나 사회복지사 자신의 인성 및 성장배경

④ 지역사회복지실천상의 특정한 문제점이나 특수한 상황

⑤ 지역사회복지실천 전략수립상의 윤리적·사회적 가치가 가져올 사회적 파장

지역사회문제, 지역사회의 욕구와 문화적 가치, 실천가로서 사회복지사의 이론적 관점과 성향, 전략과 전술상의 윤리적 기준 등이 지역사회복지실천모형의 선택에 중요한 요소라고 할 수 있는데, 그 내용은 다음과 같다(Hardina, 2013).

① 기본 전제는 개인과 지역사회의 임파워먼트이다.

② 지역사회복지실천가는 개입대상지역 고유의 장점, 기술, 가치 그리고 역량을 충분히 인식해야 한다.

③ 다양한 문화적 집단이 혼재하는 지역사회에 개입할 경우, 지역사회복지실천가는 각 문화집단의 특성을 파악하여 상호 교류를 최대한 이끌어낼 수 있는 전략을 개발해야 한다.

④ 기본 실천목표는 지역사회 내 취약계층이나 소외계층에게 지원되어야할 지원들이 분배될 수 있도록 하는 것임을 인식해야 한다.

⑤ 지역사회복지실천가는 지역사회 내 다양한 유형의 억압이 존재한다는점을 인식해야 한다.

⑥ 지역사회 의사결정 및 지역사회복지실천과정(문제결정, 욕구조사, 목표수립, 실행 및 평가)의 모든 단계에 최대한 다양한 계층의 참여를 이끌어 낼 수있는 의사결정구조 개발이 필수적이다.

⑦ 전문가, 준전문가, 일반 지역사회주민 등 3자의 평등적 참여가 가능한의사결정 구조가 개발되어야 한다.

⑧ 지역사회복지실천가는 다양한 지역사회 내 이익집단 간의 욕구와 선호를 조정할 수 있는 협상기술을 충분히 습득해야 한다.

⑨ 지역사회복지실천가는 지역사회복지실천의 전략과 전술개발, 선택과 관련된 윤리적 문제에 확고한 자세를 취할 수 있는 이론적 틀이 분명해야 한다.

⑩ 지역사회복지실천은 다양한 접근이 고려되어야 하며, 한 가지 옳은 결정만 존재한다는 편견은 버려야 한다.

1. 실천모델에 관한 설명으로 옳지 않은 것은?

　① 사회행동모델은 불이익을 받거나 권리가 박탈당한 사람의 이익을 옹호한다.
　② 지역사회개발모델은 지역사회나 문제의 아노미 또는 쇠퇴된 상황을 전제한다.
　③ 사회계획모델은 주택이나 정신건강 등의 이슈를 명확히 하고 권력구조에 대항한다.
　④ 기능적 지역사회조직모델은 발달장애아동의 부모 모임과 같이 공통 이슈를 지닌
　　　집단의 이해관계를 기반으로 한다.
　⑤ 연합모델의 표적체계는 선출직 공무원이나 재단 및 정부당국이 될 수 있다.

2. 로스만의 사회행동모형에 관한 설명으로 옳은 것은?

　① 사회복지사는 안내자와 촉진자로 활동한다.
　② 이슈를 구체화시키고 조치가 가능하도록 주민을 동원하여 변화를 모색한다.
　③ 변화를 위한 전술로 합의를 활용한다.
　④ 클라이언트는 수혜자, 소비자로 간주한다.
　⑤ 지역사회복지실천의 목표는 주민의 역량강화이다.

3. 지역사회복지실천모형의 이론적 발달에 관한 설명으로 옳은 것은?

　① 미시적 접근과 분리되어 발전한다.
　② 실천모형 간 혼합을 고려하지 않는다.
　③ 지역사회복지실천모형이 세부화되어가는 경향이 있다.
　④ 미국의 경우 지역사회보호모형이 중요하게 언급되고 있다.
　⑤ 지역사회복지실천모형을 유형화하려는 시도는 1960년대 영국을 중심으로 한다.

4. 지역사회복지실천에 있어 과정목표에 해당하는 것은?

　① 사회서비스의 제공　　　　② 사회적 일자리
　③ 지역사회 불량주택의 개선　④ 창출대처능력의 고양
　⑤ 학교급식조례 제정

정답 1. ③　2. ②　3. ③　4. ④

지역사회복지와 사회복지사의 역할

개요

지역사회복지실천을 위해 사회복지사가 수행하는 역할은 사업유형에 따라 다양하게 나타나며, 한 유형 안에서도 구체적인 사업성격이나 진행과정에 따라 여러 가지로 규정된다. 지역사회복지실천을 위한 전문사회복지사는 기본적으로 그 지역사회에 대한 지식과 정보를 바탕으로 해당 지역사회와 지역주민들을 이해하고자 노력해야 한다. 여기에서는 지역사회복지와 사회복지사의 역할을 학습하고자 한다.

학습목표

1. 사회복지사의 일반적인 역할
2. 지역사회복지와 사회복지사의 관계
3. 사례연구

학습내용

1. 지역사회관심개발모형에서의 역할
2. 사회계획모형에서의 역할
3. 사회행동모형에서의 역할

지역사회복지와 사회복지사의 역할

지역사회복지실천을 위해 사회복지사가 수행하는 역할은 사업유형에 따라 다양하게 나타나며, 한 유형 안에서도 구체적인 사업성격이나 진행과정에 따라 여러 가지로 규정된다. 그러나 각 모형 간의 역할은 서로 배타적이라고 할 수 없고, 강조하는 바가 다르다는 점에 유의해야 한다(염일열 외, 2022: 139).

지역사회복지실천을 위한 전문사회복지사는 기본적으로 그 지역사회에 대한 지식과 정보를 바탕으로 해당 지역사회와 지역주민들을 이해하고자 노력해야 한다. 이렇게 함으로써 지역사회의 복지증진과 문제해결을 위한 전문가로서의 준비를 하게 된다. 무엇보다 이러한 전문사회복지사는 지역사회복지의 실천모형에 따라 강조되는 역할이 조금씩 상이한데, 이는 여러 가지 사회적 조건에 의해서 영향을 받을 수 있기 때문이며, 특히 추진하고자 하는 사업은 목적과 형태, 방향에 따라 요구되는 역할과 내용이 달라지기 때문이다. 그러나 각 모형 간의 역할은 서로 배타적이라고 할 수 없고, 다만 강조하는 바가 다르다는 점에 유의해야 한다(양정하 외, 2021: 149-150).

로스가 주장하는 각 모형별 사회복지사의 역할은 다음과 같다(염일열 외, 2022: 140-148 ; 양정하 외, 2021: 149-161).

1. 지역사회관심개발모형에서의 역할

로스(Ross, 1967)는 지역사회조직사업에 있어서 전문사회복지사(professional worker)는 ① 안내자(guide), ② 조력자(enabler), ③ 전문가(expert), 그리고 ④ 치료자(therapist)로서의 역할을 수행해야 한다고 말하고 있다. 이제 각 역할의 의미와 이 역할에서 사회복지사가 다루는 구체적인 활동을 살펴보기로 한다.

1) 안내자 역할

(1) 일차적 역할(primary role)

지역사회조직사업에 있어서 전문사회복지사의 일차적 역할은 지역사회로 하여금 문제해결에 따른 목표를 설정하고, 이를 해결하는 방도를 강구하도록 도와주는 것이다. 여기에서 사회복지사는 주민들이 여러 가지 요소를 감안해서 올바른 방향으로 목표를 설정하도록 도와주는 것이다. 그러니 문제해결을 위한 방향과 방도를 선택하는 것은 어디까지나 지역사회 자체의 노력이어야 하며, 이 경우 사회복지사는 자기의 목적을 위해 지역사회의 주민을 이용 또는 조종(manipulate)하거나, 조치를 강요(coerce)해서는 안 된다.

사회복지사는 문제를 해결하기 위해서 무엇을, 어떻게 해야 하는지에 대해 자신의 견해(biases)를 가질 수 있다. 즉, 지역사회의 개발을 위해 어떤 사업이 필요하다는 것에 대해 확신을 가질 수 있다. 그러나 사회복지사는 자신의 의견을 강요해서는 안 되며, 자기가 타당하다고 생각하는 사업에 대해서 주민들이 긴요성을 갖도록 자극하고 토의하도록 격려하며, 그 이익을 설명해 줄 수는 있다.

지역사회조직사업에 있어서의 사회복지사는 '케이스워크(case work)'의 치료 과정에서 '케이스워커'가 자신을 의식(self-awareness)하여 통제하는 것처럼, 자신의 편견을 의식하고 통제하며 주민들이 문제해결에 따른 준비(readiness)를 갖도록 해야 한다. 주민들이 자신들의 욕구를 발견하는 과정 자체가 주민들이 문제를 인식하고 해결하는 능력을 점진적으로 개발하는 과정이라는 사실을 깨달아야 하는 것이다.

그러므로 사회복지사는 주민들 스스로 자신들의 불만을 찾아내도록 도와야 하며, 적절한 불만과 이를 해소하는 방향에 대해서 제안을 할 수는 있어도 자기의 의견을 고집해서는 안 된다는 것이다.

(2) 주도능력(initiative)

안내자로서의 역할은 결코 자유방임적인 것은 아니며, 수동적인 자세를 취하는 것도 아니다. 전통적으로 의사는 환자가 도움을 요청할 때 치료에 임하지만, 지역사회조직사업에 있어서의 사회복지사는 도움을 청하지 않은 지역사회에 접근하는 데 있어서 뿐만 아니라, 문제해결의 과정에서 여러 가지 면에서 주도권을 발휘해야 한다.

사회복지사가 당면하게 되는 가장 어려운 점은, 지역사회가 냉담하고 (apathetic), 무질서하고(disorganized), 퇴보적(degenerate)인 경우이다. 즉, 이러한 지역사회는 현상에 만족하고 변화를 원치 않으며, 변화 가능성에 대해 완강히 저항하기도 한다. 이러한 상황에서 사회복지사는 도움을 주거나 긴박감을 자극하고, 현존하는 문제가 주는 '고통(pain)'을 일깨워 주고, 보다 이익이 될 수 있는 대안들을 제시하는 데 있어서 주도적인 역량을 발휘해야 한다.

대부분 지역사회의 욕구불만의 근원을 파헤치고, 불만이나 욕구를 자극하고, 변화를 선동하는 것은 지역사회의 안정을 해친다고 말한다. 물론 이러한 일은 지역사회에 긴장을 낳고 불안을 조성하는 것이 사실이나 주민들이 자기의 처지를 개선하기 위해서는 그러한 '위기'를 경험하지 않을 수 없다. 다시 말해서 이러한 상황에서만이 주민들은 지역사회의 조건을 성찰하게 되고, 이를 개선하기 위한 대안을 찾게 되며, 방안을 실천하기 위해 노력을 하게 될 것이기 때문이다. 따라서, 사회복지사는 불만을 선동하는 데 있어서 주도권을 행사해야 한다. 그러나 선동을 하기 위해서는 지역사회의 문화에 대한 충분한 지식이 있어야 하고, 그들의 잠재능력을 파악해야 하며, 변화 후의 장래가 어떻게 될 것인지에 대해 어느 정도 확신이 있어야 한다. 사회복지사는 잠재해 있을지 모르는 문제를 깨닫도록 자극하고, 이를 겉으로 드러내 보이게 하고,

보다 긍정적인 결과를 얻는 전제조건으로서 부정적인 감정을 표출하게 하는 등에 있어서 주도력을 발휘해야 한다. 그러나 이러한 경우에 있어서도 사회복지사는 자기의 견해만을 주장해서는 안 된다.

사회복지사가 이러한 주도적 역량을 발휘해야 할 필요성은 '문제가 많은' 지역사회에만 해당되는 것은 아니고, '건전한(healthy)' 지역사회에도 필요하다고 할 수 있다. 이러한 점에서 사회복지사는 주도력을 발휘할 수 있다. 다만, 자기의 견해와 방안을 고집하지 않을 뿐 주민들에게 질문하고 의견을 교환하고, 자기의 입장을 설명하고, 새로운 사실을 소개해 주는 등의 활동을 하는 것이다.

(3) 객관적인 입장(objectivity)

사회복지사는 지역사회의 조건에 대해서 객관적인 입장을 취해야 한다. 이는 마치 케이스워커나 정신과 의사가 클라이언트의 증상과 그 원인을 파악해서 치료하는 데 관심을 가질 뿐 그의 행동을 인정하거나 부인하지 않는 것과 마찬가지라고 할 수 있다. 한마디로 사회복지사는 지역사회를 '있는 그대로(as it is)'로 수용해야 한다. 사회복지사는 자기가 마치 우월한 처지에 있는 지역사회나 집단에서 온 것처럼 비판을 가한다거나, 다른 지역사회와 비교를 한다거나, 행동을 함으로써 지역사회의 사기를 저하시켜서는 안 된다. 즉, 사회복지사는 지역사회에 현존하는 무지, 고루한 관습이나 전통, 갈등이나 적대감, 모순된 행위 등을 으레 존재할 수 있는 것으로 받아들여야 하는 것이다.

지역사회조직사업의 초기단계에서 사회복지사는 지역사회의 조건에 대해서 칭찬하거나 비난하는 등의 감정을 표현해서는 안 된다. 이는 지역사회생활에 있어서 민감한 부분을 건드려, 사회복지사 자신의 유용성을 파괴해 버릴지 모르기 때문이다. 그러나 사업을 전개해 가는 과정에서 사회복지사가 지역사회의 성격을 이해하고 주민들을 알게 됨으로써, 그가 수용할 수 없는 점에 대해서 주민들이 토의하여 개선하도록 점차적으로 자극을 주는 것이 필요하다. 그러나 이렇게 하는 데 있어서 적절한 시기(timing)를 찾는 것은 대단히 중요한 일이다. 어떤 문제에 대해서는 오랜 기간 동안 언급할 수 없는 것이 있고, 어떤 문제는 가까운 장래에 토의에 부쳐야만 하는 사안이 있다.

(4) 지역사회와의 동일시(identification)

지역사회조직에 있어서 사회복지사는 언제나 지역사회 전체와 함께해야 하며, 지역사회 내의 일부나 특정 집단과 함께 일해서는 안 된다. 사회복지사가 지역사회에 있는 집단, 특히 그의 입장에 대해 의심을 품거나 그를 거부하려는 집단과 좋은 관계를 맺는 것은 필요하다. 그렇다고 해서 특수계층이나 집단의 이익에 관계되는 편파성을 갖는 것은 금물이다. 예를 들어, 상류계층이나 하류계층의 이익을 옹호한다거나, 좌파 또는 우파에 편승한다거나, 의료서비스의 사회화를 주장한다거나, 보건 분야의 사영화를 주장하는 등의 편파적인 입장을 취해서는 안 된다.

사회복지사는 자신을 지역사회 전체에 동일시하고 민주적인 토의방식, 지역사회조직사업의 추진회가 합의한 문제나 사업에 동일시해야 한다. 그의 역할은 특정 사업에 대해 찬성과 반대를 하는 것이 아니라, 주민들이 협력적인 결정을 내릴 수 있는 과정들을 찾아내고 활용하는 데 도움을 주는 것이다. 어떠한 경우에 있어서도 사회복지사는 어느 특정 사업이나 집단의 이익을 대표하는 '파당분자(partisan)'가 되어서는 안 된다.

(5) 자기역할의 수용

지역사회조직사업에 있어서 사회복지사는 자기역할을 수용하고 그것에 만족하는 것을 익힐 필요가 있다. 사회복지사는 자기의 행동을 자제할 수 있어야 하고, 자기가 맡은 바를 원만하게 수행할 수 있는 능력을 길러야 하며, 그렇지 못할 때는 자기의 임무를 계속해서는 안 된다.

지역사회와 함께 일하는 과정에서 사회복지사는 자기의 전문적 역할에 반하는 역할을 수행해 주기를 요청받는 경우에 허다하게 직면하게 된다. 즉, 주민들로부터 그들이 해야 할 일에 대해 직접적인 해결책을 제시해 달라는 요청을 받을 수도 있고, 그들이 추진해야 할 사업에 대해서 직접적인 지시를 해 달라는 요청을 받을 수도 있다. 이러한 경우에 사회복지사는 판단을 내려 준 다거나, 어떤 방향으로 행동해야 한다고 지시를 내려서는 안 된다.

사회복지사가 해야 할 일은, 주민들이 스스로 판단을 내릴 수 있도록 자료 를 제시해 준다거나, 다양한 견해를 요약하고 설명해 준다거나, 여러 대안들 이 주는 시사점들을 지적해 준다거나, 경우에 따라서는 과거에 전혀 고려치 않았던 대안에 대해서 검토하도록 제시할 수는 있다. 그러나 특정한 행동노선 을 권고한다거나 강요해서는 안 된다. 사회복지사가 지역사회를 위해 문제해결 방법을 제시해 주는 것은, 주민들이 스스로의 노력에 의해 합의점을 찾아내는 과정에서 성장할 수 있다는 사회사업의 기본 원칙에 위배된다.

당면할 수 있는 경우로서 주민들은, 정부당국의 도움을 얻어내기 위해 대 표단을 구성하고, 사회복지사로 하여금 단장의 역할을 맡아 달라고 요청할 때 가 있다. 이 경우, 사회복지사로서 거절하기는 매우 힘든 일이나, 특별한 경우 가 아니라면 마땅히 거절해야 한다. 다만, 사회복지사는 대표단의 일원이 될 수 있고 준비를 도와줄 수도 있고 그들의 움직임을 여러 가지로 지원해 줄 수 는 있다. 그러나 사회복지사의 주된 기능은 지역사회가 스스로의 책임을 수용 하고 떠맡도록 도와주는 일이어야 한다.

(6) 역할에 대한 설명(interpretation)

사회복지사는 자기역할이 지역사회에 이해되도록 설명해 주어야 하며, 이 를 이해하고 수용하는 데는 상당한 기간이 소요된다. 즉, 사회복지사가 자기 의 역할에 대해서 설명해 주고 임무를 일관성 있게 또 성공적으로 수행해야 만 그의 역할이 충분히 이해될 수 있는 것이다. '대표단의 지도자'를 맡아 달 라는 주민들의 요청이 있을 경우, 사회복지사는 왜 자신이 지도자가 될 수 없 고, 결정을 내려줄 수 없으며, 올바른 행동노선을 제시할 수 없는지를 설명해 주어야 하며, 이러한 결정과 행동에 있어서 주민들 스스로가 책임을 지는 것 이 지역사회를 위해서 중요하다는 것을 설명해 주어야 한다.

2) 조력자 역할

일반적인 의미에서 조력자(enabler)의 역할은, 지역사회조직의 과정을 용이하게 하는 사회복지사의 역할을 말한다. 이 역할은 사회복지사가 처한 상황에 따라 다양하고 복잡하나 다음과 같이 일반화할 수 있다.

(1) 불만을 집약하는 일

사회복지사는 지역사회조건에 대한 불만을 일깨우고 집약함으로써 지역사회를 돕는다. 어떤 사람들은 불만이 내면화되어 표현할 수 없는 경우도 있고, 또 어떤 사람들은 불만을 타인에게 발사해 버리는 경우도 있다. 이러한 경우, 사회복지사는 그들이 불만을 말로 표현할 수 있도록 도와주어야 한다.

일반적으로 불만이 말로 표현될 경우, 외부집단에 대한 적대적인 형식을 취하는 경우가 많다. 이런 경우에 사회복지사는 부정적이고 적대적인 감정을 표출하게 해야 한다. 이는 보다 긍정적인 표출을 위한 전제조건이 될 수 있기 때문이다. 또 어떤 이들은 자기가 안고 있는 문제가 '개인적인 문제'라고 체념해 버리는 경우도 있다. 이러한 경우, 사회복지사는 그들의 문제가 '개인적'인 것이 아니고 '사회적'인 것으로 받아들일 수 있게 도와주어야 한다. 예를 들어, 만일 지역사회에 자기가 일을 할 동안에 자녀를 돌보아 줄 사람이 없어 고민하는 사람이 있다면, 이는 개인적인 문제이지만 이에 해당하는 사람이 20명 정도로 다수일 때에는 지역사회문제로 발전한다.

조력자로서의 역할은 또한 촉매자(catalytic agent)의 역할이라 할 수 있다. 즉, 사회복지사는 여러 집단들의 표출된 불만을 서로 연결시켜 주는 역할을 한다. 예를 들어, "사람들 중에는 이 동네에 어린이들이 안전하게 놀 수 있는 놀이터를 만들었으면 좋겠다고 하는 데, 당신의 생각은 어떠합니까?" 이렇게 하여 점차적으로 주민들의 불만이 집약되면 그들이 이들 문제에 관해 토의할 수 있게 소집시키는 것이다. 촉매자로서 사회복지사는 자기의 계획을 파는 판매원이 아니라, 주민들이 자신을 성찰하고, 지역사회생활에 대한 그들의 깊은 불만을 요구하게 하고, 이것을 해결하기 위해 공동의 노력을 할 수 있도록 도와주어야 한다.

사회복지사는 지역사회가 문제를 쉽게 해결할 수 있으리라는 근거 없는 낙관을 갖게 해서는 안 된다. 이는 케이스워커가 클라이언트에게 "곧 좋아질 터이니 염려하지 말라."는 지지적인 보장(assurance)을 주어서는 안 되는 것과 마찬가지다. 사회복지사는 주민들이 불만을 현실적으로 받아들이도록 해야 하며, 불필요한 약속으로 쉽사리 실망해 버리는 일이 없도록 주의해야 한다.

(2) 조직화를 격려하는 일

조력자로서 사회복지사가 수행해야 할 가장 중요한 과제는, 지역사회의 주민들 대부분이 예리하게 느끼고 있는 불만을 찾아내는 과정을 주도하고 용이하게 하는 것이다. 이를 토대로 사회복지사는 지역사회주민들이 자신들의 불만에 대해 서로 논의하고, 불만의 우선순위를 결정하고, 이를 해결하기 위한 조직을 결성하도록 도움을 주어야 한다.

그러나 모든 것이 잘 준비된 경우라도, 지역사회에 따라 조직을 결성하는 데 상당한 어려움을 겪는 경우가 있다. 개인이나 집단에 따라서는 자신감이 결여될 수도 있고, 다른 사람이나 집단과 관계를 맺는 데 두려움을 갖기도 하고, 새로운 계획이나 조직체가 기존 생활방식을 위협한다고 느낄 수도 있다. 다시 말해서 개인이나 집단은 새로운 상황이 현재보다 훨씬 나을 것이라는 확신이 있어야만 조직체에 참여하려고 한다. 주민들이 조직체에 참여할 준비가 어느 정도 되어 있는가는 사회복지사가 그들과 얼마나 믿음직스러운 관계를 유지하고 있는가와 밀접한 관련이 있다.

사회복지사가 주민들과 함께 조직체를 결성할 준비를 충분히 했고, 믿을 만한 관계를 유지했음에도 참여를 주저하는 사람들에게는 상당한 정도의 보증(reassurance)을 해 줄 필요가 있다. 그러나 조력자로서 사회복지사는 어느 정도의 지지를 주고, 어느 정도의 격려를 하고 어느 정도 불안을 해소해 주어야 하는가에 대해 적절히 판단을 해야 한다.

(3) 좋은 대인관계를 육성하는 일

사회복지사는 주민들이 상호관계를 유지하고 협동적인 일에 참여하는 데 만족감을 갖도록 도와주어야 한다. 이를 위해서 사회복지사는 집단과 지역사회의 모임에 따뜻한 분위기를 조성해야 한다. 그는 주민들에게 친절하고 우호적이어야 하며 '사소한 일'에도 관심을 갖는 사람이어야 한다. 그는 주민들의 모임에 있어서 주민들이 거리낌 없이 토의를 할 수 있도록 회의장의 물리적 · 심리적 조건을 갖추어 줄 뿐만 아니라, 토의가 우호적인 분위기에서 활발히 진행되도록 도움을 주어야 한다.

지역사회조직의 초기단계에서 사회복지사는 주민들 간에 원만한 관계가 수립될 수 있도록 교량적인 역할을 해야 한다. 주민들이 사회복지사를 좋아하고 신뢰해야만 주민들은 모임에 기꺼이 참여하고, 그를 통해서 다른 사람들과 협력적인 관계를 갖게 된다. 사회복지사는 주민들 상호 간에 신뢰와 협동을 조성하는 데 자신을 활용해야 하는 것이다. 이는 바로 케이스워커나 정신과 의사가 클라이언트와 친화관계(rapport)를 형성하여, 클라이언트가 편하게 느끼고 자기의 마음을 털어놓을 수 있게 하는 것과 같다. 사회복지사의 이러한 교량적인 역할은 영속적인 것이 될 수 없고, 사업이 진행됨에 따라 그 책임이 주민들 스스로에게 이양되도록 해야 한다.

사회복지사는 협력적인 활동에 장애가 되는 요인을 제거하는 데 힘을 써야 한다. 즉, 사회복지사는 협력적 노력을 저해하는 집단 간의 긴장과 갈등, 이해관계를 이해하고, 이를 해소하도록 노력해야 한다. 아주 심한 경우, 치료자적 역할(후에 설명됨)을 수행해야 할 수도 있으나, 일반적인 장애요인일 때는 보다 간접적이고, 보다 피상적인 방법으로 해결할 수 있을 것이다. 그 내용은 다음과 같다.

① 공동의 목표나 공동의 가치를 역설하고, 지역사회문제의 성격이 상호 간의 협력이 없이는 해결될 수 없다는 사실을 강조한다.

② 심한 의견의 불일치를 야기하는 쟁점을 명확히 해 줌으로써, 다양한 견해에 대해 모든 사람이 이해할 수 있도록 설명해 줌으로써, 위기상황에

서 객관적이고 침착하게 행동함으로써, 그리고 모든 사람이 합리적이고 최선의 판단을 내리도록 촉구함으로써, 갈등을 해소할 수도 있다.

③ 협력적인 일의 장애요인에 직접적으로 대처할 수도 있다. 예를 들어, 사회복지사는 신경질적이고 독선적인 행동으로 말미암아 어떤 집단이나 개인, 또는 사업 자체에 위협적인 인물을 다루기 위해 그보다 지체가 높은 위치에 있는 사람(high-prestige figure)의 지원을 구할 수도 있고, 다가오는 모임을 위한 공동의 터전을 마련하기 위해 조직체의 문제나 과정, 감정에 관해 개인적으로 만나 상당한 토의를 할 수도 있고, 물러앉아 침묵을 지키는 회원의 참여를 촉구할 수도 있고, 말이 많은 회원에게 접근하여 곧 열릴 모임에서는 타인에게 참여의 기회를 줄 필요가 있다는 것을 설명해 줄 수도 있고, 성급한 사람에게 침착하도록 한다거나 느린 사람에게 활동을 빨리하도록 권고하는 등의 활동을 할 수 있다.

(4) 공동목표를 강조하는 일

사회복지사는 지역사회조직사업의 과정에서 모든 일이 효과적인 계획과 지역사회의 능력(capacity)을 개발한다는 양대 목표에 합치되도록 도움을 주어야 한다.

지역사회조직체는 흔히 특정 과업에 지나치게 몰두하여 사업이 달성하려고 하는 궁극적인 목표를 망각하기 쉽다. 사회복지사는 객관적인 입장을 지키면서 주민들에게 장기적인 목표를 일깨워 주고, 일을 추진하는 시기의 적절성, 일과 인간의 관계, 일의 내용 등에 대해 주민들에게 적절하게 질문을 던짐으로써 관심을 촉구해야 한다. 사회복지사는 전 지역사회, 전체의 사업, 전체의 과정을 항상 의식하고 있어야 하며, 주민들이 궁극적인 목표에서 이탈되지 않도록 관심을 환기시켜야 하는 것이다.

3) 전문가 역할

전문가로서 사회복지사의 역할은, 자기가 권위 있게 말할 수 있는 분야에 있어서 필요한 자료를 제공하고 직접적인 충고를 하는 것이다. 이는 주로 지역사회의 과정을 용이하게 하는 조력자의 역할과 상반되는 것은 아니다. 전문가로서 사회복지사는 지역사회 조직체가 사업을 수행하는 데 필요한 조사자료, 기술상의 경험, 자원에 관한 자료, 방법상의 충고 등을 제공한다. 여기에서는 객관적인 자료를 제공하고 충고를 하여 지역사회가 스스로 지적인 판단을 하게 도와주는 것일 뿐, 지역사회 또는 지역사회조직체가 해야 할 일에 대해서 권고하는 것은 아니라는 사실을 명심해야 한다.

사회복지사가 전문가로서 수행하는 가능은 다음과 같다.

(1) 지역사회진단(community diagnosis)

사회복지사는 지역사회를 분석하고 진단하는 데 있어서 전문가로서의 역할을 수행할 수 있다. 대부분의 지역사회는 자체의 구조와 특성에 대해서 아는 바가 거의 없다. 그래서 지역사회는 사회복지사에게 공동사업을 추진하는 데 심각한 장애요인이 될 수 있으나, 주의를 소홀히 했던 자체의 어떤 특성에 대해서 지적해 주도록 요청할 수도 있으며, 또 사회복지사도 그것을 알 필요가 있는 것이다. 예를 들어, 지역사회 내에 있는 비공식적인 사회조직, 지역사회의 집단을 분리시키는 어떤 세력의 성격, 어떤 종교집단의 특정 의식 등은 지역사회의 협력적인 사업을 위해서 파악될 필요가 있다.

(2) 조사기술(research skill)

사회복지사는 조사방법에 대한 지식과 기술을 활용하여 스스로 지역사회가 필요로 하는 조사를 계획하고 행할 수 있어야 한다. 또 사회복지사는 지역에서 행해지는 조사팀에 일원으로 참가할 수도 있다.

(3) 타 지역사회에 관한 정보

사회복지사는 다른 지역사회에서 행해진 조사, 연구, 그리고 시범사업 등에 관해 알고 있어야 한다. 그리하여 지역사회의 자체 문제해결을 위해 필요한 정보를 제공해 주어야 한다.

(4) 방법에 관한 조언

사회복지사는 지역주민들이 조직을 결성하는 방법과 절차에 대해서 전문가 적 지식을 가져야 한다. 조직과 절차는 일반적으로 지역사회의 관행에 상당한 정도로 영향을 받지만, 사회복지사는 이에 대한 상당한 조언을 줄 수 있다. 예를 들어, 조직의 초기단계에 모든 주요 집단이 참여해야 한다는 점, 또 지역사회에 있는 비공식집단의 지도자를 찾아내는 데는 시간이 요한다는 사실 등을 충고해 줄 수 있다.

(5) 기술상의 정보(technical information)

사회복지사는 기술적인 방안(technical plans)에 관한 참고자료를 숙지해서 필요할 때 제공해 줄 수 있어야 한다. 다시 말하면, 구상 중인 어떤 사업에 관한 자료를 어디서 어떻게 구할 수 있는지를 알아야 한다. 이러한 자료는 도서관, 학교, 보건기관, 토목공사, 농업 분야 등에서 구할 수 있다. 즉, 사회복지사는 정부기관, 민간단체, 국제기관의 자원과 이를 이용하는 방법을 숙지하여 이러한 활용 가능한 자원과 그에 대한 지역사회의 욕구를 연결시켜 줄 수 있어야 하는 것이다.

(6) 평가(evaluation)

사회복지사는 수행되고 있는 사업에 대해 평가를 한다거나, 그 사업의 과정에 대해서 주민들에게 설명해 줄 수 있어야 한다. 사회복지사는 토의의 내용을 객관적으로 이해할 뿐만 아니라, 상호관계의 과정과 이것이 개인과 집단에 미치는 영향에 대해서 알고 있어야 한다. 이러한 것들을 주민들에게 그들의 관계가 손상되지 않도록, 또 상호 간의 이해를 증진시킬 수 있도록 설명해 줄 수 있어야 한다.

4) 사회치료자 역할

사회복지사에 따라서는 지역사회에서 치료자로서의 역할을 수행해야 할 때가 있다. 지역사회에 따라서는 공동의 노력을 심히 저해하는 금기적 사고(taboo ideas)나 전통적인 태도가 있어서 긴장을 조성하고 집단들을 분리시키는 요인으로 작용할 수가 있다. 이러한 경우, 사회복지사는 지역사회수준에서 적절한 진단과 치료를 행해야 한다.

적절한 진단을 하기 위해서 사회복지사는 다음과 같은 내용을 알아야 한다.

① 지역사회 전체 또는 그 일부의 기원과 역사

② 현재의 믿음이나 관습에 관한 사회적 근원과 믿음과 실제와의 관계

③ 지역사회의 권력구조, 지역사회 내의 역할과 역할들 간의 관계 등

사회복지사는 진단을 통해서 규명된 성격과 특성을 주민들에게 제시해서 그들의 이해를 도와주어야 한다. 사회복지사의 치료는 주민들이 그러한 성격을 이해해서 긴장을 해소하게 하고, 협력적인 작업을 방해하는 요인을 제거하도록 도와주는 것이다.

2. 사회계획모형에서의 역할

사회복지사의 역할을 사회계획모형의 측면에서 분석한 대표적인 학자로서는 모리스(R. Morris)와 샌더스(I. T. Sanders)를 들 수 있다.

1) 계획가 : 모리스

모리스는 사회적 서비스를 개선하고 사회문제를 완화시키는 주요 수단은 공공기관의 정책을 고치는 것이며, 이러한 목적을 달성하기 위해서 노력하는

사람을 '계획가(planner)'라고 부르고 있다. 이들에 따르면, 계획가와 그를 고용하는 기관을 구별하는 것은 어려운 일인데, 흔히 그들의 관심, 동기, 그리고 수단이 기관의 것이기 때문이다(Morris, 1966).

계획가는 자기의 모든 결정과 조치의 지침이 되는 '목표(preference goal)'를 선택하기 위해 인과관계에 관한 그의 지식을 활용한다. 즉, 계획가는 자신이 원하는 방향으로 변화를 이루어내고 그의 노력을 효율적으로 전개하기 위해서 목적을 성취하는 데 있어서의 자기의 영향력과 그가 변화시키려고 하는 정책을 가진 기관의 저항 간의 관계를 분석하고 계측하는 것이다. 이에 대한 계측을 하기 위해서 계획가는 대상기관 내에 있는 '지배세력(dominant faction)'의 주요 관심사가 무엇인가를 찾아낸다. 지배세력집단을 찾아낸 다음에는 이들에게 영향력이 행사될 수 있는 '방법(pathways)'을 검토하게 되는데, 그 내용은 다음과 같다.

① 책무(obligation)
② 친분관계(friendship)
③ 합리적인 설득(rational persuasion)
④ 견해를 사게 하는 것(selling)
⑤ 압력(coercion)
⑥ 유인(inducement)

계획가는 자기가 영향력을 발휘할 수 있는 자원(source) 중에서 주어진 상황에 가장 적절한 것을 선택하게 되는데, 그러한 자원에는 다음과 같은 것이 있다.

① 돈과 신용(money and credit)
② 정력(personal energy)
③ 전문성(professional expertise)
④ 인기(popularity)
⑤ 사회적 · 정치적 기반(standing)

⑥ 정보의 통제(control of information)

⑦ 합법성과 적법성(legitimacy and legality)

계획가는 자기가 당면하고 있는 문제에 대한 분석을 토대로 해서 이 같은 자기의 영향력을 앞에 열거한 방도에 맞게 활용하려고 한다. 만약에 이 두 가지가 잘 맞지 않으면 목표나 대상기관을 바꾸거나 자기가 사용하는 자원을 늘리는 방법 중에 하나를 택하게 된다.

그러므로 모리스의 계획가를 중심으로 한 사회계획전략은, 특히 도시지역사회에서 주민들에게 보다 나은 서비스를 제공하기 위해 정부기관을 상대로 하는 전문사회복지기관에서 활용할 수 있는 이상적인 전략이다.

2) 전문가 : 샌더스

샌더스(Sanders, 1969)는 도시지역사회에서 사회복지전문가가 '계획된 변화(planned change)'를 성취하기 위해 수행하는 역할을 분석가(analyst), 계획가(planner), 조직가(organizer), 행정가(program administrator)로 구분하고 있다.

(1) 분석가로서의 역할

사회복지사가 계획된 변화를 이루기 위해서는 사실발견과 분석을 그 전문적인 활동에 있어서 전제조건으로 삼아야 한다. 적절한 자료를 토대로 하지 않은 일체의 계획은 성공적인 결과를 얻을 가능성이 적기 때문이다. 따라서, 전문계획단의 일원으로 활동하게 되는 사회복지사는 조사를 토대로 한 분석가의 역할을 수행해야 한다. 사회복지사가 조사해야 하는 영역으로서는 다음의 네 가지를 들 수 있다.

① 사회문제와 영향을 미치는 요인들에 관한 조사

사회문제와 원인에 관한 조사는 많은 사회과학자들의 관심영역이다. 그러나 사회문제조사에 있어서 사회복지사가 다른 사회과학자들과 다른 점은, 사회문제를 클라이언트의 측면에서 분석하려고 한다는 점과, 객관적·분석적 접근보다는 개선적(ameliorative) 접근을 시도한다는 것이다. 다시 말해서 사회복지사는 인간의 복지를 향상시키기 위한 목적에서 사회문제에 관한 조사를 한다는 점이다. 물론 사회과학자들도 인간의 복지에 관심을 갖지만, 이것을 조사의 직접적인 목적으로 삼기보다는 그들이 분석한 자료를 다른 응용분야에서 활용하기를 기대하고 조사를 수행한다고 할 수 있다. 샌더스에 따르면, 전문사회사업 교육과 계획기관에서의 직무훈련은 지역사회문제를 연구할 때 냉철하게 분석적이면서도, 개선방안을 강구할 때는 따뜻하게 열성적인 역할로 전환할 수 있는 그러한 전문가를 만들어 내야 한다.

② 사회변화를 위한 프로그램 과정에 관한 분석

여기에서는 무엇을 개선할 것이냐 하는 내용보다는 어떻게 변화를 가져올 것이냐 하는 과정에 역점을 둔다. 이러한 과정분석은 특수하고 지역적인 수준에서, 또는 일반적이고 이론적인 수준에서 수행될 수 있다. 지역적인 차원에서 분석가는 프로그램을 통해서 혜택을 받을 클라이언트 집단과 이러한 대상집단을 효과적으로 다룰 수 있는 중개자(intermediaries)나 변화매개자(change agents)가 누구인가를 찾아내는 것이다. 또 일반적·이론적 차원에서 분석가는 계획된 사회변화의 일반적인 특성을 찾아내어 주어진 프로그램에 그것의 타당성을 시험하는 것이다.

③ 계획수립 과정에 대한 분석

여기에서는 문제를 해결하기 위한 발상이 어디에서 비롯되었고, 어떠한 과정을 거쳐 결정에 이르게 되는가를 분석하는 것이다.

④ 유도된 변화에 대한 평가

이는 프로그램의 성과에 대해서 평가하는 것을 말한다. 효과적인 평가를 위해서는 기초조사(benchmark survey)를 하고, 이를 근거로 프로그램이 목표를 달성하는 데 어느 정도 기여했는가를 평가하는 것이다.

(2) 계획가로서의 역할

계획을 수립하는 데는 기술적인 면, 예컨대 공간적·재정적·인사적·법적· 건축적 측면이 고려되어야 하지만, 그보다는 철학적인 측면이 중시되어야 한 다. 계획을 수립하는 데 있어서 사회복지사가 고려해야 할 철학(planning philosophy)으로 다음 네 가지를 지적할 수 있다.

① 사업계획에는 일반적으로 이에 참여하는 사람들의 철학이 반영되기 마 련이다. 계획에 따라서는 인간적인 면을 무시하고, 물리적이고 물질적 인 면을 강조하는 경우를 종종 볼 수 있다. 예를 들어, 놀이터나 레크리 에이션 센터를 계획하는 경우에 재정적인 면을 지나치게 강조하는 나머 지 결국 이러한 시설을 이용할 사람들을 생각하지 않는 경우가 그러하 다. 어떤 종류의 사업을 계획하든 간에 사회복지사는 인간적인 측면에 관심을 두어야 하는 것이다.

② 모든 사업계획은 목표를 설정해야 한다. 이러한 목표는 장차 사업의 추 진에 있어서의 성패를 평가하는 근거가 된다. 사업에 따라서는 정치적 인 목표나 경제적인 목표를 추구하는 것도 있고, 또 어떤 사업은 정치 적·경제적 의미를 지니지만, 궁극적으로 인도주의적이고 복지적인 목 표를 추구하기도 한다. 어떠한 동기에서 사업이 착수되든 간에 사회복 지사는 복지를 증진시키기 위한 목표를 강조해야 하는 것이다.

③ 계획철학은 목표를 성취하기 위한 수단에도 반영된다. 예를 들어, 사업 지역에서 주민들을 철수시켜 재배치를 해야 할 경우, 어떠한 조치를 취 할 것인가, 예컨대 보건서비스에서 교육과 계몽에 어느 정도 역점을 둘 것인가, 경찰력이나 사법권의 개입을 어느 정도로 요청할 것인가 등에 대해 사회복지사는 개인과 가정의 복지가 최대한으로 보호될 수 있는 조치를 강구해야 한다.

④ 계획철학은 계획에 관한 행정에 있어서 어느 정도로 중앙집권적 또는 분권적 결정에 의존할 것이냐 하는 데도 반영된다. 국가와 사회에 따라 서는 강력한 중앙집권적 행정을 펴기도 하고, 지방분권적인 행정을 강

조하기도 한다. 그러나 국가적인 계획에 있어서 목표와 한계는 중앙정
부가 설정한다 하더라도, 지방차원의 주도권과 책임을 허용하는 것이
바람직한 것이다.

(3) 조직가로서의 역할

조직가로서의 사회복지사의 역할은 계획의 수립과 실천 과정에 지역사회에
있는 행동체계를 적절히 참여시키는 것이다. 지역사회 내에 있는 집단이나 단
체들을 계획의 수립과 추진에 참여시키기 위해서 사회복지사는 그들이 해야
할 역할을 분명히 해 주고, 그들이 그러한 역할을 효과적으로 수행할 수 있도
록 훈련을 시켜야 한다. 특히, 중요한 것은 주민들의 참여의식을 고취시켜 지
역사회가 수립된 계획을 '제도화(institutionalize)'하여 스스로 추진해 나갈 수
있게 사기와 능력을 북돋아 주는 것이다.

(4) 행정가로서의 역할

행정가로서의 역할은 계획을 수립하고, 지역사회가 이를 수용하게 하는 과
정에서도 발휘될 수 있으나, 여기서 말하는 행정가의 역할은 프로그램이 실제
로 운영되고, 주민들이 이것에 대해 알고 반응을 보이는 단계에서 발휘되는
것이다. 다시 말해서 계획이 추진되는 자체보다는 이 계획을 수행하기 위해
마련된 프로그램이나 기관의 운영에 주로 관심을 갖는 것이다. 행정가는 프로
그램이 계획에서 설정한 목표를 효과적이고 효율적으로 달성하게 하기 위해
서 모든 인적·물적 자원을 적절히 관리해야 한다. 예를 들어, 인사문제, 사무
실, 물자공급과 수송문제에 관심을 가질 뿐만 아니라, 지역사회 내의 다른 공
공·민간 사조직과 계약을 체결하거나 홍보를 하는 등의 역할을 수행해야 하
는 것이다.

행정가로서 특히 유의해야 할 점은, 프로그램을 운영하는 규칙과 절차를
적용함에 있어서 항상 그것이 달성하고자 하는 목표를 유념해야 하고, 지나치
게 형식적인 면을 강조하지 말고 융통성을 발휘해야 한다. 프로그램을 실제로

운영하게 되면, 계획 당시에 예상치 못했던 여러 가지 행정적인 문제가 발생할 수 있다. 따라서, 행정가는 이에 능동적으로 대처할 수 있는 통찰력과 기술이 있어야 한다.

3. 사회행동모형에서의 역할

그로서(C. F. Grosser)는 사회행동에 있어서 사회복지사의 역할을 조력자, 중개자, 옹호자, 행동가로, 또한 그로스만(L. Grossman)은 조직가로 구분하여 설명하고 있다.

1) 그로서의 급진적 주장

이 이론은 지역사회의 자원분배 메커니즘을 변경하여 지역사회의 불우계층의 이익을 증대시키는 것이, 도시 저소득지역의 주민이나 기타 어려운 처지에 놓여 있는 클라이언트 집단(disadvantaged population)의 복지를 위해 일하는 것이 사회복지사의 주된 역할이라는 급진적(radical)인 견해를 말한다(Grosser, 1965). 그로서에 따르면, 종래의 지역사회조직사업에서 사회복지사는 서비스의 수혜자(recipients)의 입장보다는 서비스를 제공하는 기관(providers)의 입장에 서서 일하는 경향이 있음을 비판하고, 진정으로 불우계층의 복지를 증진시키기 위해서는 클라이언트의 편에 서서 활동을 전개하는 것이 사회복지사의 역할이어야 한다.

사회복지사의 역할을 설명하기 위해서는 그가 참여하는 사업의 성격을 이해할 필요가 있다. 다양한 이해가 혼합되어 있는 도시저소득지역에서 개발사업의 목표는 지역사회주민(저소득계층, 소수집단 및 빈민지역 거주자)을 지역사회의 정책결정 과정에 참여시키는 것이며, 이들이 자기의 문제와 이를 해결하기 위한 목표를 스스로 결정하게 함으로써 무관심과 소외를 극복하고 지역사회의 자원을 재조정하는 것이어야 한다.

그로서에 따르면, 지역사회의 조건에 영향을 주는 자원(부, 지식, 사회적 지위,

공무원에 대한 접근 등)이 불평등하게 배분되어 있다. 따라서, 도시빈민의 이익을 증진시키기 위해서는 두 가지 주요 전략이 필요하다. 그 하나는 정부기관에 의해서 제공되는 물자와 서비스를 보다 많이 얻어내기 위해 힘쓸 뿐만 아니라, 이들 서비스의 제공에 따른 불공평을 제거하도록 압력을 가하는 것이고, 다른 하나는 첫 번째 전략을 성취하기 위한 수단으로서 '계도적으로 무관심하고 무기력하게 사회화되어 버린' 주민들을 자극하고 조직화하고, 그들의 집단행동을 위한 적절한 공격목표와 전술이 무엇인가를 교육하는 것이다.

이때 사회복지사의 역할은 이러한 전략목표를 달성하기 위해 주민들을 돕는 것이다. 사회복지사의 역할로는 조력자(enabler), 중개자(brokers), 옹호자(advocate), 행동가(activist)의 역할을 지적하고 있다.

(1) 조력자

조력자의 역할은 지역사회주민이 자체의 욕구분석을 토대로 스스로 선정하여 추진한 사업이 외부로부터 부과된 사업보다 가치가 있고 지속성이 있기 때문에, 사회복지사는 이를 가능하게 도와주어야 한다는 것이다. 그러나 그로서의 주장에 따르면, 조력자로서의 역할은 제한된 가치를 지닌 소극적인 것이다. 그래서 매개자로서의 역할이 빈민과 함께 또 그들을 위해서 일하는 데는 특히 중요하다.

(2) 중개자

윌렌스키와 르보(Harold L. Wilensky & Charles N. Lebeaux)는 1958년 그들의 저서 『산업사회와 사회복지(*Industrial Society and Social Welfare*)』에서, 중개자 역할의 필요성을 사회사업에 처음으로 소개하였다. 그들에 따르면, 사회사업에 있어서 중개적 기능(liaison function)이란, 주민들을 그들이 필요로 하는 지역사회자원에 접할 수 있게 자원의 소재를 밝혀 주는 데에 사회사업활동의 대부분을 할애하는 것이다(Wilensky & Lebeaux, 1965). 즉, 중개자

『산업사회와 사회복지』
(1958년 출판)

로서 사회복지사는 주민들이 필요로 하는 자원이 어디에 있다는 것을 가르쳐 줌으로써 이에 접근할 수 있게 해 주는 것이다. 이는 지역사회관심개발모형에서 주민들이 스스로 자원의 소재를 파악하도록 도와주는 전문가의 역할보다는 훨씬 적극적인 개입이라는 데에 주목할 필요가 있다. 그로서는 이와 같은 중개자의 역할을 '집단적인 중개(collective brokerage)'의 차원으로 확대하고 있는데, 이는 사회복지사가 단독적인 개입보다는 전 주민계급에 영향을 주는 행정과 정책의 변화를 추구하는 것을 말한다.

(3) 옹호자

그로서는 자원의 소재를 알려주는 정도의 중개자의 역할은 불충분한 것 (insufficiently directive)으로 보고, 보다 적극적인 옹호자의 역할이 불가피하다고 주장하고 있다. 그에 따르면, 옹호자의 역할은 사법계에서 사용되는 개념을 빌려 온 것으로, 사회복지사는 필요한 정보를 끌어내고 주민들 입장의 정당성을 주장하며, 기관의 입장에 도전할 목적으로 지도력과 자원을 제공해야한다. 이러한 결과로, 사회복지사는 사회적 갈등에 있어서 '파당분자(partisan)'가 되며, 그의 전문적인 역량을 오로지 클라이언트의 이익을 위해서 사용한다. 그래서 조력자로서의 중립적인 입장(impartiality)과 중개자로서의 기능주의적 입장은 존재하지 않는 것이다.

(4) 행동가

갈등적인 상황에서의 이와 같은 편파적인 입장은 사회복지사에게 중립적이거나 수동적인 자세를 거부하는 '행동가'의 역할을 수행하게 할 수밖에 없다. 전통적으로 문제를 가진 클라이언트에게 의사를 찾게 하고, 적십자사에 성금을 내게 하고, 학교의 사친회를 지원하도록 권고하던 사회복지사의 중립적인 입장의 허구성을 지적하면서 그로서는 다음과 같은 과격한 주장을 편다.

"왜 가스공급을 제대로 받지 못하는 공영주택의 임대주민들이 월세금의 납부를 거부하도록 권고하지 않는가? 왜 학교에 불만을 갖는 학부모들이 학교의 지원을 거부하도록 권고하지 않는가? 왜 당연한 혜택을 받지 못하는 주민들이 정부의 잘못을 시정하게 하기 위한 수단으로 법적인 가두시위를 하도록 권고하지 않는가?"

2) 그로스만의 행동조직가

그로스만은 미국의 동부와 서부 해안지역에 인접해 있는 도시에서 실시되고 있는 20개의 '사회행동지향적인 사업(social action oriented organizing projects)'에 관해 4개월간에 걸친 탐색조사를 실시하고, 사회복지사의 역할에 대한 흥미 있는 결과를 보고하였다(Grossman, 1969).

사회복지사의 실제적인 역할을 살펴보기 전에 조사에서 발견된 이들 기관들의 공통적인 목표와 목표를 달성하기 위해 설정한 사회행동 프로그램의 주제(issues)에 대해 살펴보기로 한다.

조사대상기관들이 갖고 있는 공통점은 다음과 같다.

① 지역사회의 자조능력을 활성화한다.

② 권력구조로 하여금 기존 업무자세를 버리고, 압력을 가하는 집단(취약계층)의 요구에 보다 잘 부응하는 업무활동을 하도록 하는 사회행동을 강조한다.

③ 이러한 노력을 통해서 지역사회의 취약계층의 영속적 또는 반영속적 권력기반을 구축한다.

이러한 목표를 달성하기 위해 기관들이 실시하고 있는 사회행동 프로그램의 주제로는 다음과 같은 것들이 있다.

① 사회문제적인 주제(민권, 소비자보호가 교육, 고용, 주택, 경찰과의 관계, 공적 부조, 징집 등)

② 개념적인 주제(보다 나은 생활, 인간의 존엄성, 자신의 향락을 추구할 권리, 권력 등)

③ 자조와 관련된 주제(지역사회서비스의 향상, 경제적 자립, 새로운 사회서비스 등)

④ 개별적인 사회행동(기관에 의한 개인이나 집단의 차별·학대)

⑤ 정치적인 주제(선거인 등록과 후보자의 지원)

그로스만은 이러한 주제를 내포하고 있는 프로그램을 성취하기 위한 '조직가'의 과업(역할)을 기술상의 과업과 이데올로기적 성격을 지닌 과업으로 구분했다.

그로스만은 사회행동을 지향하는 기관의 사회복지사들이 실제로 수행하고 있는 과업을 이상과 같이 찾아내고, 기술상의 과업은 거의 모든 사회복지사가 수행하고 있으며, 이데올로기적 성격을 띤 과업은 일부의 과격한 사회복지사들이 수행하고 있다고 지적하고 있다.

그로스만의 '조직가'의 역할을 올바르게 이해하기 위해서는, 사업지역이 이데올로기상의 대립이 첨예화되는 흑인집단거주지역과 가난한 여러 인종집단이 함께 거주하는 지역들이라는 점에 유의해야 한다. 또 이러한 사회복지사들의 과격한 역할이 사회복지 분야에서 아직도 논란의 대상이 되고 있다는 사실도 주목할 필요가 있다.

사회복지사의 역할에 따른 분류는 <표 9-1>과 같다.

〈표 9-1〉 사회복지사의 역할 분류

지역사회관심개발 모형		사회계획모형		사회행동모형	
로스 (Ross)	리핏 (Lippitt)	모리스와 빈스톡 (Morris & Binstock)	샌더스 (Sanders)	그로서 (Grosser)	그로스만 (Grossman)
안내자 (guide) 조력자 (enabler) 전문가 (expert) 치료자 (therapist)	촉매자 (catalyst) 전문가 (expert) 실천가 (implement er) 조사자 (researcher)	계획가 (planner)	분석가 (analyst) 계획가 (planner) 조직가 (organizer) 행정가 (program administrat or)	조력자 (enabler) 중개자 (broker) 옹호자 (advocate) 행동가 (activist)	행동조직가 (organizer)

자료: 최선희(2023: 309) 재구성.

1. 조직가의 역할과 기술이 바르게 연결되지 않은 것은?

① 교사 - 능력개발　　　　② 옹호자 - 소송제기
③ 연계자 - 모니터링　　　　④ 평가자 - 자금 제공
⑤ 협상가 - 회의 및 회담 진행

2. 다음의 설명에 적합한 사회복지사의 역할은?

개별 클라이언트 차원에서 직접적 개입이나 의회를 통해 클라이언트에게 적합한 자
원과 서비스를 연결하는 역할로서 사례관리의 핵심적 기능을 수행한다.

① 옹호자　　　　② 계획가　　　　③ 촉매자
④ 조력자　　　　⑤ 중개자

3. 다음의 설명은 지역사회개발에서 사회복지사의 어떤 역할인가?

　- 좋은 대인관계를 조성하는 일
　- 공동목표를 격려하는 일
　- 지역사회의 불만을 집약하는 일
　- 문제해결에 따른 목표설정과 해결방법을 강구하는 일

① 조직가의 역할　　　　② 조력자의 역할
③ 안내자의 역할　　　　④ 계획가의 역할
⑤ 분석가의 역할

4. 사회복지사의 역할 중 안내자의 역할이 아닌 것은?

① 일차적 역할　　　　② 주도능력
③ 객관적인 입장　　　　④ 지역사회와의 동일시
⑤ 타인 역할의 수용

정답 1. ④　2. ⑤　3. ②　4. ⑤

지역사회복지실천의 기술

개요

최근 사회복지환경의 변화에 따라 간접적 개입기술은 더욱 그 중요성이 부각되고 있다. 직접적 개입이 주로 말로 이루어지는 치료나 상담, 교육을 의미한다면, 간접적 개입은 그 이외의 포괄적 활동, 즉 클라이언트의 어려움을 경감시키기 위해 클라이언트의 환경 및 사회적 관계망에 개입하는 것을 가리킨다. 여기에서는 지역사회복지실천의 기술을 학습하고자 한다.

학습목표

1. 각 이론 숙지
2. 이론 간 상호 접목
3. 사례연구

학습내용

1. 지역사회조직화
2. 네트워킹
3. 임파워먼트
4. 옹호
5. 동원
6. 사회행동

지역사회복지실천의 기술

지역사회복지실천을 통해 제공되는 서비스의 품질에 영향을 미치는 요인은 제공기관의 비전, 조직, 재정, 지역사회관계 등 다양하지만, 결국 사전에 서비스를 기획한 후, 이용자와 직접 만나며 서비스를 제공하는 사회복지사의 전문성이 가장 중요하다고 할 수 있다. 사회복지서비스의 품질 향상을 위해 서비스 공급체계에서 매우 중요한 위치를 차지하고 있는 사람, 즉 '사회복지사'의 업무 및 전문성을 확보하기 위해서는 사회복지사가 지역사회복지실천에서 요구되는 기술을 습득하는 것이 필요하다.

최근의 사회복지환경의 변화에 따라 간접적 개입기술은 더욱 그 중요성이 부각되고 있다. 간접적 개입이란 직접적 개입과 대비되는 개념이다. 직접적 개입이 주로 말로 이루어지는 치료나 상담, 교육을 의미한다면, 간접적 개입은 그 이외의 포괄적 활동, 즉 클라이언트의 어려움을 경감시키기 위해 클라이언트의 환경 및 사회적 관계망에 개입하는 것을 가리킨다. 즉, 이전의 중앙집권적 서비스공급체계하에서 생활보호를 위한 현금이나 현물 위주의 서비스 전략이 주로 수행되던 상황에서는 실천현장의 자발적 기획역량이 크게 중요하지 않았지만, 최근의 변화들은 지역사회 또는 서비스 이용자의 특성에 따라 특화되고, 개별화된 서비스 공급이 중요하기 때문에 사회복지사는 광범위한 기획(planning)역량과 다전문직 간 협력과 조정을 통한 관리(management)능력이 요청된다(박현식 외, 2021: 142 – 143).

1. 지역사회조직화

1) 지역사회조직화의 개념

『지역사회실천』
(2011년 출판)

하드캐슬(David A. Hardcastle) 등은 그들의 저서 『지역사회실천(*Community Practice: Theories & Skills for Social Workers*, 2011)』에서, 지역사회조직화는 지역사회에 개입하여 지역사회가 안고 있는 각종 문제를 해결하고 지역사회를 변화시키기 위하여 사회복지사는 지역주민이 가지고 있는 힘의 불균형을 바로잡기 위하여 노력하고, 사회적 연계를 강화하며, 지역주민과 지역사회의 역량을 강화하기 위하여 노력한다. 이를 위한 가장 기초적인 활동으로는 ① 조직과 동원, ② 협력과 참여, ③ 혁신과 해방 등이 있다. 힘의 불균형을 바로잡고 지역사회의 연계를 구축하며, 지역주민과 지역사회의 역량을 강화하기 위한 가장 기초적인 단위는 조직이며, 조직으로의 참여와 조직의 역량강화는 곧 지역주민을 포함한 지역사회 전체의 역량강화를 가져다준다.

조직화는 조직을 만드는 과정이며, 지역조직화는 지역사회조직을 만드는 과정이다. 조직은 일시적으로 만들어지는 것이 아니며, 일정 기간의 시간과 노력을 필요로 한다. 조직화는 사회적·경제적 정의를 위한 보다 넓은 투쟁으로 나아가는 것과 지역사회를 건설하는 것을 포함한다. 전통적으로 조직화는 지역주민들이 가지고 있는 이슈나 문제를 뛰어넘고, 공공영역에서 그들의 관심을 새롭게 하며, 그들의 정체성을 확립하기 위하여 지역주민을 동원하는 것을 강조한다(Kingsley, et al., 1997).

조직화는 사람들을 함께 모이도록 하고, 그들의 영감을 고취시키고 함께 일하도록 하는 고난이도의 기술을 필요로 한다. 지역주민은 조직화를 통하여 동원되며, 지역사회 현실에 대한 공감대와 동질성을 확보함으로써 조직은 지역사회의 문제해결을 위한 가장 기초적인 물질적 토대를 구축하게 된다. 지역사회조직화는 지역사회를 단위로 하여 발생하는 주민의 당면문제를 지역사회 스스로가 조직적으로 해결할 수 있도록 지원하는 사회복지의 실천방법이며, 지역사회조직의 기술적 요소는 욕구와 자원 간의 효율적인 조정과 주민·집단 간의 민주적인 협력관계 등을 확립하는 것이다(양정하 외, 2021: 166).

로스(Murray G Ross)는 1955년 그의 저서 『지역사회조직화: 이론, 원칙, 실제(*Community Organization: Theory, Principles, and Practice*)』에서, 지역사회조직 사업은 지역이 자신들이 가지고 있는 해결해야 하는 욕구와 목표를 확인하고, 어떤 욕구와 목표를 먼저 해결할 것인지에 대한 우선순위를 결정하고 해결할 수 있다는 확신과 의지를 발전시킨다. 이 욕구와 목표를 해결하기 위해 지역의 내적·외적 자원을 발견하며, 그것과 관련한 행동들을 취하고, 협동적·협조적 태도와 실천을 발전시키고 확대해 나가는 과정이다(Ross, 1967).

지역사회를 변화시키기 위해 네 가지 방법인 서비스, 옹호, 동원 그리고 조직화를 강조함으로써 조직화를 사회변화를 위한 중요한 방법이 있다. 즉, 사회변화의 과정으로서 조직화는 사회 안에서 힘의 관계에 대한 전진하는 도전을 창조하고 유지한다. 조직화과정을 통해서 사회구성원들은 집합적으로, 그리고 개인적으로 역량이 강화된다. 동원하는 것 또는 결집하는 것은, 사람들이 스스로 자립할 수 있도록 역량을 강화시키는 과정으로 출발한다. 결집을 통해서 힘이 없던 소외된 사람들은 그들의 삶과 지역사회의 조건을 변화시키기 위한 기회가 왔다는 것을 느끼기 시작하고, 자신감을 발견하며, 그들의 목소리를 찾기 시작한다. 옹호는 만약 사회가 고생하고 있는 많은 사람으로 구성되어 있다면, 거기에는 분명히 그들 자신들 때문이 아니라, 사회에 문제가 있다는 전제에서 시작한다. 따라서, 개인뿐만 아니라, 사회도 변화해야 하는 것이다. 하지만 사회복지사의 다양한 형태의 옹호는 사회구성원의 사회 안에서 힘의 관계를 변화시킬 수는 있지만, 동시에 힘이 없는 사람들의 힘을 강화시켜 주지는 않는다. 서비스는 사람들이 사회 안에서 생존하고 발전하기 위해, 그리고 활동하기 위해 기본적으로 필요한 것을 제공하기 위한 시도이다(Kahn, 1995).

지역사회 조직화의 목적은 다음과 같다(양정하 외, 2021: 166-167).

첫째, 지역사회가 그들 자신의 욕구와 자원 간의 조정을 도모하고 유지함으로써 광범위한 문제를 해결한다.

둘째, 주민참여·자기결정·협동 등의 능력을 발전시키고 강화·유지하도록 지원함으로써 그들 자신의 문제를 효과적으로 대처하도록 한다.

셋째, 지역사회·집단 간의 관계와 의사결정 능력의 배분 등에 변화를 일으키는 것이다.

2) 조직화의 원칙

효과적인 조직화를 이루기 위하여 유의할 원칙들은 다음과 같다(염일열 외, 2022: 185-186 ; 양정화 외, 2021: 166-167).

(1) 사적 이익에 대한 관심을 조직화에 활용하라.

사람은 자신의 이익과 무관한 일에는 관심을 보이지 않는다. 그리고 대부분의 조직가들은 사람들의 이러한 형태가 조직화에 걸림돌이 될 것이라고 생각하는 경향이 있다. 사익에 연연하는 사람을 지역사회의 공적인 이익을 추구하는 조직화에 참여시키는 것은 결코 쉬운 일이 아니다. 그러나 생각을 바꾸어 보면 불가능할 것처럼 보이는 사람들을 조직화에 참여시킬 수 있는 길이 열려 있다는 것을 알게 된다. 중요한 것은, 사익의 의미를 조금 더 크게 생각하도록 도와주는 일이다. 즉, 사익추구에 전념하는 사람에게 조직화가 자신의 사익추구와 상충하지 않는다는 점을 인식시킨다면, 이 사람이 조직화에 참여하는 것도 가능해진다. 조직화는 결국 사익과 공익의 공통 영역이 존재한다는 사실을 가르치는 과정이기도 하다. 바꾸어 말하면, 그것은 '나'와 '우리'의 개념을 다시 정립하는 과정이다.

(2) 조직화는 동적인 과정이다.

조직화는 지속적인 관심과 노력을 필요로 하는 동적인 과정이다. 이 과정을 통해 지역주민들은 협력의 필요성과 효과적인 실천에 대해 배우게 된다. 아울러 성장하지 않는 조직은 결국 해체된다는 점도 기억해야 한다. 여기에서 성장이란, 단순한 양적 증가를 의미하지 않는다. 조직의 성장이란, 헌신적이고 활동적인 멤버들이 끊임없이 진입하여 조직에 활력을 불어넣는 현상을 가리킨다.

(3) 갈등과 대결에 익숙해지는 법을 배워야 한다.

조직가들은 사람들을 동원하기 위해서 갈등과 대결 그리고 협상에 익숙해져야 한다. 조직화 과정에서 궁극적으로 이런 문제와 직면하기 때문이다. 지역사회문제가 항상 선의에 의존해서 해결되는 것은 아니다. 오히려 그 반대의 경우가 더 많다. 상당히 많은 문제들이 기득권 세력의 권력과 탐욕에 뿌리를 두고 있다. 특히, 구조적인 문제일수록 갈등과 대결을 내포하고 있다는 사실을 모두 유념해야 한다. 지역사회조직이 이런 상황에 대해 충분한 영향력을 행사하려면, 결국은 승자와 패자가 나뉘는 상황까지 각오해야 하는 것이다.

(4) 쟁점은 명확해야 한다.

지역사회조직화는 쟁점을 중심으로 이루어진다. 따라서, 조직가는 쟁점을 명확하게 재정립할 필요가 있다. 쟁점을 다시 규정할 때는 첫째, 시급한 문제로 표현되어야 한다. 둘째, 쟁점은 문제를 구체적으로 담아야 한다. 여기서 구체적이란 말은 문제와 해결책 모두 적용된다. 셋째, 쟁점은 실현 가능한 것으로 잡아야 한다. 명분에 치우쳐 실현이 어려운 문제에 고민하는 것은, 조직화에 치명적 타격을 입힐 가능성이 있다. 사람들은 이기기 위해 그리고 이익을 얻으려고 조직에 참여한다. 뿐만 아니라, 문제해결에 성공함으로써 지역주민들은 힘이 그들에게도 있음을 피부로 느끼게 된다. 조직가는 이러한 점을 명심해야 한다.

3) 조직화의 단계

조직화의 단계는 준비단계, 계획화 단계, 조직화 단계, 지역활동 및 복지운동 단계, 평가 및 과제전환 단계 등 다섯 단계로 구분한다(염일열 외, 2022: 187-189).

(1) 준비단계

준비단계는 인적·물적 자원 확보와 직원의 역할분담 등 조직화를 위한 준비작업을 하는 단계이다. 이 단계에서는 전담팀(task force)을 구성해서 조직화 사업의 전체적인 밑그림을 그리고, 지역의 범주를 규정하여 해당 지역 내의 인적·물적자원의 탐색활동을 하며, 기관 전체의 관심과 참여를 유도하기 위해 조직화사업을 전체적으로 알 수 있는 기획 작업이 필요하다. 특히, 여기에서는 기관 내외의 자원동원 방법과 계획화 또는 조직화의 전략이 개괄적으로 소개되어야 한다.

(2) 계획화 단계

계획화 단계에서는 주로 지역사회 및 주민 욕구사정, 지역사회 자원사정, 프로그램 개발과 평가계획 등이 이루어진다. 먼저, 지역사회에 대한 사정은 지역의 인구사회학적 특성과 지역사회 내에 이미 구성된 주민조직의 분포와 그 특성에 관한 것이며, 주민욕구에 대한 사정은 지역주민의 일반적인 복지욕구를 파악하는 것과 복지욕구를 보다 구체적으로 조사하기 위한 방식으로 이루어진다. 자원사정은 준비단계에서 탐색해 온 인적·물적 자원에 대해 주요 공공 또는 민간시설과 공·사조직 지도자들을 접촉함으로써 체계적으로 평가 작업을 진행하는 것이며, 프로그램 개발과 평가계획은 조직화의 과정과 과업 목표를 완수하기 위해서 지역사회 자원을 효율적으로 활용해 프로그램이나 서비스를 개발하고 그 성과를 측정하기 위한 계획을 말한다.

(3) 조직화 단계

조직화 단계는 계획화단계에서 설계된 내용을 기초로 해서 모집, 정서강화형 소집단 구성단계, 문제해결형 소집단 구성단계 등이 이루어진다. 먼저, 모집(recruitment)에서는 접촉, 자원봉사자 모집, 홍보 등 다양한 전략을 펼칠 수 있으며, 정서강화형 소집단 구성에서는 지역대표자를 중심으로 한 집단을 구성해 구성원 간의 관계형성, 동기화, 의식화 사업 등을 진행한다. 그리고 문제해결형 소집단에서는 대표자를 포함한 임원을 구성하는 조직구조화, 지역지도자로서 지역사회업무를 추진해 나갈 수 있는 자질과 역량을 갖추도록 하는 교육실시, 체험활동에 참여하게 하는 리더십 교육실시, 그리고 기존 계획에 지역 대표자들의 의견이 충분히 반영될 수 있도록 조정하는 계획수정작업 등이 포함된다.

(4) 지역활동 및 복지운동 단계

지역활동 및 복지운동 단계는 조직화 단계에서의 개입활동을 의미한다. 먼저, 지역활동은 민주적 의사결정을 거치면서 주민들의 합의에 의하여 주민자치적으로 지역사회의 복리향상을 위한 일체의 활동으로 여기에는 주민역량강화, 민주적 합의과정, 주민자치활동 등이 포함된다. 이에 비해, 복지운동은 사회운동의 일환으로 주민 복리의 불합리성을 전체 지역주민에게 알리고 주민들의 힘을 규합해 이를 개선하려는 활동으로, 여기에는 불합리한 제도 개선, 약자에 대한 옹호, 주민계몽활동 등이 포함된다.

(5) 평가 및 과제전환 단계

평가 및 과제전환 단계에서는 지역사회조직화사업에 대한 평가와 사업 종결과 관련한 제반 과정으로, 평가단계는 지역사회조직화사업의 성과를 공론화하기 위해서 양적 및 질적 방법으로 효율성에 대해 객관적이고 체계적으로 평가하는 것을 말한다. 과제전환 단계는 문제해결 및 사업 중단 등 사업의 종료 새로운 과제찾기, 실현 가능성 검토, 새로운 과제 선정 및 기획 등 새로운 사업 전환 그리고 상호 신뢰 속에서 독자적 조직 운영을 유지해 나가는 조직의 역량 강화 등을 포함한다.

2. 네트워킹

1) 네트워킹의 개념

지역사회복지실천에 있어서 네트워킹(networking)은 상호 공유하고 있는 공통의 목적을 성취하고 사회적 변화를 위한 목표들을 이행하기 위하여 개인 및 조직, 기관 간의 상호작용을 통하여 자원을 교환하는 사회적 체계라고 할 수 있다. 이러한 사회적 체계, 즉 네트워크(network)는 기관이나 조직들이 필요한 자원을 교환할 시장을 제공하고, 이를 통하여 자원을 모으게 해 주며, 정치적·기능적인 영역을 조정·합의하고, 참여구성원 간의 갈등을 해결하는 구조와 메커니즘을 제공하는 것이다.

2) 네트워크의 차원

(1) 협력

협력(cooperation)은 서로 독자적으로 분리된 조직이 독립적인 프로그램을 기획하고 실행하고자 할 때 형성되는 형태이다. 정보를 공유하고 협력을 통해 조직의 이익과 불필요한 중복을 피하고자 하는 것이 협력의 목적이며, 이 차원에서 활동의 독창성을 인정하는 것은 기본이다.

협력 차원에서 네트워크의 형태는 손쉬운 정보공유와 역할분담을 통하여 최소한의 상호작용이 이루어진다. 활동의 중심은 협력하는 단체의 어느 한쪽에 있을 수 있다.

(2) 조정

조정(coordination)은 분리된 조직이 불필요한 중복을 피하는 것은 물론, 조직 간 갈등과 낭비를 피하고자 하는 차원이다. 조정 차원에서는 함께 프로그

램을 기획하고 자연스럽게 상호작용하는 상태를 말한다. 조직 간 조정의 목적
은 서비스의 중복을 피하고 전문성의 결합을 통하여 서비스 전달체계의 경제
적인 효율성을 제고함에 있다. 이를 위하여 정기적인 만남이 필요하며, 많은
대화와 기획이 요구된다.

(3) 합작

합작(collaboration)은 분리된 각 조직이 단일한 프로그램이나 서비스에 참여
하여 목적을 가지고 연계하되, 자신의 정체성을 유지하면서 자원을 공유하는
형태를 말한다. 합작을 통하여 각 조직은 자원을 최대로 만들며 서비스의 통
합을 분배하고자 한다.

합작 차원에서의 네트워크의 형태는 공통의 과제에 대하여 참여조직 간 각
각의 조직자치권을 유지하면서 권위와 책임에 있어서 횡적·종적 구조축을 가
지고 특별한 취지와 명백한 결과물을 위하여 함께 일하도록 서약한 독립적
집단이다. 기획과 의사소통에 관한 종합적인 대책이 수립되어 있으며, 운영위
원회·조정위원회가 리더십을 발휘한다. 서로 간의 역할 책임·노력 투여에 관
한 공식적인 합의가 있으며, 최대한의 자원을 형성하기 위한 파트너로서 공동
으로 자금을 구하여 서비스의 통합을 분배한다.

3) 네트워크의 구축 원칙

(1) 네트워크의 주체

지역사회에 있어서 지역사회복지의 네트워크는 기본적으로 다양한 복지 관
련 조직의 참여구조로 이루어진다. 책임성 확보 차원에서 관련 조직을 매개할
수 있는 중심조직 또는 행위자를 선정할 필요가 있다. 복지수요자의 일반적
특성을 고려하여 서비스 공급 조직을 주체로 선정할 필요가 있으며, 이를 통
하여 지역사회 네트워크의 과업을 효과적으로 수행하는 것은 물론 네트워크
참여 조직을 상호 조정·협력하도록 한다.

(2) 네트워크의 대상 및 구성

네트워크의 대상 및 구성은 행정지원 조직과 서비스 제공 조직 및 자원 제공 조직 등을 포괄하는 방향으로 구축되어 복지·보건·노동 영역 등을 활동 구성원으로 참여하도록 한다. 또한 같은 분야의 범위를 초월하여 타 영역으로 확대되어 나가야 한다.

(3) 네트워크의 운영구조

네트워크의 운영구조는 운영위원회와 운영위원회 산하의 실무위원회의 이원화 구조를 가지는 것이 바람직하다. 운영위원회는 참여조직의 대표자로 구성하여 네트워크의 주요 의사결정을 담당하도록 하며, 실무위원회는 각 조직의 중간관리자들로 구성하여 운영위원회의 결정사항을 구체적으로 수행하는 기능을 담당하도록 한다.

실무위원회는 각 기관에서 제공되는 서비스 및 대상자와 관련된 정보를 공유하고, 서비스 제공과 관련된 구체적인 협의와 연계 서비스를 제공하게 된다.

실무위원회는 문제별·대상범주별 전문팀을 두어 서비스 연계에 대한 구체적인 서비스를 제공하기 위하여 담당 지역 또는 인구집단 문제를 사정하고 서비스 계획을 세우며 서비스 제공을 담당하게 한다. 그뿐만 아니라, 대상자의 욕구에 따라 사례관리자를 선정하고, 사례관리자의 서비스 관리에 대하여 슈퍼비전을 제공한다.

(4) 네트워크의 활동내용

지역사회에서 네트워크의 주요 활동은 지역사회의 욕구 파악, 지역사회복지계획의 수립, 지역사회복지의 이슈 분석 등 지역복지의 의제 형성을 통한 사회적 공론화 또는 지역복지정책의 개선과 관련된 활동을 중심으로 지역사회복지의 역량을 강화하는 데 초점을 둔다. 그리고 복지수요에 대한 효과적인 대응으로서 서비스 제공의 연계체제를 확립하여 서비스의 조정, 중복방지, 의뢰 및 프로그램 개발 등의 활동을 수행한다.

네트워크의 구체적 실천과정은 총 8단계로 구성된다. 각 단계별 순서는 [그림 10−1] 같다.

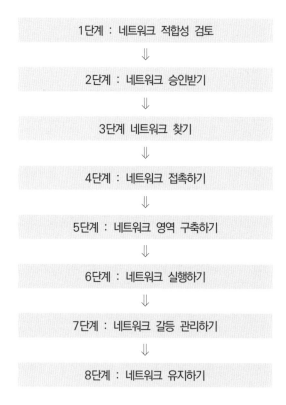

[그림 10-1] 네트워크 실제과정

자료: 엄태영(2021: 164).

3. 임파워먼트(역량강화)

1) 임파워먼트의 개념

임파워먼트(empowerment)는 일반적으로 개인의 삶과 관련된 상황들을 개선시키기 위해 개인적·사회적·경제적·정치적 세력을 이해하고 이를 통제할 수 있는 개인적 능력을 강화하는 것을 말한다. 이 개념을 지역사회 차원에 적용하였을 때, 지역사회 임파워먼트의 의미는 지역사회 내 개인이나 조직들이

각각의 욕구를 충족시키기 위해 자신의 기술과 자원을 공동의 노력으로 이끌
어 낼 수 있는 지역사회가 되는 것을 의미한다(양정하 외, 2021: 174).

임파워먼트의 관점에서 지역사회의 문제는, 지역사회 내부에서 자생적으로
발생한 것이라기보다 사회체계들과 사회적 환경 간 교류의 결과로 발생한 것
이기 때문에 문제의 발생지를 외부적인 것으로 규정하고 있다. 그리고 문제를
해결할 수 있는 힘이 지역사회 내의 자체적 역량, 즉 강점으로부터 이루어질
수 있는 것으로 본다. 특히, 강점을 다양하게 설명하는 데, 개인적 존중감, 문
화적 자부심, 성공적 인간관계, 상호 의존성 등이 모두 문제를 해결하는 데
도움이 되는 강점에 포함된다.

임파워먼트는 지역주민의 잠재력을 개발하고, 이 힘을 토대로 자원을 획득
하도록 도와주는 과정을 의미하는 것으로, 역량강화, 권한부여, 세력화 등으
로 사용되기도 한다. 임파워먼트의 인간체계에 대한 가정을 보면 모든 인간은
수용과 존경을 받아 마땅하다는 입장을 가진다.

임파워먼트는 지역주민이 스스로에 대해 긍정적으로 이해하고 자신들을 둘
러싼 환경의 정치사회적 현실에 대하여 비판적 이해를 위한 지식과 능력을
구축하여 개인적·사회적 목표를 성취하기 위한 자원과 전략 등의 기능적 능
력을 축적하는 것을 말한다. 따라서, 개인과 사회환경 간의 조화로운 관계형
성이 핵심이라고 할 수 있다. 이러한 가정은 지역주민의 잠재능력을 인정하는
것이며, 현재의 문제를 해결할 수 있는 역량을 가지고 있다는 미래지향적이고
긍정적인 가치를 가지고 있음을 보여 준다(김욱진 외, 2021: 356).

실제로 문제를 가진 지역주민이 자신들의 상황을 가장 잘 알고 있으며, 그
들을 포함한 모든 인간의 행동은 맥락 안에서 타당성을 가지고 있음을 부인
할 수 없다.

2) 임파워먼트의 방법

임파워먼트의 방법은 다음과 같다(홍봉수 외, 2020: 225 – 226).

(1) 의식제고

의식제고는 무력감을 느끼는 개인들을 한데 모아 문제의 원인이 자신들에게 있는 것이 아니라는 점을 알게 한다. 이러한 과정을 통하여 자신들을 억압하는 사회구조에 대해 비판적 의식을 갖추게 한다.

(2) 자기주장

문제의 원인과 소재를 파악한 후, 공개적으로 자기의 목소리를 내어 자신의 주장을 전개해 나가는 것이 중요하다. 따라서, 사회복지사는 이들이 공개적으로 자신의 주장을 전개하는 것에 대해 두려움을 갖거나 위축되지 않도록 도와준다.

(3) 공공의제의 틀을 갖추기

공공의제의 틀을 갖추기는 쟁점이 공공의제가 될 수 있도록 쟁점을 정리하고, 대중의 관심을 확보할 수 있도록 의제화한다. 이 과정에서 시위나 대중매체 캠페인은 대중들의 관심을 유도할 수 있는 좋은 수단이 된다.

(4) 권력 키우기

권력 키우기는 자원동원과 조직화를 통해 주민들의 권력을 키우는 과정이다. 사람의 수, 열정, 법적 행동, 전문성, 힘의 위협 등은 중요한 힘의 원천이 된다.

(5) 역량건설

역량건설은 대상자의 역량을 강화하기 위한 조직을 설립하고, 자신들의 주장을 효과적으로 표명하기 위한 캠페인을 전개하는 과정을 포함한다. 이를 통해 목표완수라는 성공을 이루고, 무력감을 극복하도록 한다.

(6) 사회자본의 창출

사회자본은 지역사회구성원의 사회적 관계에 바탕을 둔 자원으로, 물리적 자본과는 상대적인 개념이다. 이러한 사회자본은 구성원 간의 협력과 연대감을 높이는 데 기여한다.

3) 임파워먼트의 과정

임파워먼트의 과정은 4단계로 구분하여 설명할 수 있다. 비판적 의식의 제고, 자기 목소리 내기, 공공의제 만들기, 힘(권력) 키우기(역량강화) 등의 과정을 거친다.

(1) 비판적 의식의 제고

비판적 의식의 제고는 현재의 문제가 나만의 책임이 아니며, 모든 사람이 경험하고 있는 고통이라는 의식을 형성하는 것이다. 이러한 사고는 지역주민 모두가 억압, 착취 그리고 차별의 희생자라는 점을 부각하는 것이다.

(2) 자기 목소리 내기

자기 목소리 내기는 문제의 원인이 지역사회 안에 있는 것이 아니라, 외부에 있음을 인지하고 자신감을 강화함으로써 문제를 이슈화하는 과정을 의미한다.

(3) 공공의제 만들기

공공의제 만들기는 대중의 긍정적 인식과 제도적 편견에 대한 대항으로서 쟁점이 분명하고 구체적으로 제시하는 과정이다.

(4) 힘(권력) 키우기(역량강화)

힘(권력) 키우기는 자원 동원, 법적 행동, 세력화 규모 등을 형성하는 과정에서의 경험적 활동을 통하여 형성되는 것이다. 그리고 역량강화는 가치와 신념, 지식과 기술의 획득과정에서 이루어지는 것이다. 이러한 과정은 결론적으로 사회적 자본의 창출이라는 성과를 확보할 수 있다.

임파워먼트는 배고픈 사람에게 물고기를 잡아 주는 것이 아니라, 물고기를 잡는 방법을 경험을 통하여 습득하게 하는 것이다. 문제해결을 위한 과정에서 지역사회조직은 문제해결에 필요한 방법을 자연스럽게 습득하게 된다. 이러한 의미에서 임파워먼트는 하나의 과정이라고 할 수 있다. 한편으로는, 문제해결과정을 거치면서 지역사회조직이 수립한 목표를 달성하여야 한다. 목표달성은 임파워먼트의 결과적 측면을 보여 준다. 과정과 결과를 통하여 지역사회조직은 유사한 문제를 해결할 수 있는 역량을 강화할 수 있다.

4. 옹호

1) 옹호의 개념

옹호(advocacy)는 클라이언트나 시민의 이익 또는 권리를 위해 싸우거나 대변, 방어하는 활동을 말한다. 사회복지사가 공무원이나 의사결정자들을 상대로 클라이언트의 대의를 증진시키기 위해 행하는 활동이 옹호에 해당한다. 옹호는 '개별적 문제'를 '공공의 쟁점'으로, 또는 '개인적 문제'를 '사회적 쟁점'으로 전환시키는 역할을 한다. 그리고 '비인간적 상황'에 대해 미시적 또는 거시적 수준에서 도전하거나 문제제기를 한다. 직접서비스 실천에서 옹호는 종종 클라이언트를 지지하고 대변하는 활동이기도 하고, 클라이언트가 스스로를 대변하는 자기옹호가 이루어지기도 한다(양정하 외, 2021: 176-177).

클라이언트에 대한 옹호는 역사적으로 사회복지직의 핵심이 되어 왔다. 사회복지사는 개인, 가족, 집단, 조직이나 지역사회를 포함하는 클라이언트를 대신하여 다양한 수준에서 옹호활동에 관여하게 되는데, 이러한 활동은 사회복지직을 다른 원조 전문직과 구별시켜 줄 수 있는 활동이다(Kaminsky & Walmsley, 1995). 최근에는 사회정의에 대한 사회복지사의 정치적인 역할이 강조됨에 따라 옹호노력은 계속해서 정교해지고 세련된 형태로 변화하고 있다(Mickelson, 1995).

일반적으로 옹호란, 다른 대상의 권리를 대변하고 지지하고 방어해 주는 활동을 말한다. 다시 말해서 옹호란 다른 대상을 임파워먼트(역량강화)하는 활동과도 관련이 있다(Barker, 1995). 사회복지 분야에서의 옹호는 사회정의를 확보하고 유지하기 위하여 하나 또는 그 이상의 개인, 집단, 지역사회를 대신하여 일련의 행동방침을 직접 대변하고 방어하고 개입하고 지지하거나 권고하는 행동이라고 정의할 수 있다(Mickelson, 1995). 옹호의 개념은 매우 다양한 의미로 사용되고 있는데, 쉬나이더와 레스터(Schneider & Lester, 2001)는 다양한 문헌을 검토하여 90개 이상의 옹호 개념을 분석하여 옹호의 핵심차원을 11가지로 분류하였다.

옹호의 핵심차원과 의미는 <표 10−1>과 같다.

〈표 10-1〉 옹호의 핵심차원과 의미

핵심차원	의 미
대신하여 말하거나 변호하기	다른 사람이나 이슈를 대신해서 말하거나, 글을 쓰거나, 추천하거나, 지지하거나, 변호하는 것
다른 사람을 대표하기	의사결정자나 당국을 향해 스스로를 또는 어떤 개인이나 집단을 대표하는 것
조치 취하기	수행하기, 방안강구하기, 행동하기, 반응하기, 진행시키기, 시작하기, 행동에 옮기기와 관련이 있음.
변화 촉진하기	클라이언트나 집단을 대신하여 사회나 지역사회 내에서 상황을 변화시키는 것
권리와 혜택에 접근하기	클라이언트가 합법적으로 자격이 있는 서비스, 권한, 혜택, 권리에 대하여 클라이언트의 접근을 촉진하는 것
동지로서의 역할	개인이나 집단의 동지, 열광적인 옹호자나 지지자의 역할
영향력과 정치적 기술 보여 주기	당국이나 결정권자에게 영향을 미치려는 정치적 과정이나 시도
사회정의 보장하기	사회정의를 보장하거나 유지할 목적으로 행동방침을 직접 방어함.
클라이언트 역량강화하기	개인이나 지역사회가 그들의 운명을 지배할 수 있도록 조장하여 역량을 강화하는 것
클라이언트와 동일시하기	클라이언트와 분명히 그리고 의도적으로 동일시하는 것
법적 기반 사용하기	클라이언트의 실질적인 권리를 보호하는 것은 법적인 과정을 필요로 함.

자료: Schneider & Lester(2001) 재구성.

2) 옹호의 유형과 기술

옹호의 유형은 시스템 옹호, 정치적 옹호, 미디어 옹호로 구분할 수 있다. 시스템 옹호는 기존 사회체제를 옹호하는 것이 아니라, 사회제도를 대상으로 지역주민의 권리를 주장하는 것이다. 여기에서 사회제도는 정부기관, 의회, 대기업, 학교 등을 의미하는 것으로, 행정기관 또는 공공기관 등의 조직화된 공사의 기관을 의미한다. 시스템 옹호의 목표는 지역주민의 요구를 정책과 프로그램에 충실히 반영하고 잘못된 정책을 바꾸며 규칙의 적용방법을 개선하도록 하는 것이다(지은구 외, 2021: 354-355).

정치적 옹호는 정치와 정책 영역을 대상으로 하며 사회정의를 구현하기 위한 특정 법안을 제정하거나 반대하는 활동이 포함된다. 정치적 옹호의 목표는 사회정의의 구현이며, 시스템 옹호와 정치적 옹호는 상호 배타적인 것이 아니다.

미디어 옹호는 대상의 개념보다는 수단의 개념이 강한 것으로 대중의 지지와 참여를 위하여 미디어를 활용하는 것으로, 의제 설정, 논의 틀 바꾸기, 정책 추진 등의 세 가지 요소로 구성된다.

구체적인 옹호기술은 설득, 대변, 청문, 이의신청, 변화의 표적을 궁지에 몰기, 정치적 압력, 청원 등의 기술이 사용되지만, 가장 대표적인 기술이 설득이다. 설득은 클라이언트나 지역사회 소집단의 주장에 대한 호의적 해석을 얻어내기 위한 기술이며, 변화 대상인 표적체계가 지역주민의 욕구를 수용할 수 있는 결정을 내릴 수 있도록 정보를 추가하여 제공하는 형태로 이루어진다.

3) 옹호의 방법

옹호의 실천방법은 개별 옹호(또는 사례 옹호), 계층 또는 사회문제 해결을 위한 옹호, 정책 옹호로 설명할 수 있다(김욱진 외, 2021: 335-339).

개별 옹호는 개인, 가족, 소집단 등의 욕구와 권익을 대변하는 역할을 수행하는 것이다. 개별 옹호의 목적은 일정한 혜택, 또는 서비스를 받을 자격은 있으나, 이를 획득하지 못한 클라이언트가 해당 이득, 또는 서비스를 획득하도록 적극적으로 도와주는 데 있다. 즉, 클라이언트가 바람직한 서비스를 받을 수 있도록 그들의 욕구와 권익을 대변하고 갈등을 해결해 주는 일련의 원조활동을 의미한다.

계층 또는 사회문제의 해결을 위한 옹호는 특정 클라이언트 집단에 불리한 영향을 미치는 이슈를 다루는 옹호활동을 의미하는 데, 사회적으로 이슈화하여 현 상태에 중요한 변화를 일으키고, 그들의 욕구와 권익을 대변하며, 그들의 갈등을 해결하는 일련의 원조활동을 의미한다. 계층 옹호는 해당 집단의 구성원이 장애인 차별금지, 기초연금 도입 등과 같은 일정한 공통의 특성을 공유하는 것을 가정한다.

정책 옹호는 사회적 약자인 여성, 아동, 빈민, 장애인, 다문화가족 등과 같이 무기력한 집단이 그들의 자원과 기회를 향상시키도록 돕는 정책 실천을 의미한다. 전문가인 사회복지사는 정책 옹호에 필요한 과업, 기술, 능력이 요구되며, 일련의 정치과정을 이해하고 있음으로써 정책개발과정에 참여할 수 있다.

5. 동원

1) 동원의 개념

지역사회복지실천에서 흩어져 있는 인적·물적 자원들을 한데 모으는 일은 매우 중요하다. 사람을 모으는 인적 동원은 주민들의 임파워먼트(empowerment)를 추구하기 위해 문제해결의 주체로서 주민들의 조직이 필요한 것으로, 지역사회복지실천의 초기단계에서 지역사회구성원들을 중심으로 주민을 조직화하는 준비단계이다. 또한 돈으로 대표되는 물적자원은 단순한 금전적 관심뿐만 아니라, 지역사회구성원들의 관심과 참여를 이끌어 내는 수단으로도 사용된다.

2) 인적자원 동원 전술

(1) 기존 조직의 활용

기존 조직을 활용하는 방법은 사람을 동원할 수 있는 가장 빠른 방법 중 하나이다. 이런 전술을 사용하는 활동가들은 지역사회의 여러 조직들을 면밀히 조사한 뒤에 참여 가능성이 높은 조직이나 집단의 지도자들과 접촉하여 지역사회실천에 동참할 것을 권유한다. 물론 기존 조직의 구성원들이 새로운 조직에 흡수되는 것이 아니라, 연맹(confederation)과 같은 일종의 우산조직 (umbrella organization)을 만들어 기존 조직의 자율성을 지키면서 동등한 자격으로 참여하는 것이다.

기존 조직의 활용에는 조직 간 경쟁문제가 개입되기 때문에 어려움이 있을 수 있다. 연맹의 토대가 될 조직과 연맹조직의 리더를 정하는 문제가 특히 분란을 일으킬 소지가 많다.

(2) 개별적 접촉

지역사회주민들을 개별적으로 접촉하여 지역사회실천에 동참하도록 하는 방법이다. 개별적 접촉의 방법은 호별방문, 우편물 발송, 사랑방 좌담회, 동네 이발소·미장원과 같이 사람들이 모이는 곳에서의 대화 등 다양하다. 어떠한 방법을 사용하든 간에 초점은 반대자가 아니라, 잠재적 지지자에게 집중되어야 한다. 즉, 반대자를 찾아다니며 설득을 하는 것보다는 지지할 가능성이 높은 사람을 찾아서 이들의 동참을 권유하는 것이 더 효율적이다.

또 하나 중요한 것은, 이들 잠재적 지지자들에게 그들의 힘으로 변화를 가져올 수 있다는 점을 강조해야 한다. 이들에게 당면한 문제에 관해 가르치거나 훈계하는 것은 동원에 아무런 도움이 되지 않는다.

(3) 네트워크의 활용

네트워크란 서로 이미 사회적으로 알고 있는 사람들 사이의 결속관계를 의미한다. 네트워크에 속해 있는 사람의 동원은 그렇지 않은 사람에 비해 훨씬 쉽다. 조직가는 이들과 직접적으로 접촉하는 것보다는 네트워크 내부의 동료를 통해 접촉하는 것이 동원에 더욱 효과적이라는 사실을 염두에 두어야 한다. 그것은 네트워크에 속해 있는 사람들이 서로 상대방의 견해나 정서를 잘 이해하고 있을 뿐만 아니라, 네트워크 내부에는 일종의 집단 내부로 편향성이 작용할 가능성이 크기 때문이다. 또한 쟁점을 따라 접촉할 네트워크도 달라야 한다.

6. 사회행동

1) 사회행동의 개념

사회행동(social action)은 지역주민들의 생활에 영향을 미치는 중요한 결정에 대해 자신들의 통제력을 향상시키기 위한 집단적인 노력을 말한다. 가끔 지역사회복지와 관련된 주요 정책이나 결정들은 지역주민들의 복지에 반하거나 도움을 주지 못하는 경우가 있다. 이와 같이 불합리한 문제에 대해서 지역주민들이 단합된 힘을 과시하여 그들에게 유리한 결정을 도출하도록 영향력을 행사하고자 하는 활동이 사회행동이다. 사회행동은 다수의 사람에게 영향을 미치고 사회문제에 바람직한 사회변화를 가져오게 한다. 그와 같은 관계에 영향을 미치는 사회복지활동의 과정이다.

사회행동은 지역사회의 억압받고 소외된 지역주민이 사회정의와 생존권적 권리에 입각해서 사회적·정치적·경제적으로 보다 나은 처우를 받을 수 있도록 행해지는 조직적 활동을 말한다. 사회행동은 지역주민의 사회적 조건을 향상시키거나 사회변화를 통하여 사회의 부적응을 해소하고 사회해체를 예방하기 위한 목표를 가지고 있다. 따라서, 사회행동은 권력에 초점을 두고 투쟁전략을 수행하며 주민을 억압하고 힘을 박탈하는 구조에 도전하기 때문에, 사회정의와 사회변화를 위한 사회복지사의 개입방법이다.

구체적으로 사회행동은 개인의 권리옹호, 제도개선, 문제해결을 위한 연대활동, 사회복지예산 확보운동, 사회복지 관련법의 제정 및 개정 등 사회복지제도 개선을 위한 사회복지적 개입 등이 이루어지고 있다. 이를 위하여 지역 주민의 조직적 활동으로 교육, 선전 그리고 압력적 방법을 사용할 수 있다. 나아가 여론을 동원하고 공공정책에 대한 비판과 대안을 모색하며, 행정적으로 행정소송 등의 행동으로 사회정책 변화에 영향을 준다.

사회행동의 특성은 정책에 찬성 또는 반대 영향을 주기 위한 것, 사회정의와 같은 바람직한 목적의 달성, 사회적으로 바람직한 목적 설정이라고 할 수 있다. 기존 사회질서나 정책에 비판적이기 때문에 사회복지 시설이나 기관에서는 실천되는 경우가 적은 편이다. 따라서, 사회정의나 경제적 불평등을 중심으로 사회행동의 정당성을 확보할 수 있는 명분을 가지고 있어야 하며, 지역주민이 직접 경험할 수 있는 관심사를 중심으로 활동을 전개하여 지역주민의 인식을 넓히는 데 도움이 되도록 의식화 교육도 병행하여야 한다.

사회행동은 소수인의 행동에 의하여 촉발되는 경향이 있으며, 합법적 또는 비합법적 수단이 사용되기도 한다. 이는 상대집단을 이기기 위해 힘을 갖기 위한 의도로서 정보력, 상대의 약점 파악, 대중동원 등에서 급진적 방법이 사용될 수 있음을 의미하는 것이다. 사회적 규범과 가치보다 방법과 과정에 중점을 두는 것으로, 초사회복지적인 포괄적이고 광범위한 영역이 포함되기도 한다. 사회행동은 당연하게 얻고자 하는 목표달성이라는 결과를 중시하기 때문에 변화 가능성을 판단할 수 있어야 한다.

서구의 지역사회복지 발달과정에 나타난 사회행동에 대한 사회복지사의 개입은 세 가지의 활동으로 나누어 볼 수 있다.

첫째, 식량문제, 기아, 홈리스와 같은 특별한 사회적 이슈와 복지대상을 옹호하는 것이다.

둘째, 정치과정에 참여하는 것으로서, 사회복지에 동조하는 후보자를 지지하거나 직접 후보자로 나서는 것이다.

셋째, 뜻을 같이하는 기관, 전문가 집단, 개인 등 지역사회복지 구성원과 지속적으로 연계하고 연합하는 활동이다.

2) 기본 전략

사회행동은 지역사회 내 사회적 약자들의 생활에 영향을 미치는 중요한 결정에 대해 이들의 통제력을 향상시키기 위한 집단적 노력을 말한다. 다시 말해서 지역사회의 사회적 약자들에게 유리한 결정을 가져오도록 영향력을 행사하는 집단적인 행동을 의미한다. 사회행동을 보다 효과적으로 전개하기 위한 기본 전략을 제시하면 다음과 같다(양정하 외, 2021: 172–174).

(1) 힘의 결집

사회행동은 현존 문제해결로서 행동집단과 반대집단의 힘겨루기라고 할 수 있다. 여기서 힘(power)이란, 자신의 목적을 달성할 수 있는 능력을 의미한다. 힘의 원천은 권위, 명예, 완력, 지식 등으로 다양한데, 어떠한 힘의 원천에 의존하여 사회행동을 전개할 것인가를 결정하는 것이 중요하다. 또한 지역사회 내에서 사회행동을 원만하게 전개하기 위해서는 어떠한 힘의 원천에 의존해야 할 것인가를 결정하는 것도 매우 중요하다. 사회행동의 토대가 될 수 있는 힘의 원천으로는, 지역사회 내에서 발생하는 문제에 관한 지식을 정부당국이나 지방자치단체, 전문가와 관련 당사자에게 제공할 수 있는 힘인 정보력, 많은 사람이 참여하게 만드는 동원력 등이 있다.

(2) 합법성의 확보

사회행동에 대한 '합법성'은 지역주민과 상대집단에게 보편적으로 수용될 수 있는 전술을 선택하는 것이다. 어떤 행동전략이든 장기적인 승리는 사회행동의 집단 이외의 사람들이 그 조직의 행동에 대해 합법성을 인정하느냐에 달려 있다. 다시 말해서 사회행동의 영속적인 성공은 지역사회의 지지 없이는 성취될 수 없는 것이다. 사회행동이 사회적인 합법성을 확보하기 위해서는 그 행동집단의 목적에 맞는 전술을 선택해야 한다. 예컨대, 시위나 연좌농성 같은 전술은 그것이 폭력을 유발하는 과격한 행동으로 이어지지 않도록 유의해야 한다.

과격한 전술은 공격 대상 집단의 역공격을 자초하여 행동집단이 추구하는 목표를 무산시키는 결과를 가져올 수 있다. 따라서, 사회지도층이 적절하다고 인정하는 전술을 택함으로써 합법성을 확보하는 것이 바람직하다. 사회행동에서 사회적인 합법성을 확보하는 것은, 그 행동조직의 목적에 적합한 전술을 선택하는 것이다. 그러나 이러한 전술은 기존 법과 질서를 위배함으로써 대상집단에게 역공격의 명분을 주지 않도록 유의한다.

(3) 타 조직과의 협상

사회행동을 전개할 때, 다른 조직과 연계하는 것이 어느 정도 이익이 되고 손해가 되는지를 분석해 보고 협력을 구해야 한다. 협력관계를 유지하는 유형으로는 협조와 연합, 동맹이 있다.

(4) 전술적 연결

사회행동을 전개할 수 있는 전술은 다양한 방법으로 접근할 수 있다. 즉, 사회행동의 전술활용은 언론의 관심을 유도하기 위해서 '항의전술'을 사용하다가 장기적인 변화를 위해 '압력전술'을 사용할 수 있다. 그리고 처음에는 '법적 전술'로서 온건한 전술을 사용하다가 이후에는 항의전술을 사용할 수 있다.

행동집단이 특정한 성과를 거두기 위해서 여러 가지 전술을 어떻게 연결할 것인가 하는 것이 중요하다. 따라서, 사회행동의 전술은 압력전술, 법적 전술, 항의전술 등으로 구분할 수 있다. 압력전술과 항의전술은 그 효과에서 차이가 있는데, 압력전술을 통해 행동집단은 상대집단의 규칙하에서 승리를 거두려고 한다. 이에 반해, 항의전술을 통해 행동집단은 상대집단이 새로운 규칙에 따라 행동하도록 강요하여 요구를 관철시키고자 한다.

(5) 협상의 전개

사회행동이 바람직하고 의미 있는 목표를 달성하기 위해서는 어떻게 협상을 할 것인지, 협상의 토대가 되는 갈등의 범위를 어느 정도로 할 것인지에 대해 결정해야 한다. 일반적으로 사회행동을 지역사회조직에 참여하는 구성원의 구체적인 경험을 근거로 갈등의 범위를 좁게 잡아 출발하는 것이 바람직하다. 그리고 사회행동의 이슈를 선정할 때 행동조직은 물론 상대조직도 무엇인가를 획득할 수 있도록 협상의 여지가 있는 대안을 준비하는 것이 중요하다.

지역사회의 행동집단은 곧바로 협상테이블에 나와 협상을 시작할 수 없기 때문에 협상이 의미 있는 성과를 가져올 수 있도록 이슈에 대해 충분하게 준비를 해야 한다. 그러기 위해서는 우선 협상의 토대가 되는 이슈의 범위를 결정해야 한다. 그리고 다른 조직과의 협력관계를 논의하면서 갈등의 정도가 광범위한 이슈에 대해서는 연합적인 전략을 수립할 수 있다. 즉, 갈등의 범위를 좁게 잡을 것인가, 아니면 저소득층의 주택정책을 문제시하는 것처럼 넓게 잡을 것인가 하는 것이다.

1. 다음 지역사회복지실천을 위한 사회복지사의 기술 중 연결이 바르게 된 것은?

   ① 자원개발·동원기술 : 지역사회 내 사람들 간의 관계를 강화함으로써 연계망이라는 사회적 자산을 형성한다.
   ② 옹호·대변기술 : 지역주민의 상담기능을 수행한다.
   ③ 임파워먼트 기술 : 지역사회나 주민의 입장을 지지하고, 변화를 달성하기 위해 영향력이나 압력을 행사한다.
   ④ 연계기술 : 지역사회의 문제와 주민욕구에 대한 분석기술, 다양한 대안모색, 프로그램의 실행 기술, 관리·평가의 기술이 요구된다.
   ⑤ 조직화 기술 : 지역사회복지실천의 가장 기본적인 기술이며, 지역사회 전체, 일부 집단을 역동적 실체로 만들어 나가는 과정에서 활용되는데, 지역주민의 생각을 이해하기 위한 방문, 모임 주선을 실시한다.

2. 지역조직화의 기술이 아닌 것은?

   ① 관계설정   ② 지역사회 반영   ③ 지역사회 인재 활용
   ④ 참여의 범위 확대   ⑤ 자발성의 범위 확대

3. 자기옹호(self-advocacy)에 해당하는 것은?

   ① 세월호 사건 유가족 집단을 위한 옹호활동
   ② 비정규직 법안의 통과를 저지하는 활동
   ③ 단주친목회가 알코올중독자들을 옹호하는 활동
   ④ 가정폭력 피해 여성을 위한 옹호활동
   ⑤ 국민기초생활보장법의 개정 촉구

4. 네트워크 기술의 특성으로 옳지 않은 것은?

   ① 자원의 효율적 관리
   ② 사회정의 준수 및 유지
   ③ 서비스의 중복과 누락 방지
   ④ 참여를 통한 시민 연대의식 강화
   ⑤ 지역주민에게 필요한 자원이나 서비스 연결

정답 1. ⑤ 2. ⑤ 3. ③ 4. ②

지역사회복지의
실천체계

Chapter 11. 지역사회복지와 지방자치

Chapter 12. 지역사회복지의 추진기관

Chapter 13. 지역사회복지의 실행기관

Chapter 11

지역사회복지와 지방자치

개요

지방자치는 일정한 지역을 기초로 하는 지방자치단체가 중앙정부로부터 상대적인 자율성을 가지고, 그 지방의 행정사무를 자치기관을 통하여 자율적으로 처리하는 활동과정을 말한다. 또한 지방자치는 주민자치와 단체자치가 결합된 것으로서 자신이 속한 지역의 일을 주민 자신이 처리한다는 민주정치의 가장 기본적인 요구에 기초를 두고 있다. 여기에서는 지역사회와 지방자치의 상관성을 논하고자 한다.

학습목표

1. 지방분권화 연구
2. 지방자치단체 조직 이해
3. 전달체계의 원활한 소통 현장 학습

학습내용

1. 지방자치의 개념
2. 지방자치의 발전과정
3. 지방자치와 지역사회복지의 연계
4. 지방자치와 지역사회복지 전달체계

11 지역사회복지와 지방자치

1. 지방자치의 개념

1) 지방자치의 정의

지방자치(local self-government)는 일정한 지역을 기초로 하는 지방자치단체가 중앙정부로부터 상대적인 자율성을 가지고, 그 지방의 행정사무를 자치기관을 통하여 자율적으로 처리하는 활동과정을 말한다. 다시 말해서 지방자치는 지방행정을 그 지역주민의 힘으로 수행하는 것이며, 한 나라의 영토를 몇 개의 자치행정 구역으로 나누어 놓고, 그 지역에 관한 행정은 원칙적으로 중앙정부(국가관청)의 관여 없이 법인격(法人格)이 부여된 지방자치단체에 맡겨서, 스스로의 능력으로 처리하도록 하는 것이라 정의할 수 있다(홍봉수 외, 2020: 131).

지방자치는 주민자치와 단체자치가 결합된 것으로서, 자신이 속한 지역의 일을 주민 자신이 처리한다는 민주정치의 가장 기본적인 요구에 기초를 두고 있다. 그렇기 때문에 지방자치는 민주주의의 최상의 학교이며, 민주주의 성공의 보증서라는 명제를 입증해 준다. 밀(John Stuart Mill, 1806-1873)은 "지방자치는 자유의 보장을 위한 장치이고, 납세자의 의사표현수단이며, 정치의 훈련 장이다."라고 말했다. 그러나 지방자치의 개념에는 주민자치와 단체자치라는 개념이 혼재되어 있다. 영국과 미국에서 발달된 주민자치의 개념은 주민의 자치활동에 초점을 두어, 주민들이 조직한 지방단체에 의해 지역사회의 공적 문제를 스스로 결정하고 집행하는 것을 의미한다. 이에 비해, 프랑스와 독일 등 대륙법 계통의 국가에서 발전된 단체자치의 개념은 법인격으로서의 단체에 초점을 두어, 지역사회의 공적 문제를 지역단체의 힘으로 중앙정부로부터 독립된 의사에 의해 처리하는 것을 의미한다.

지방자치의 개념을 보다 명확히 이해하기 위해서는 지방자치제도가 성립·발전해 온 역사적 배경과 관련시켜 그 개념을 고찰해 볼 필요가 있다.

원래 지방자치는 정치적으로 오랜 역사와 전통을 가지고 있는 유럽에서 생겨나 발전해 온 제도이다. 그러나 이 제도는 하나의 원류에서 시작된 것이 아니라, 서로 다른 특성을 띤 두 갈래의 유형으로 발전해 온 것이다. 즉, 영국을 중심으로 발전해 온 주민자치와 프랑스·독일을 중심으로 발전해 온 단체자치가 그것이다.

주민자치와 단체자치는 각각 그 원류를 달리하여 발전해 온 제도이지만, 오늘날에 있어서 이 두 유형은 특정 국가의 지방자치의 특성을 파악하는 하나의 준거기준으로서 의의가 있을 뿐 실제로는 순수히 그대로 존속되어 실시되고 있는 것은 아니다.

전통적으로 단체자치의 국가인 독일·프랑스를 비롯한 유럽의 여러 국가들도 제2차 대전 이후에는 영국과 미국의 주민자치적 요소를 많이 도입하게 되었고, 주민자치의 원류인 영국과 미국 역시 전쟁을 치르는 과정에서 중앙집권화를 도모하지 않으면 안 되어 단체자치적 요소를 수용하였던 것이다. 한편, 제2차 대전 이후 독립한 발전도상국들도 민주주의를 확립하는 과정에서 주민자치와 단체자치의 두 유형을 혼합적으로 수용하였다. 이렇게 볼 때, 오늘날 모든 나라에 있어서의 지방자치제도는 단체자치나 주민자치의 순수한 형태를 그대로 유지하고 있는 나라는 없다고 해도 과언이 아니다(김용환 외, 2022: 221).

그러므로 오늘날의 지방자치는 주민자치와 단체자치의 요소가 혼합적으로 결합된 통합적 개념으로 파악하여야 할 것이다.

2) 지방자치의 목적 및 효과

우리나라의 경우에는 지방자치의 목적을 「지방자치법」에서 명확하게 규정하고 있다. 「지방자치법」 제1조에 따르면, 지방자치행정을 민주적이고 능률적으로 수행하고, 지방을 균형 있게 발전시키며, 대한민국을 민주적으로 발전시키는 것으로 제시하고 있다. 즉, 지방행정의 효율적이고 민주적인 운영을 통하여 지방의 균형발전과 국가의 민주발전을 확보하고자 하는 것이다. 여러 국가들이 지방자치를 실시하는 목적은, 지방자치가 보유하고 있는 다양한 효과 때문이다. 지방자치의 효과는 시대와 국가에 따라서, 달라지기도 하지만, 기본적으로 지방자치의 효과는 다음과 같다(홍봉수 외, 2020: 131-132 ; 김범수 외, 2016: 72 ; 박서영 외, 2015: 159-160).

(1) 정치적 측면

정치적 측면에서 지방자치는 민주주의를 전반적으로 고양하는 효과를 가지고 있다.

① 지방자치는 지역주민과 그 대표자들의 참여·토론·비판·협조를 통해서 공동문제를 처리함으로써 민주주의의 훈련장으로서 역할을 수행한다.

② 지방자치는 국가기능의 확대에 따른 국정의 전제화와 관료화에도 불구하고, 일정한 독립성을 통해서 적절한 견제기능을 담당할 수 있다.

③ 지방자치는 중앙정부의 정권교체 등 정국변동에 따르는 국정의 전반적인 마비와 혼란을 방지하는 역할을 수행할 수 있다.

(2) 행정적 측면

행정적 측면에서 지방자치는 행정의 효율성과 다양성을 확보하는 장치로서의 효과를 가진다.

① 지방자치는 각 지역의 여건과 주민들의 요구를 가장 잘 파악할 수 있으므로 지역실정에 부합하는 행정을 펼칠 수 있다.

② 지방자치는 정책의 지역적 실험을 가능하게 하므로 전국적 실시에서 발생할 수도 있는 시행착오를 최소화할 수 있다.

③ 지방자치는 전국적이고 국가적인 사무는 국가가, 주민생활과 밀접한 지방적인 사무는 지방자치단체가 서로 분담함으로써 분업을 통한 행정의 효율성을 높일 수 있다.

④ 지방자치는 부처별로 분담하는 중앙정부에 비하여 일정한 지역 안에서 실시되는 여러 분야의 행정을 종합적으로 수행함으로써 지역주민의 편의를 도모할 수 있다.

(3) 사회적 측면

사회적 측면에서 지방자치는 중앙 중심의 단원적 사회에서 지방이 포함된 다원적 사회로의 이행을 촉진시킨다.

① 지방자치는 각 지역의 역사적 배경과 지리적 조건 및 공동체를 바탕으로 지역만의 고유한 특수성을 발전시킴으로써 전국적 측면에서 보면 다원적 사회를 형성하도록 한다.

② 지방자치는 각 지역의 발전을 도모하는 주체가 지방자치단체와 지역주민이므로 지역발전을 위한 상호 간 경쟁을 촉발시킨다.

(4) 경제적 측면

경제적 측면에서 지방자치는 특화된 지역발전과 공급의 다양성을 발전시킨다.

① 지방자치는 국가주도의 대량생산과 전국적인 산업육성과 달리, 지역별 특수한 자원에 기초한 소규모의 다양한 산업정책을 촉진시킨다.

② 지방자치는 국가주도의 획일적인 행정서비스 공급이 아닌 지역주민의 선호에 초점을 맞추는 다양성에 높은 비중을 두게 된다.

3) 지방자치의 구성요소

지방자치가 이루어지기 위해서는 구성요소가 전제되어야 한다. 그 내용은
다음과 같다(박원진 외, 2018: 190 – 191).

(1) 지역

이것은 국가의 영토와 같은 것으로, 지방자치단체의 지배권이 미치는 지리
적 범위를 가리킨다. 이러한 지역적 범위가 설정됨으로써 특정 지방자치단체
의 인적 범위도 설정된다.

(2) 지방자치단체와 주민

지방자치단체는 영속성과 인위성을 지니면서 법률에 따라 자연인처럼 재산
을 취득하고 양여하며, 계약 및 당사자 자격을 갖는 등 다양한 행동능력을 갖
는 일단의 사람들을 말한다. 따라서, 자치단체란 일정한 지역에 살고 있는 사
람들이며, 이러한 법적 능력을 갖는 주민들의 총체이기도 하다. 지방자치에서
의 주민은 국가에서의 국민과 같은 요소이다.

(3) 자치권

이것은 국가의 주권에 해당하는 것으로서, 주민의 총체인 자치단체가 일정
한 지역에서 자치사무를 자체의 책임 아래 처리할 수 있는 권한을 말한다.

(4) 자치기관

지역주민들이 독자적으로 모든 일을 처리하기는 어렵다. 그리고 오늘날과
같은 대중정치시대에 그것은 비효율적이다. 따라서, 지방자치단체는 주민의
사를 표현하고 실현할 기구를 필요로 하게 되는데, 이것이 자치기관이다. 여
기에는 지방의회와 자치단체장, 공무원 조직 등이 해당된다.

(5) 자치사무

이것은 지방자치를 통하여 주민들이 실현하고자 하는 일들을 말한다. 여기에는 의식주의 기본 욕구충족을 위한 일에서부터 자녀교육, 문화·예술, 환경보존을 위한 일에 이르기까지 매우 다양한 내용이 포함된다.

(6) 자치재원

이것은 자치사무를 처리하는 데 필요한 비용으로서 지방세가 여기에 해당된다.

4) 지방자치의 유형

(1) 주민자치형

이것은 주민과 지방정부와의 관계를 중심으로 지방자치를 파악하는 경우이다. 그래서 주민자치형은 주민이 공직자를 선출하고 통제하는 민주적 절차를 중시하며, 지방정부에 대한 중앙정부의 감독도 제한된다는 점에서 지방정부의 자율성과 독립성이 크다. 주로 영국과 미국이 이 유형에 해당된다.

(2) 단체자치형

이것은 중앙정부와 지방정부의 관계를 중심으로 지방자치를 파악한다. 이경우, 지방자치단체는 법률에 근거하여 설립되고, 그 틀 속에서 지방자치가이루어지기 때문에 중앙정부에 대한 의존도가 높다. 단체자치는 제2차 세계대전 이전까지 독일과 프랑스의 지방자치의 산물이다. 우리나라는 제6공화국이전에는 단체자치형이었으나, 그 후 점차 주민자치형으로 전환해 가고 있다.

[그림 7-1] 지방자치의 두 가지 측면

자료: 박원진 외(2018) 재인용.

2. 지방자치의 발전과정

지방자치는 국가별로 다양한 목적에 기초하여 도입되고 발전하여 왔다. 우리나라도 제헌헌법에서 지방자치에 관한 내용을 규정하였으며, 1949년에 지방자치법의 제정을 통하여 지방자치가 본격적으로 도입되어 현재에 이르고 있다. 1948년부터 현재까지의 지방자치 과정을 보면, 도입기와 중단기 및 부활·발전기 3단계로 구분할 수 있다(김용환 외, 2022: 222-224 ; 이원주, 2016: 278-280).

1) 지방자치 도입기(1948-1960년)

지방자치의 도입기는 1948년 제헌헌법에 지방자치 관련 조항의 신설과 1949년 「지방자치법」의 제정에 따라, 1952년 제1차 지방선거를 통해서 기초 및 광역의회의 의원을 선출함으로써 시작되어 1960년 제3차 지방선거까지가 해당된다. 정부수립 당시 우리나라의 지방행정조직은 조선총독부 지방관제(칙령 제354호, 1914년)에 의한 것이었으므로, 이를 대체하기 위하여 1948년 「지방행정에 관한 임시조치법」을 제정·공포하였다. 이후 1948년 제헌헌법에서 지방자치가 제도적으로 보장되었고, 제헌의회는 1948년 8월 20일부터 「지방자치법」 제정을 논의하였다. 그러나 지방자치의 즉각적 실시를 주장하는 국회와 1년 이내의 기간에 대통령령으로 실시시기를 정하여 시행하자는 정부의 의견대립으로 지연되다가 1949년 7월 4일 「지방자치법」이 제정·공포되었다. 그러나 정부는 치안유지와 국가의 안정과 국가건설 과업의 효율적 수행 등을 이유로 지방자치의 실시를 연기하다가 1952년 지방의원 선거를 통하여 비로소 지방자치를 실시하게 되었다. 1952년 실시된 지방의회 선거는 4월 25일에 시·읍·면 의회 의원선거가, 5월 1일에 도의회 의원선거가 실시되었다. 하지만 전쟁 중에 선거가 실시되었기 때문에 서울특별시, 경기도, 강원도와 치안이 불안했던 전라북도 4개 지역은 선거를 실시하지 못하였다. 대한민국 최초의 지방선거인 1952년 시·읍·면 의회 의원선거가 실시되었다.

1956년 제2기 지방선거에는 기초자치단체의 장인 시·읍·면 장을 임명제에서 직선제로 바꾸어 지방의원선거와 더불어 실시하였다. 하지만 1958년 제4차 「지방자치법」이 개정되면서 시·읍·면 장의 직선제는 폐지되고 다시 임명제로 환원되었다. 1960년 4·19혁명 이후 민주당 정부가 들어서고, 같은 해 11월 「지방자치법」이 개정되면서 지방의회와 단체장을 직선제로 하는 완전한 민선 지방자치제의 기틀이 마련되었다. 이에 따라, 1960년 12월 12일에 서울특별시·도 의회 의원선거가, 12월 19일에 시·읍·면 의회 의원선거가, 12월 26일에 시·읍·면 장 선거가, 12월 29일에 서울특별시장·도지사 선거가 실시되었다.

2) 지방자치 중단기(1961-1990년)

지방자치의 중단기는 1961년 「지방자치에 관한 임시조치법」이 시행됨으로써 지방의회가 해산되고, 자치단체장이 임명제로 전환되면서 1991년 지방자치가 부활될 때까지가 해당된다. 1961년 5·16쿠데타(coup d'État)로 인해 지방자치는 제도의 중단이라는 격변의 기로에 들어서게 되었다. 군사혁명위원회에서는 도입기의 지방자치가 민주주의의 기여라는 성과에도 불구하고, 다양한 현실적 문제를 야기하는 것으로 판단하였다. 즉, 선거를 둘러싸고 발생되는 씨족적 파쟁과 민심의 분열, 금품매수, 정당파쟁, 이권청탁, 정실행정, 예산낭비 등의 문제와 지방의회의 자치단체장 불신임권 남용 등으로 효율적인 지방행정의 수행이 곤란하다는 것이었다. 이에 지방행정의 능률화를 위해서는 새로운 방향의 정립이 필요하고, 그것은 지방자치의 구현보다는 지역개발의 추진에 중점을 두는 것이 바람직하다고 판단하였다. 이에 따라, 군사혁명위원회에서는 지방의회를 해산하고 지방의회의 기능을 상급 기관장이 대신하게 함으로써 사실상 지방자치제도는 중단되었다. 1962년 12월에는 헌법 개정을 통해 지방자치단체장의 선거제 관련 규정을 삭제하였고, "지방의회의 구성시기는 법률로 정한다."는 부칙 규정을 신설하였다. 그러나 실제로 이러한 법률을 제정하기 위한 조치는 취해지지 않았다. 즉, 1962년 개정헌법으로 삼권분립에 근거한 대통령중심제가 채택됨에 따라, 이전의 헌법보다 대통령의 권한이 강화되는 중앙집권체제가 마련된 것이다. 이후 1972년 헌법 개정을 통해 지방의회의 구성을 조국통일이 될 때까지 보류함으로써 지방자치의 부활은 요원하게 되었다.

3) 지방자치 부활·발전기(1991-현재)

부활·발전기는 1988년 「지방자치법」의 전문개정을 통해서 1991년 기초 및 광역의회 의원이 선출되고, 1995년 자치단체장을 주민이 직접 선출함으로써 본격화되어 현재에 이르고 있다. 지방자치는 1991년 광역 및 기초의회의 의원선거를 통해서 공식적으로 부활되었으나, 실질적으로는 1987년 6·29선언에서 노태우 민정당 대표의 지방자치 실시 발표와, 같은 해 10월 헌법 개정, 그리고 1988년 「지방자치법」의 전면개정으로 부활을 위한 토대가 마련되었다. 즉, 1988년 노태우 정부가 출범하면서 지방자치의 실시를 위한 논의가 본격적으로 전개되었고, 지방자치의 부활이 추진되었다. 기본적으로 지방자치의 부활은 다양한 원인이 작용하였지만, 당시의 정치적 상황이 주된 배경으로 지적되고 있다. 하지만 정치권의 이해관계로 지방자치의 부활은 잠시 표류하기도 했다.

그러나 1991년 3월에 시·구·자치구 의원선거가, 6월에는 시·도 의원선거가 실시됨으로써 지방자치가 30년 만에 부활하게 되었다. 이후 1995년 5월에는 지방자치단체장(광역, 기초)과 지방의회 의원(광역, 기초)을 동시에 선출하는 4대 지방선거가 실시됨으로써 완전한 민선 자치시대가 다시 막을 열게 되었다.

3. 지방자치와 지역사회복지의 연계

1) 지방분권화와 지역사회복지

1991년 6월 지방의원선거의 실시와 1995년 자치단체장 직접선거로 본격적인 지방자치시대가 열렸지만, 중앙정부의 역할 축소와 지방정부의 자율성 강화에 대한 사회적 요구는 지속적으로 증가해 왔다. 특히, 사회복지영역에서는 중앙정부가 사회복지서비스를 일방적으로 기획하고 지방정부가 집행하는 형태를 탈피하여, 지역의 특성과 지역주민의 복지수요를 전망하고 복지자원을 조달·관리하며, 이에 부응하는 사회복지 전달체계를 지역단위별로 설계하고 추진할 필요성이 제기되었다.

2003년 3월에 등장한 참여정부는 "지방분권정책과 국가균형발전정책"을 주요 정책과제로 내세우면서 본격적으로 사회복지의 분권화를 추진하였다. 분권화(decentralization)는 중앙정부의 권한이 지방정부로 이전되는 것을 의미한다. 같은 해 7월 30일 「사회복지사업법」 일부 개정으로 지역사회 수준에서 각 지역의 실정에 맞는 사회복지서비스를 주도적으로 계획하고 수행할 수 있는 다양한 제도적 장치와 환경이 마련되는 등 실질적인 지방분권정책들이 수립되었다. 지역사회복지협의체 구성 및 운영, 지역사회복지계획 수립, 복지재정 분권 등과 관련된 법조항이 신설되었고, 주민생활지원서비스 행정체계를 수요자 중심으로 개편하는 등 사회복지 전달체계에도 변화가 동반되었다. 또한 국고보조사업 정비를 통한 다양한 사회복지사업의 지방이양 등 분권화의 가속화로 지역사회복지환경도 다양한 변화를 맞이하고 있다.

지방분권은 지방정부의 재정편성과 행정에 대한 자율성을 확대시켜 지방정부가 재량권을 가지고 관할지역의 특성에 맞는 복지정책을 수립 가능하게 한다. 그러나 지방정부가 당면한 상황에 따라 지방분권은 부정적 영향을 초래할 수 있다. 지방분권화가 사회복지에 미치는 긍정적·부정적 측면은 다음과 같다.

지방분권의 긍정적 측면은 다음과 같다.

첫째, 중앙정부와 지방정부 간의 권력관계를 재조정함으로써 지방정부의 권한과 책임성을 강화시킨다. 이러한 지방정부의 권한과 책임성 강화는 지방정부가 지역주민의 욕구에 보다 효율적이고 적극적으로 대응하게 한다. 즉, 지역의 특수성과 지역주민의 실제 욕구에 근거한 복지사업 기획 및 복지정책 수립을 가능하게 하고, 보다 현실적인 복지서비스를 제공해 줄 수 있다

둘째, 복지의 다원화와 분권화를 통해 효율적인 복지집행체계 구축이 용이해진다. 즉, 지방정부의 자율성에 근거하여 지방정부가 복지프로그램의 내용과 규모를 결정할 수 있어서 중앙정부 중심의 복지공여체계에 대한 비효율성 문제를 극복할 수 있고, 지방정부에 적합한 복지집행체계를 구축할 수 있다.

셋째, 정책결정과정에서 지역주민의 적극적인 참여가 전제된다면, 지방분권화는 지역주민의 욕구표출기회가 향상되어 지역주민의 욕구에 보다 신속하게 부응할 수 있는 복지 프로그램 실험이 가능해진다. 즉, 주민투표라는 정치적 행위를 통하여 지방자치단체가 구성되므로 지방자치단체의 의사결정자들은 관할지역의 친복지행정을 실현하는 것이 차기 당선에도 유리해진다. 따라서, 주민 친화적 복지정책의 이전(transfer)이나 확산(diffusion)을 도모할 수 있다.

넷째, 보편적이고 일반적인 서비스를 제공하는 중앙정부 중심의 복지행정이 지역사회의 욕구에 즉각적이고 포괄적으로 대응할 수 있는 지방정부 중심의 복지행정체계로 전환될 수 있다. 중앙정부 중심의 복지행정은 전체 국민의 안녕과 복지증진을 위한 복지정책을 통해 일반적이고 보편적인 서비스를 제공하고자 하므로, 각 지역의 다양성과 특수성, 지역주민의 욕구를 적극적으로 반영한 복지행정의 구현이 용이하지 않다. 그러나 지방정부 중심의 복지행정은 주민의 생활근거지인 지역사회와 지역주민의 생활적인 다양한 욕구에 즉각적이고 포괄적으로 대응할 수 있으며, 지역주민은 지역사회복지에 대하여 보다 적극적으로 그들의 의견을 표출하고 자발적으로 참여할 수 있게 된다.

지방분권의 부정적인 측면은 다음과 같다.

첫째, 사회복지 행정업무와 재정을 지방에 이양함으로써 중앙정부의 사회복지책임성 약화를 초래할 수 있다. 지방분권은 중앙정부로 하여금 사회복지에 대한 국가의 의무를 다하지 못하게 하거나, 중앙정부의 사회복지재정 감소를 초래하여 결국 지방정부의 사회복지재정 부담의 증가를 불러올 수 있다.

둘째, 지방정부는 경제성장을 최고의 목표로 삼아 관할지역의 복지정책보다는 개발정책을 우선순위에 두는 반면, 복지정책에 대한 관심을 상대적으로 소홀히 하여 지방정부의 복지예산이 감소될 수 있다. 지방정부는 재정건전성 확보를 위해 복지영역에 대한 지출을 통제하거나, 지방의 지배계층에 의해 자원이 통제될 경우, 해당 지역의 복지서비스 절대량이 감소할 수 있다.

셋째, 사회복지의 급여와 재정력은 긴밀하게 연관되어 있다고 할 수 있는데, 지방자치단체들 간의 재정력 격차가 존재하는 상태에서 지방분권화를 추진하는 경우, 그 재정력 격차로 인해 지역 및 계층 간에 사회적·경제적 불평등이 심화될 수 있다. 현실적으로 볼 때, 재정력이나 지역사회의 역량 면에서 서울지역과 비서울지역 간의 불균형, 도시와 농촌 간의 불균형, 같은 지방의 시·군이나 읍·면·동 지역 간의 불균형 문제가 존재한다. 취약한 지방정부의 재정력은 복지부문 예산을 감소시켜 지역 간 복지수준의 격차와 계층 간의 격차를 심화시켜 국민 간의 사회적·경제적 격차를 심화시킬 수 있다. 이러한 불균형을 개선하는 조치가 없는 분권화는 사회적 분열을 초래할 수 있고, 지방의 자립기반을 침식하여 사회통합을 위협할 수 있다.

넷째, 지방분권화는 지역 간 복지발전의 불균형을 심화시켜 국민의 복지권적인 측면에서 전국적인 통일성을 저해할 수 있다. 즉, 복지행정 역량의 차이와 복지재정의 불균등성에 따라 일정한 복지행정수준에 미달되는 지방정부가 나타나게 되고, 이에 따라 복지서비스 수급권에 대한 자격요건의 통일성이 없이 지역에 따라 복지수급권이 제한되거나, 복지수급 자격요건이 엄격하게 적용되어 복지급여의 수급여부가 결정될 수 있다.

2) 지방자치와 지역사회복지의 관계

지방자치는 자치권이 미치는 일정한 지역적 범위 내에서 주민이 공동으로 지방자치단체라는 독립적 공법인을 설립하여 그 지역주민이 공동으로 처리해야 할 문제를 주민 자신들의 부담으로 스스로가 자주적으로 처리하는 것을 기본 요소로 하기 때문에, 지방자치단체는 국법에 의해 설립된 것이고, 자치권은 국가주의 아래의 권리이기 때문에 국가로부터의 감독을 수용하고 있다. 이와 같이 지방자치는 지역주민이 공공단체를 설립하여 그들이 생활하는 일정한 지역 내의 일상생활과 관련된 공동의 문제, 특히 복지증진을 위한 문제들을 주민의 부담에 의해 자주적으로 처리하는 것이 중요한 요인임을 알 수 있다.

지역사회복지의 기본 요소는 ① 지역사회를 기본 단위로 추진, ② 주민조직과 행정조직의 협력관계 구축, ③ 주민 전체에 대해 편의성 제공, 특히 소외계층의 복지를 강조, ④ 인적서비스를 특히 중시하면서 금품서비스를 병행으로 제공, ⑤ 기획과 예산, 그리고 그 집행에 관한 사항은 지역사회가 담당하여 주민 책임 아래 운영되고, 행정기관에서는 행정적·기술적·재정적인 면에서 지원·협조하는 것을 기본 요소로 하고 있다.

이렇게 지방자치와 지역사회복지는 기본 요소라는 측면에서 유사성을 가지고 있다. 지역사회복지의 핵심적 방법이라 할 수 있는 지역사회 조직사업에 있어서도 주민 스스로가 문제를 발견하며, 이에 대한 해결방안을 강구하고 자원 및 노력을 동원하여 문제해결을 하는 것으로서 주민의 자치능력에 크게 의존하고 있다는 점과, 지방자치단체가 의회에서 조례를 제정함에 있어 주민 스스로가 주민복지에 관련된 문제에 참여·해결할 수 있는 방향으로 추진할 수 있고, 복지정책의 수립과 재정배분에 관여할 수 있다는 점에서 지역사회복지는 지방자치와 불가분의 관계를 갖는다.

지방자치를 실시함에 따라 지방자치단체의 재량권이 확대되기 때문에 과거처럼 지역의 인구사회학적 특성을 반영할 수 없었던 복지정책이 지역주민의 실제적 욕구에 부응하여 수립·적용될 수 있다. 지방자치단체의 재정편성권이나 기타 행정적 권한이 증가함에 따라 자치단체장이나 지방의회의 의지가 충분히 반영된 독자적 지역사회복지계획의 수립이 가능하게 되어 현재와 같은 획일화된 복지정책이 다양화되고, 서비스의 질도 향상될 수 있는 긍정적 효과를 초래하게 된다.

지방자치의 성패가 단순한 정치적·사회적 차원을 넘어 주민의식의 변화에 직결되어 있다는 것은 지난 경험으로부터, 그리고 다른 나라의 예로부터 배워서 알고 있다. 다시 말해서 주민이 지방자치를 심리적으로 받아들이고 능동적으로 참여하는 이른바, '자치마인드'의 함양이 그 요체라 할 수 있으며, 이러한 주민심리의 기저에는 '지방자치＝지역사회복지 증진'이라는 기대방정식이 깔려 있다. 따라서, 지역복지와 괴리된 지방자치, 주민의 실질적 생활수준의 향상 없이 그저 정치화된 영역만을 확대시키려는 수단으로서의 지방자치는 주민들로부터 배척받고 고사할 수 있는 위험을 내포하고 있다는 것을 유의해야 한다.

이처럼 지방자치가 가지고 있는 이념적 측면과 기능적 측면은, 지역사회복지의 차원과 맥을 같이하고 있어서 지방자치의 중심적 이념과 행정적 기능은 지역사회복지의 실현에 있다고 볼 수 있다. 따라서, 지방자치단체는 종래의 중앙집권적 사회복지가 지역사회 중심의 사회복지로 이행할 수 있도록 지역사회 실정에 적절한 미래의 종합적 복지모형을 설계하고, 이를 집행하기 위한 독자적 지역사회복지 발전계획을 세워 지역사회복지를 강화하는 방향으로 전환해야 할 것이다.

지역사회복지의 문제는 지방화, 자율화, 그리고 복지화의 이념적 가치를 토대로 스스로의 문제를 해결하려는 의식실천의 장으로 인식되어야 한다. 그러기 위해서는 첫째, 사회복지 담당부서의 전문성과 활동범위의 확대, 둘째, 지방자치단체 중심의 사회복지행정으로의 전환, 셋째, 자원봉사, 민간참여의 활성화를 통한 민간 사회복지 기관 및 단체의 육성 강화 등이 선행되어야 할 것이다.

이러한 점에서 지방자치단체는 중앙정부 차원의 복지정책을 집행만 하는 역할에서 탈피하여 지방자치 차원에서 주민의 복지증진을 위한 종합적이고,

체계적인 지역사회복지정책을 입안하고 추진하는 데 혼신의 노력을 해야 할 것이다. 그뿐만 아니라, 지역사회복지서비스의 효율적 제공을 위해서는 실질적 재원의 확보, 충분한 사회복지전문인력의 배치 그리고 공공 및 민간부문의 지역사회복지서비스 전달체계의 개선 등이 요구되는데, 특히 지방자치 실시에 따라 사회복지서비스를 지역사회에 전달하는 지역사회 복지서비스 전달체계에 초점을 두고 있다.

3) 지방자치단체의 지역사회복지 기능

오늘날 현대국가에 있어 정부기능은 점차로 질서유지와 규제에서 주민에 대한 봉사와 복지증진으로 이행하고 있다. 즉, 주민의 기본적 생계를 보장하고 생활의 질적 향상을 도모함으로써 모든 국민이 인간적 생활을 영위할 수 있도록 함을 그 책무로 한다. 이런 맥락에서 주민 가까이에 있으면서 주민의 생활과 관련된 사무를 직접 처리하고 복지증진의 기능을 담당해야 할 당사자는 바로 지방자치단체이고, 또한 자치단체의 존재 의의도 바로 지역사회복지 증진에 있다.

지방자치단체는 중앙정부와 지방자치단체 간의 기능배분에 따라 지방자치단체에 배분된 사회복지기능과 국가사무이지만, 중앙정부가 지방자치단체나 그 장에 위임한 사회복지에 관한 기능을 수행한다. 즉, 개인의 최저생활보장, 생활안정을 위한 사회보장정책, 일반적 사회복지업무, 의료보호서비스 업무, 대규모 사회보장사업, 실업대책, 근로기준 및 직업안정, 복지수준에 관한 기능 그리고 그 밖의 특정 지역주민에게만 이해관계가 있는 사업 또는 개인의 생활에 관하여 개별적으로 시행해야 할 사업 등의 기능을 수행하고 있다.

현행 지방자치단체가 수행하는 지역사회복지기능은 「지방자치법」 제9조와 동법 시행령 제8조에서 규정하고 있다. 즉, 「지방자치법」 제9조에서 주민복지 증진에 관한 사무를 명시하고 있으며, 동법 시행령 제8조에서는 지역사회복지 기능을 구체적으로 열거하고 있다.

여기에서는 지역사회복지의 수준과 범위를 기초자치단체인 시·군·구로 한정하고 있는 바, 복지기능도 지방자치단체에서 주로 담당하고 있는 각종 사업은 다음과 같다.

① 주민복지에 관한 사업
② 사회복지시설의 설치·운영 및 관리
③ 생활이 어려운 자의 보호 및 지원
④ 노인·아동·장애인·청소년 및 여성의 보호와 복지증진
⑤ 국민건강증진사업
⑥ 보건진료기관의 설치·운영
⑦ 전염병 및 그 밖의 질병의 예방과 방역
⑧ 묘지·화장장 및 납골당의 운영·관리
⑨ 공중접객업소의 위생을 개선하기 위한 지도
⑩ 청소, 오물의 수거 및 처리

4. 지방자치와 지역사회복지 전달체계

1) 지역사회복지 전달체계의 정의

현대사회가 요구하는 사회복지의 궁극적 목적은, 경제적·사회적·문화적 욕구를 지닌 개인이나 가정, 집단이나 지역주민에게 그들의 사회적 욕구에 상응하는 서비스를 제공함으로써 보다 만족스럽고 자립적인 생활을 영위할 수 있도록 도와주는 데 있다. 따라서, 주민의 복지수요를 수용하기 위해서는 합리적 사회복지정책의 수립도 중요하지만, 사회복지대상자, 즉 복지수혜자에게 어떠한 내용의 서비스를 어떤 경로를 통해 전달하는 것이 더 효과적인가 하는 복지서비스 전달체계의 확립도 중요하다. 왜냐하면 대상자의 선정이나 수혜자격요건의 설정, 수혜내용의 성격에 관한 정책의 실질적 집행은 바로 복지서비스 전달체계를 통해서 이루어지고 있기 때문이다.

이런 의미에서 볼 때, 수혜대상자에게 적합한 서비스를 가장 효율적으로 제공하기 위한 지역사회복지 전달체계는, 각 조직에 속한 인력이 수혜대상자

에게 제공하는 서비스의 성질과 직접적으로 관련되어 있으므로 사회복지사업의 성패와 밀접한 관련이 있다. 이러한 이유로 복지전달체계를 확립해서 전달기관 기능의 극대화가 이루어지지 않으면, 서비스의 중복과 누락 등으로 자원의 낭비는 물론 복지대상자의 치료나 자활에 역기능을 초래하기 때문에 지역사회복지 전달체계의 확립은 효과적 사회복지서비스를 수행하는 데 있어 복지행정조직과 함께 불가분의 중요한 병행조건이라 할 수 있다. 따라서, 지역사회복지서비스 전달체계란 사회복지 전달체계를 사회복지서비스의 공급자 간, 그리고 공급자와 수혜자 간의 조직적 연결망이다(Gilbert & & Terrell, 2012). 지역사회복지 전달체계는 지역 차원에서 사회복지적 급부나 서비스를 산출하는 공공 또는 민간기관 상호 간의 관계와 서비스 공급주체에 의해 수혜계층인 복지대상자에게 효율적으로 전달되는 데 필요한 공공·민간 사회복지조직 연결망을 지칭한다. 또한 복지서비스가 효율적이고 완전하게 그 기능을 발휘하기 위해서는 지역사회복지 전달체계를 이루는 각 단위의 복지기관 및 조직들이 적절한 기능을 수행해야 한다.

2) 지역사회복지 전달체계의 기능

지역사회복지 전달체계의 기능은 다음과 같다(Perlman et al., 1972).

첫째, 초입기능으로 이는 전달체계가 완전한 기능 및 과업수행을 위하여 각급 복지기관이 복지수혜 대상자에게 이용 가능한 서비스에 대한 홍보와 교육은 물론, 이들 대상자의 문제해결을 위하여 지역사회에 있는 다른 복지기관과 협력하는 기능을 말한다.

둘째, 복지수혜 대상자의 권리를 보호하기 위하여 대변자의 역할을 하는 책임기능이다. 즉, 사회복지기관이 대상자의 문제를 사정하고, 이용 가능한 자원을 발굴하여 복지대상자가 이를 활용할 수 있도록 도와주거나, 필요한 경우 대상자를 타 기관에 위탁하여 그 기관으로부터 필요한 서비스를 제공받을 수 있도록 보장해 주는 기능이다.

셋째, 서비스 제공기능으로 이는 사회복지기관이 복지대상에게 제공하는 care

work 서비스나 재활서비스 등 특정한 형태의 서비스를 제공하는 기능이다.

　넷째, 계획 및 통제 기능을 들 수 있는데, 이는 복지수혜 대상자의 욕구와 그 욕구를 충족시킬 수 있는 능력을 평가하는 것과 관련된 기능으로 지역사회에 충족되지 않은 욕구가 발견되었을 때 사회복지기관은 문제해결을 위해 지역사회의 타 기관과 공동협력하거나, 가능한 한 욕구에 부합할 수 있도록 자체 서비스를 조정할 책임을 가져야 한다는 것이다.

　그러므로 지역사회복지 전달체계의 기능이 지역 차원에서 지역복지정책을 수립하는 데 누구를 복지수혜 대상자로 선정하여 어떤 종류의 서비스를 어떤 재원을 가지고 어떠한 조직체계를 통해 전달하느냐 하는 것으로서, 조직 및 복지정책의 중요성과 함께 궁극적으로 지역주민 전체의 복지수요 및 욕구를 효율적으로 공급하고 충족시키기 위해서는 이를 보장할 수 있는 지역사회복지 전달체계의 구축이 시급하게 요청되는 것이다.

3) 지역사회복지 전달체계 개편의 필요성

　지역사회복지가 질적·양적으로 증가함에 따라 기존 지역사회복지 전달체계를 개선해야 한다는 필요성이 높아지고 있다. 먼저, 지역주민의 복지수요가 증가함에 따라 복지대상자, 복지예산, 복지전담공무원 등이 증대되고 있다. 또한 수요자 중심의 사회복지서비스를 제공할 수 있는 지역사회 중심의 복지 전달체계의 강화가 필요하며, 지방자치제의 지역사회복지 행정조직 또한 개편되어야 한다. 기초적 생계보장뿐 아니라, 간병·가사지원 등의 재가보호, 재활, 취업 등에 필요한 서비스를 제공하기 위해서는 공공부문과 민간부문 복지 전달체계 간의 유기적 협력체계가 요청되고 있다.

　우리나라의 급격한 경제적·사회적·문화적 환경변화에 부응할 수 있으며, 모든 지역주민들의 양질의 삶 증진과 동등한 기회보장 및 주체적 복지참여를 증진하기 위한 전달체계의 구체적인 목적은 다음과 같다(김용환 외, 2022: 242).

　첫째, 저출산 및 고령화 등 최근 복지환경의 큰 변화와 국민의 복지수요 증가, 서민경제의 어려움 등으로 인한 생계형 사건, 사고가 증가함에 따라 위기 가정을 조기에 발견하고 지원하므로 모든 국민이 가치 있는 인간으로서 '양질의 삶'을 향유할 수 있는 복지체계 구축이 요구된다.

둘째, 위기가정 조기발견 체계 구축과 국민의 복지체감도 향상을 위한 사회복지 전달체계의 개선이 과제로 대두되었다.

셋째, 지역주민들의 '개인적 차이'에 따른 욕구들이 존중되며, 지지와 도움 제공 및 지역과 계층 간에 '균등'하게 삶의 질이 향상될 수 있는 복지실현이 요구된다.

넷째, 개인, 가족, 지역사회, 기업 그리고 정부 모두가 복지의 주체로서 '상호 동반적 관계와 참여'가 이루어지는 복지체제 구축이다.

다섯째, 지방분권화로 인해 복지사업의 지방이양이 확대됨에 따라 지방자치단체의 복지역량 강화라는 과제가 부여되어 시·군·구·읍·면·동의 복지기능 조정 후, 적정 인력을 충원하여 시·군·구의 복지기획능력과 읍·면·동의 현장성을 강화하며, 지자체에 대한 복지부문 평가 내실화 등을 중심으로 전달체계 개편의 기본 방향과 정책방안을 제시하기 위해서이다. 이러한 목적들을 달성할 수 있도록 잘 작동하는 '효과적이고 효율적'인 복지전달체계 정비가 필요하다.

4) 재원의 확보

지방자치제가 실시되면 지역발전과 주민의 복지증진을 위한 지역복지사업의 수행을 위한 복지재원의 축적이 반드시 필요하다. 공공의 복지기관은 중앙정부 및 지방자치단체의 재원으로 운영되는데, 정부 내에 있는 타 부서와의 경쟁, 주민의 복지욕구 증대 등으로 인해 공공사회복지기관의 재정 확보를 위한 노력은 매우 중요하게 된다.

민간 사회복지기관의 재원은 자산, 자체 사업수입, 정부보고, 주민자원으로 이루어진다. 이 중 지방자치 아래에서 특히 중요한 것은 주민자원이다. 주민자원을 이루기 위해서는 사회복지기관이 주민을 위한 주민의 기관이라는 인식을 주민에게 심어주는 것이 필요하다. 효과적으로 주민자원을 이끌어 내는 방법으로는 주민자원의 조직적 형태인 지역별 공동모금회를 활성화하는 것이 좋을 것이다.

1998년 사회복지공동모금회법의 제정에 의거하여 설립된 16개 도 단위의 공동모금회를 통하여 지역단위를 중심으로 모금과 배분이 이루어지고 있다. 그러나 「공동모금회법」에는 절차상 문제점들이 있어 지역을 단위로 하는 재원의 확보에는 문제점들이 지적되고 있다. 그러나 말 그대로 지방자치적으로 해 나가야 하는 것이 지방자치제의 목표이므로 효율적인 모금방법이 채택되어야 하겠다. 그렇게 하는 것이 공동모금회를 통하여 지역단위의 사회복지는 더욱 발전해 나갈 것이다.

5) 전문인력의 배치

지방자치제의 실시를 통해 공적·사적 사회복지기관이 행하는 각종 사업은, 그 수행과정에 있어서 전문가에 의한 전문지식의 활용이 요구되고 있다. 그뿐만 아니라, 사회문제의 해결과 지역사회의 욕구충족은 그 원인과 상황에 대한 과학적이고 합리적인 조사 분석을 통한 계획의 수립과 실천이 필요하며, 다양하고 특수한 각 지역사회의 문제와 욕구에 따른 새로운 프로그램의 개발이 요구되기에 전문인력이 배치되어야 할 필요성은 더욱 절실하다.

지방자치제의 실시와 함께 종합사회복지관 자원봉사센터, 시·군 단위 사회복지협의회 등이 계속 설립되고 있어서 사회복지 전문인력이 전공을 살릴 수 있는 기회가 넓어질 것이다. 또한 전문인력의 활용은 단순한 채용만으로 보장되는 것이 아니라, 전문가로서 긍지를 갖고 계속적으로 일할 수 있도록 처우를 보장해 주어야 한다. 이 밖에도 지방자치제 실시와 함께 자원복지인력을 지역복지활동에 참여시켜야 한다. 이러한 참여와 함께 지역주민의 책임의식, 연대의식, 복지의식 등이 높아질 수 있기 때문이다.

6) 지방자치시대의 복지 불균형

그동안 지방정부의 복지사업 실태를 보면, 지방자치제 실시와 함께 기대한 지역복지발전이라는 긍정적 측면도 있지만 부정적 측면도 드러나고 있다 지방자치가 지역의 책임과 자원에 의해 원활한 자리매김도 하기 전에 1997년 경제적 환난은 국가경제뿐만 아니라, 지방경제에도 큰 타격을 주었다. 이러한 경제위기 이후 현재 지방정부의 복지정책 정향을 파악한다는 것은 그리 용이하지는 않다. 그러나 그러한 와중에서도 분명한 것은, 지방자치제의 실시로 지역에서의 복지에 대한 관심이 높아졌고, 지역에 따라 차이가 있지만, 지방정부가 과거보다는 주민복지에 대해 적극적인 관심을 보이고 있다. 그것은 지방자치단체장들은 주민들에 의한 선거에 의해 피선되기 때문일 것이다.

주민에 대한 삶의 질 향상의 노력은 지역 간 또는 지역 내의 사회 불균형 문제로 확산되고 있다. 사회불균형(social imbalance)은 사회적 자원, 기회, 권력 등이 부문, 계층, 직업집단, 세대, 성, 연령, 학력, 지역 간에 공평하게 배분되지 않는 상태를 말한다. 즉, 단순히 지역적 범주에서 지역 간 지역 내의 사회 불균형을 어떻게 해소할 것인가가 중요한 과제로 등장하고 있다. 지역 간 복지의 차이를 논의할 때, 서울과 지방 또는 도시와 농촌 등의 단순한 이분법적인 논의에서 지역 내의 집단 간, 부문 간, 소지역 간 분화나 차별화가 발생하고 있는 점에 주목해야 한다. 예를 들어, 서울이라는 단일한 광역생활권에서 강남과 강북 간 지역복지 차이의 문제라든가, 특정 집단 및 부문에서 발생하는 복지 불균형의 문제에 관심을 가져야 한다.

그러므로 지방화시대에 지역복지 불균형 문제를 해소할 수 있는 방법에서 지역 간 연계될 수 있는 방법들의 연구, 지역사회에 기반을 둔 복지사업의 실태규명, 지방정부 내의 복지영역 간 복지서비스의 불균등성 발생원인들에 관한 다양하고 풍부한 논의가 제기되어야 할 것이다.

1. 지방자치제가 지역사회복지에 미치는 영향으로 옳은 것은?

　① 지방 중심의 복지행정으로부터 중앙정부 중심으로 패러다임의 전환이 이루어졌다.
　② 지역주민들이 지역의 복지에 대한 책임의식을 갖고 주체적으로 참여한다.
　③ 지방정부의 권력 강화로 복지예산이 감소되어 이로 인해 민간의 참여가 약화되었다.
　④ 전국적으로 획일화되고 통일된 정책 수립이 가능하다.
　⑤ 재정자립도의 격차는 지역 간 복지 불평등을 해소할 수 있다.

2. 지역사회복지의 기본요소가 아닌 것은?

　① 지역사회를 기본단위로 추진
　② 주민조직과 행정조직의 협력관계 구축
　③ 주민 전체에 대해 편의성 제공, 특히 소외계층의 복지를 강조
　④ 인적서비스를 특히 중시하면서 금품서비스를 병행으로 제공
　⑤ 정치조직과 연계

3. 지역사회복지의 사업이 아닌 것은?

　① 주민복지에 관한 사업
　② 사회복지시설의 설치·운영 및 관리
　③ 생활이 어려운 자의 보호 및 지원
　④ 노인·아동·장애인·청소년 및 여성의 보호와 복지증진
　⑤ 중앙정부의 복지예산 편성

4. 지역사회복지 전달체계의 기능이 아닌 것은?

　① 초입기능　　　　② 책임기능　　　　③ 조정기능
　④ 서비스 제공기능　　⑤ 계획 및 통제기능

정답 1. ③ 2. ⑤ 3. ⑤ 4. ③

개요

사회복지공동모금은 지역사회주민의 복지욕구를 충족시키기 위하여 과학적이고 전문적인 모금캠페인을 통하여 사회복지에 필요한 자원을 공동으로 마련하여 모금액을 복지사업에 적절히 배분하는 활동이다. 사회복지협의회는 각 단체 및 기관들 간의 유기적인 협력 및 연계 그리고 조정의 범위로 확대되어 지역주민들의 복지향상을 위하여 효과적으로 운영되도록 하는 대표적인 지역사회조직이다. 지역사회보장협의체는 지역사회의 복지향상을 위해 구성·운영하는 공공과 민간, 그리고 주민과 학계 전문가가 참여하는 협의 구조이며, 지역사회의 강점을 살리면서 지역사회복지를 현실화하는 토대이다. 여기에서는 지역사회복지의 대표적 추진기관 3곳을 선정하여 학습하고자 한다.

학습목표

1. 각 기관의 사업내용
2. 각 기관 간 연계점 토의
3. 사례연구

학습내용

1. 사회복지공동모금회
2. 사회복지협의회
3. 지역사회보장협의체

지역사회복지의 추진기관

1. 사회복지공동모금회

1) 사회복지공동모금회의 성격

(1) 사회복지공동모금회의 개요

사회복지공동모금은 지역사회주민의 복지욕구를 충족시키기 위하여 과학적이고 전문적인 모금캠페인을 통하여 사회복지에 필요한 자원을 공동으로 마련하여 모금액을 복지사업에 적절히 배분하는 활동이다. 「사회복지공동모금회법」 제2조에 따르면, 사회복지공동모금이란 사회복지사업이나 그 밖의 사회복지활동 지원에 필요한 재원을 조성하기 위하여 이 법에 따라 기부금품을 모집하는 것을 말한다.

사회복지공동모금은 공동모금을 통하여 사회복지에 대한 국민의식을 개선하고, 국민의 자발적인 성금으로 조성된 재원을 효율적이고 공정하게 관리·운용함으로써, 사회복지 증진에 이바지함을 목적으로 한다. 즉, 지역사회주민의 자발적인 참여를 통하여 지역사회주민의 자원봉사활동을 활성화하고, 개별 모금의 서비스가 상호 중복, 누락되는 것을 보완해 지역사회 자원배분의 합리성을 높이고, 창조적이고 수준 높은 사회복지 프로그램을 개발하는 데 사회복지공동모금의 목적이 있다.

사회복지공동모금회(Community Chest of Korea)는 국민의 성금으로 마련된 재원을 효율적이고 공정하게 관리·운용하기 위해 설립된 사회복지법인을 말한다. 1994년 지방자치단체의 잘못된 성금모금과 사용을 막기 위하여 공무원의 모금행위 금지와 성금의 용도를 불우이웃사업에 한정하는 내용의 조례가 제정되고 「사회복지공동모금회법」이 개정됨에 따라, 1998년 11월 중앙과 전국 16개 시·도 지회의 통합 모금단체로 설립되었으며, 보건복지부장관의 지도·감독을 받는다.

공동모금회의 명칭은 시대마다, 국가마다 상이하게 사용되고 있다. 예를 들어, 미국, 캐나다, 호주에서는 'United Way'라는 명칭을 사용하고, 우리나라, 일본, 싱가포르는 'Community Chest'라고 호칭하고 있다. 기관연합모금회라는 폐쇄적인 멤버십 모형에 입각하여 모금이 이루어지는 미국의 United Way와는 달리, 우리나라의 사회복지공동모금회는 충족되지 않은 지역사회의 복지욕구에 대응하여 복지수준 향상을 위해 민간자원을 동원하고 배분하는 개방적인 모금과 배분체계를 가지고 있다.

(2) 공동모금의 기본 원칙

「사회복지공동모금회법」 제3조에 따르면, 기본 원칙을 다음과 같이 규정하고 있다.

사회복지공동모금회의 기본 원칙

제3조(기본 원칙)
① 기부하는 자의 의사에 반하여 기부금품을 모집하여서는 아니 된다.
② 제17조에 따라 조성된 재원(이하 "공동모금재원"이라 한다)은 지역·단체·대상자 및 사업별로 복지수요가 공정하게 충족되도록 배분하여야 하고, 제1조의 목적 및 제25조에 따른 용도에 맞도록 공정하게 관리·운용하여야 한다.
③ 공동모금재원의 배분은 객관적인 기준에 따라 효율적으로 이루어지도록 하고, 그 결과를 공개하여야 한다.

(3) 사랑의 열매 로고

사랑의 열매 로고 타입(Logo Type)은 [그림 12-1]과 같다.

[그림 12-1] 사랑의 열매 로고 타입

자료: 사회복지공동모금회(홈페이지, 2023).

2023년 사랑의 열매의 창립 25주년 엠블럼(emblem, 상징)은 [그림 12-2]와 같다.

[그림 12-2] 사랑의 열매 로고 타입

자료: 사회복지공동모금회(홈페이지, 2023).

2) 사회복지공동모금회의 조직과 운영

임원은 회장 1인과 부회장 3인, 이사 15-20인(회장·부회장과 사무총장 포함), 감사 2인을 둘 수 있으며, 임기는 3년으로 하되 1회에 한하여 연임할 수 있다. 조직은 의결기구인 이사회와 심의기구인 분과실행위원회(기획·홍보·모금·배분), 실무부서인 모금사업본부·배분사업본부·기획조정실·홍보실·감사실·연구센터 등으로 이루어져 있다. 2017년 이후로 중앙회 산하에 전국 17개 지회가 있다.

(1) 중앙조직

중앙조직은 회장을 대표로 사무총장 산하 6개 부서, 즉 기획조정본부, 경영지원본부, 모금사업본부, 배분사업본부, 대외홍보본부, 나눔연구소로 구성되어 있다. 그리고 회장 직속의 이사회, 감사, 분과실행위원회(기획, 홍보, 모금, 배분), 준법감시실 등이 조직되어 있다.

이사회는 15-20인으로 구성되며, 사회복지공동모금회의 최고 의사결정기구로서 존재한다. 특히, 이사회의 회장은 대외적으로 사회복지공동모금회의 대표자로 활동하며, 사회복지공동모금회의 최고 책임자로서 정책을 수립하고, 긴급 사안에 대하여 사무총장과 협의, 신속한 결정을 내린다. 따라서, 회장은 대내외적으로 활동능력이 요구되며, 지도력과 포용력을 겸비하고, 사회복지공동모금회의 주요 의사결정과 현안문제의 해결에 헌신적으로 노력해야 한다.

(2) 지방조직

지방조직은 17개 시·도 지회로 구성되어 있다. 각 지역의 사회복지공동모금회는 지역사회의 특성에 따라 사업이 추진되고 있다. 따라서, 각 지역의 조직 역시 특성화 현상을 보이고 있다. 예를 들어, 경기지역사회복지공동모금회의 조직구조는 회장을 중심으로 실무조직인 사무총장 산하에 4개의 실무팀이 구성되어 있다. 그런데 대구사회복지공동모금회는 3개 실무팀이 존재한다. 이러한 현상은 사회복지공동모금회가 전국조직임에도 불구하고, 맞춤형 사업을 운영하기 위한 목적으로 해석된다.

3) 사회복지공동모금회 사업 내용

(1) 기부참여방법

기부참여방법은 다음과 같다(사회복지공동모금회, 2023).

① 착한가정

착한가정은 가족 구성원의 이름으로 매월 2만 원 이상을 어려운 이웃들에게 나누는 가정으로서, 가족 모두가 나눔의 의미를 함께 나눌 수 있는 나눔실천 프로그램이다. 가정에서 나눔의 가치를 실천하는 착한가정은 2016년 5월 시작된 사랑의 열매의 가족 단위 기부 프로그램이다.

② 착한가게

착한가게는 매월 최소 3만 원 이상, 매출의 일정액을 정기적으로 어려운

착한어린이집 선정
(에코i숲어린이집, 인천 계양)

이웃들에게 나누는 가게로서, 매장을 경영하는 자영업자 또는 중소기업, 프랜차이즈, 학원, 병원 등 어떠한 업종의 가게도 참여 가능하다. 여러 가게가 모여 착한 거리, 착한 프랜차이즈와 같은 다양한 형태로도 나눔에 동참하며, 개인 기부 문화가 확산되는 데 앞장서고 있다.

③ 착한일터

착한일터는 기업의 임직원이 매달 급여에서 약정한 후원금을 자동이체하는 정기적 나눔참여방법이다. 직장 내 전 직원의 참여부터 소모임별 참여까지 다양한 형태로 나눔을 실천할 수 있다.

④ 나눔리더

2017년부터 시작된 나눔리더는 1년 내 100만원 이상을 기부·약정한 개인 기부자를 위한 모금프로그램이다. 나눔을 통해 우리 사회의 희망을 밝히고자 하는 많은 분들이 나눔리더에 동참하고 있다.

⑤ 나눔리더스클럽

나눔리더스클럽은 3년 내 1000만원 이상을 일시 또는 약정 기부할 경우, 가입 가능한 기부 프로그램이다. 팬클럽, 동호회, 동창회, 종친회, 향우회 등 다양한 형태의 모임이 나눔리더스클럽으로 함께하고 있다. 나눔리더스클럽은

대한민국 나눔문화 확산을 선도해 나가는 품격 있는 기부자 모임이다.

⑥ 아너 소사이어티

아너 소사이어티(honor society)는 1억원 이상을 기부하였거나 5년 이내 납부를 약정한 개인 고액 기부자들의 모임으로, 대한민국 최초이자, 최고의 고액기부 프로그램이다. 또한 사회문제에 대한 관심과 이해를 바탕으로 참여와 지원을 통해 더 밝은 내일을 여는 사회지도자들의 모임이다. 2007년 12월 출범한 아너 소사이어티는 다양한 연령층과 직업, 지역으로 널리 퍼져, 우리 사회에 선한 영향력을 전파하고 있다.

⑦ 기부자 맞춤기금

기부자 맞춤기금은 일시 또는 약정으로 10억 원 이상을 기부하는 초고액 개인기부 프로그램이다. 기부자의 의사를 전적으로 반영해 기금을 관리하고, 사업을 구성·운영하는 맞춤형 기금사업으로, 대한민국의 초고액 기부시대를 열었다.

⑧ 크라우드 펀딩

크라우드 펀딩(crowd funding)은 일반적으로 자금을 필요로 하는 수요자가 온라인 플랫폼 등을 통해 불특정 다수 대중에게 자금을 모으는 방식을 말한다. 여기에는 부자·조손가정 겨울방학도시락 지원사업, 보금자리 지원사업, 학교폭력 예방을 위한 청소년 뮤지컬, 지역아동센터 아동문화 지원사업, 시각장애인 보장구 지원사업 등 다양한 지원사업이 전개되고 있다.

⑨ 나눔명문기업

나눔명문기업은 대한민국의 나눔문화를 이끌고, 기업사회공헌의 바람직한 롤 모델을 제시하는 대한민국 대표 고액 기업 기부자 모임을 말한다.

⑩ 현물기부

사랑의 열매는 다양한 현물기부와 배분을 통해 사회복지기관과 시설에 실

질적으로 필요한 부분을 지원하고 있다. 식품과 의류 등 각종 생활용품뿐만
아니라, 뮤지컬, 영화관람권 등 문화나눔까지 기부의 범위는 더욱 폭넓게 변
화하고 있다.

(2) 영역별 지원사업

사회복지공동모금회는 8대 배분분야를 중심으로 지속가능발전목표(UN SDGs)
를 적용, 공동모금 배분사업의 특성을 고려한 지속가능발전목표(C-SDGs)를 독
자적으로 수립하여 배분성과와 사회적 가치를 강조하고, 지속가능발전을 위한
국제사회의 노력에 동참하고 있다. 영역별 지원사업은 다음과 같다(사회복지공동
모금회, 2023).

① 현금·현물 기초생계 지원사업

취약계층의 일상생활에서 빈번하게 발생하는 문제들(결식, 가족기능 약화, 개
인 소외 및 결핍)을 지역 내 자원을 발굴 및 연계하여 지역주민이 함께 해결해
나가는 데 초점을 두고 각종 프로그램 진행과 물품을 지원한다.

이를 통해 일상생활에 필요한 물품과 프로그램 서비스 제공을 통해 경제적
부담을 경감시키며, 지역 내 인적·물적 자원을 발굴하여 위기상황 해소에 신
속 대처하고자 한다. 또한 취약계층에 대한 사회적 관심의 지속과 지역 내 상
생성 향상을 위해 힘쓰고 있다. 결과적으로 본 사업의 최종 목적은 우리 지역
내 존재하는 일상생활문제들이 누구에게나 빈번하게 발생될 수 있으며, 취약
계층이 별도로 존재하는 것이 아니라, 우리 주변 이웃 중 하나일 수 있다는
의식전환이 이뤄지는 것이다. 구체적으로 저소득 시민 지원, 따뜻한 겨울나기
지원 중 생계비 지원, 개인 지정기탁 결연사업 중 생계비 지원, 냉난방기기
설치 및 비용 지원, 생필품 등 현물, 명절물품 지원 등이 있다.

② 영양 및 급식 지원

기존 출석률과 진급률이 50% 넘지 못했으나, 본 사업을 통한 무료급식지원
으로 95% 넘는 출석률을 달성하였으며, 진급률도 80% 이상을 달성했다. 이

렇게 학교 출석률을 높여 지속적인 교육지원이 가능하게 하였고, 저소득층 아동들의 경제자립에 밑거름이 되었다. 또한 기아문제의 해결과 HIV 감염에 따른 면역력 강화에 기여하였다. 마지막으로 급식 시작 전 손 씻기 지도부터 기본 위생교육을 생활화할 수 있도록 교육하고, 아동들의 건강과 위생을 관리할 수 있었다. 구체적으로 조식 지원, 식사(급식, 반찬, 도시락 등) 관련 지원, 건강식 및 특수식(고령식, 환자식 등) 지원 등이 있다.

③ 교육 및 자립역량 강화

본 사업은 자립아동의 실태를 파악하고 데이터를 구축하여 자립에 대한 욕구를 파악함으로써 아동 발달 및 환경에 맞는 자립지원을 위해 퇴소 전후 아동들의 자립지지체계 마련을 위한 자립훈련을 지원한다. 퇴소 아동들이 생겨나면서 퇴소 준비지도에 어려움을 겪게 되고, 자립지도의 문제와 중요성에 대해 직면하게 되고, 이를 통해 자립선담요원을 배치하여 상담, 정보제공, 자립지원에 대한 성과를 관리하고 있다. 그로 인해 아동공동생활가정 유형에 맞는 자립지원 모델을 구축하여 퇴소 전 아동의 자기표현력 및 자기 주도성을 강화하여 퇴소 후 아동의 자립 지지체계를 마련하고 있다. 구체적으로 장학금 및 교육비 지원사업, 기초학습 등 지원, 직업훈련교육 및 전문자격취득 지원, 취업 및 진로 컨설팅 지원, 진로교육, 부모교육, 인문학 교육, 독서 교육, 방과 후 등 문화·예술·체육 및 특기적성 활동, 동아리 활동(공연 등) 지원, 악기·체육장비·도서 등 구입 지원 등이 있다.

④ 성평등

사이버 성폭력 피해 상담 및 삭제 연계 지원, 변호사 선임 지원, 심리치료 연계 지원을 통하여 사이버 성폭력 통합 피해자 지원을 진행한다. 통합 지원 프로세스를 구축하여 피해지원의 질적 향상을 위해 피해지원활동가 심리치료, 역량교육, 슈퍼비전을 지원한다. 또한 전국 차원의 피해지원체계를 마련할 수 있도록 지역사회 네트워크를 구축하며, 사건지원과 입법 공백 연구를 위해 법률 지원단을 구성하여 지원한다. 효과적인 지원으로 피해 경험자의 회복을 도우며, 피해 지원 서비스의 질적 향상을 위한 활동가 지원 및 지역사회 네트워크 활성화로 사이버 성폭력 관련 현행법 분석을 통한 법 제도 및 인식 개선을 지원한다. 구체적으로 여성폭력 및 학대 예방, 해소 등, 여성의 정치적 · 경제적 · 사회적 지위향상, 성적 자기결정권 지지 강화 등이 있다.

이외에도 의료비 및 의료서비스 지원, 심리정서 지원, 신체 · 정서적 건강과 회복, 식수 위생 관련 지원, 재생 및 청정에너지 지원, 고용 및 창업 관련 지원, 적정기술과 정보기술 격차 지원 등이 있다.

「사회복지공동모금회법」 제5조에 따르면, 기본 원칙을 다음과 같이 규정하고 있다.

사회복지공동모금회의 사업

제5조(사업) 모금회는 다음 각 호의 사업을 수행한다.
1. 사회복지공동모금사업
2. 공동모금재원의 배분
3. 공동모금재원의 운용 및 관리
4. 사회복지공동모금에 관한 조사 · 연구 · 홍보 및 교육 · 훈련
5. 제14조에 따른 사회복지공동모금지회의 운영
6. 사회복지공동모금과 관련된 국제교류 및 협력증진사업
7. 다른 기부금품 모집자와의 협력사업
8. 그 밖에 모금회의 목적 달성에 필요한 사업

4) 사회복지공동모금회의 배분

사회복지공동모금회는 각종 사업을 통해 사회복지활동을 하는 사회복지시설이나 사회복지 관련 단체들에 배분한다. 모금회의 다양한 기능 중 배분은 모금액을 얼마나 효율적으로 사용하느냐를 결정하는 것으로서, 공동모금회가 성취하고자 하는 목표와 가치를 실현할 수 있는 가장 중요한 기능이라고 할 수 있다. 일반적으로 지역공동모금회가 모금한 재원으로는, 지역사회의 광범

위한 복지욕구를 충족시키기에는 매우 부족하기 때문에 일정한 기준을 설정해서 배분사업을 진행하며, 이를 어떻게 효과적으로 배분할 것이냐 하는 것이 중요한 관건이다. 모금한 재원을 배분하는 일반적 방법은 다음과 같다.

(1) 기관배분형

기관배분형은 사회복지시설이나 기관을 대상으로 모금액을 배분하는 방법이다. 이 방식은 전국적으로 공동모금활동이 전개되는 경우, 각 지역별 시설 또는 기관의 분포가 달라 지역별 불균형을 초래할 가능성이 있지만, 취약한 계층에 대해 우선적으로 지속적 배분이 이루어진다는 점에서는 기본적 방법이라고 할 수 있다.

사회복지시설 기증 차량
(참편한장수요양원, 경기 고양)

(2) 프로그램 배분형

프로그램 배분형은 특정한 문제를 해결하기 위해서 배분하거나, 이를 위한 구체적 프로그램 수행을 위해서 배분하는 방식을 의미한다. 이 방식은 특정한 문제해결이나 프로그램을 대상으로 배분하기 때문에 새로운 문제에 대해 즉각적으로, 그리고 용이하게 대처할 수 있다는 장점이 있으나, 항상 어려움에 처해 있는 사람들이나 새로운 이슈가 아닌 문제에 대해서는 간과하거나, 소홀하기 쉬운 단점을 내재하고 있다.

(3) 지역배분형

지역배분형은 지역을 단위로 배분하는 형으로, 지역별로 특수한 문제를 해결하고, 지역복지를 증진시키기 위한 것이다. 이 방식은 공동모금활동의 지역사회중심이라는 특성과 관련하여 지역사회 복지증진을 가져오며, 지역 간 균형을 도모할 수 있다는 장점이 있다. 즉, 지역마다 문제의 종류나 정도가 다르기 때문에 지역의 특성에 맞게 모금액을 배분하여 사용할 수 있도록 하는 것은 큰 장점이라고 할 수 있다. 그러나 지역만을 강조하다 보면, 전국적 차원의 대규모 문제에 대해서는 대처할 수 없는 우려와 문제점을 안고 있다.

국가별 배분유형은 <표 12-1>과 같다.

〈표 12-1〉 국가별 배분유형의 분류

배분유형		국가명
기관배분형		오스트레일리아, 벨기에, 인도, 마우리티우스, 푸에르토리코
프로그램 배분형		자메이카, 필리핀, 대만
혼합형	기관배분 우선	캐나다, 요르단, 뉴질랜드, 태국, 베네수엘라, 남아프리카
	프로그램 우선	홍콩, 싱가포르, 미국, 버진군도
지역분배형		일본

자료: 양정하 외(2021: 283).

현재 우리나라의 경우는 기관배분형과 프로그램 배분형의 혼합형을 통해 배분하고 있는 실정이다. 사회복지공동모금회 중앙에서는 궁극적으로 프로그램을 대상으로 하는 배분방식이지만, 지역단위로 배분하고 있기 때문에 지역 배분형도 함께 활용하고 있다.

2. 사회복지협의회

1) 사회복지협의회의 성격

(1) 사회복지협의회의 개요

지방분권화 시대에 중앙정부의 역할을 축소하고 지방정부의 역할을 강조하면서 지역사회의 복지증진과 서비스의 효율적인 전달을 위하여 지역사회를 중심으로 한 사회복지 관련 단체 및 시설들의 연합체가 중요해지고 있다. 사

회복지 분야의 핵심적인 영역인 서비스의 연계 및 조정의 역할들이 하나의
단체 또는 하나의 기관을 넘어서서 각 단체 및 기관들 간의 유기적인 협력 및
연계 그리고 조정의 범위로 확대되어 지역주민들의 복지향상을 위하여 효과
적으로 운영되도록 하는 대표적인 지역사회조직이 사회복지협의회이다(양정하
외, 2021: 245).

　사회복지협의회는 1997년 8월 22일 공포된 「사회복지사업법」 제33조의 규
정에 의한 법정 사회복지법인이다. 1952년 2월 한국사회사업연합회로 설립되
었다가 1970년 5월 현재의 명칭으로 개칭되었다. 이 단체는 사회복지에 관한
조사 · 연구와 각종 복지사업을 조성하고, 각종 사회복지사업과 활동을 조직적
으로 협의 · 조정하며, 사회복지에 대한 국민의 참여를 촉진시킴으로써 우리나
라의 사회복지 증진과 발전에 기여함을 목적으로 하고 있다.

　「사회복지사업법」 제33조에 따르면, 사회복지협의회의 설립 근거는 다음과
같이 규정하고 있다.

사회복지협의회의 설립 근거

제33조(사회복지협의회)
① 사회복지에 관한 다음 각 호의 업무를 수행하기 위하여 전국 단위의 한국사회복지협의회(이
　하 "중앙협의회"라 한다)와 시 · 도 단위의 시 · 도 사회복지협의회(이하 "시 · 도협의회"라
　한다)를 두며, 필요한 경우에는 시 · 군 · 구 단위의 시 · 군 · 구 사회복지협의회(이하 "시 ·
　군 · 구협의회"라 한다)를 둘 수 있다.
④ 중앙협의회, 시 · 도협의회 및 시 · 군 · 구협의회의 조직과 운영 등에 필요한 사항은 대통령
　령으로 정한다.

(2) 사회복지협의회의 원칙

　사회복지협의회는 지역사회의 민간 사회복지 관련 조직이나 개인이 보다
효율적으로 사업을 수행할 수 있도록 조정 및 협의하는 기관으로, 다음과 같
은 원칙에 의거하여 운영되어야 한다.

① 주민욕구 중시의 원칙

사회복지협의회는 지역주민의 생활실태와 사회복지 욕구를 파악하고, 그 욕구를 충족시키기 위한 활동을 수행하여야 한다.

② 주민참가의 원칙

사회복지협의회는 주민이 사회복지활동에 많은 관심을 가지고 주체적으로 참여할 수 있도록 개방된 조직구조와 민주적인 과정을 통하여 합의를 도출해 나가야 한다.

③ 전문성의 원칙

사회복지협의회는 지역사회복지활동을 추진해 나가는 데, 지역사회복지활동의 계획 및 실시, 점검·평가, 조직화, 조사, 교육, 홍보 등의 분야에서 전문성을 발휘하는 활동을 수행하여야 한다.

④ 민간성의 원칙

사회복지협의회는 공공적 성격을 지닌 민간단체로서의 특성을 충분히 발휘하여 주민의 복지욕구, 지역사회의 복지과제에 대응하는 개척성이나 적응성, 유연성을 발휘하여야 한다.

⑤ 민관협력의 원칙

사회복지협의회는 민관의 사회복지조직이나 보건·의료, 교육, 노동, 환경 등의 각종 관련 조직뿐만 아니라, 지역주민과의 협력과 역할분담으로 지역사회복지사업을 계획적이고 종합적으로 수행해야 한다.

⑥ 지역특성 존중의 원칙

지방단위의 사회복지협의회의 조직과 구조는 지역사정에 따라 결정되어야 하며, 지역적 특성에 적절한 사업 내용과 방법을 사용하여야 한다.

(3) 사회복지협의회의 기능

사회복지협의회의 기능은 다음과 같다(최선희, 2023: 339).

① 지역사회복지활동 기능으로 지역사회 전체가 가지고 있는 복지욕구를 찾아내고, 해결방안을 강구하고, 계획을 세워 실천함으로써 지역사회의 복지를 증진시키는 것이다.

② 사회복지기관·시설·단체와 관련 단체(자)의 연락·조정·협의의 기능이다. 이 기능은 사회복지시설이나 기관, 단체들의 상호 연계와 협력을 통해 민간의 복지역량을 강화하고, 중복되는 사업을 조정하여 한정된 민간자원의 효율적인 활용을 증대하며, 각종 위원회의 활성화를 통해 관련 기관과 단체와의 협력체계를 구축하여 지역사회의 복지증진을 추구하는 것이다.

③ 앞의 두 가지 기능을 보완·유지하는 기능으로 지역사회복지활동 기능과 연락·조정·협의 기능을 잘 수행할 수 있도록 보완해 주는 것이다. 또한 조사·연구, 정책 개발 및 제안, 교육·활동, 정보 제공 및 출판·홍보, 자원 조성·분배, 국제교류 등의 활동이 있다.

사회복지협의회의 가능은 [그림 12-3]과 같다.

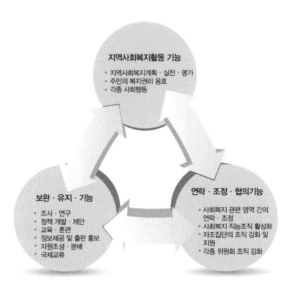

[그림 12-3] 사회복지협의회의 기능

자료: 우수명 외(2023: 259).

2) 사회복지협의회의 조직 및 회원

(1) 조직

중앙협의회, 시·도 사회복지협의회(특별자치도 및 행정시 포함), 시·군·구 사회복지협의회를 설치한다(「사회복지사업법」 제33조제1항).

(2) 회원

한국사회복지협의회 정관 제6조에 따르면, 회원의 구분 및 자격은 다음과 같이 규정하고 있다.

회원의 구분 및 자격

제6조(회원의 구분) 이 회는 사회복지사업법시행령 제13조제1항의 각호에서 정하는 회원을 단체회원과 개인회원으로 구분한다.

제7조(회원의 자격)

① 회원 중 단체회원은 다음 각호의 1에 해당하는 자로 한다.

1. 시·도 사회복지협의회장

2. 사회복지법인 및 사회복지사업과 관련 있는 비영리법인의 대표자

3. 경제계·언론계·종교계·법조계·문화계·보건의료계 등을 대표하는 자

② 회원 중 개인회원은 사회복지사업 수행에 필요하다고 인정되어 회장이 추천하는 자

(3) 임원

① 회장(대표이사) 1인

② 부회장 9인

③ 이사 25인 이상 30인 이하(회장·부회장 포함)

④ 감사 2인

* 법적 근거 : 「사회복지사업법」 제33조

　　　　　사회복지사업법 시행령 제13조

　　　　　한국사회복지협의회 정관 제18조

3) 사회복지협의회의 주요 사업 내용

한국사회복지협의회의 주요 사업은 다음과 같다(복지넷, 2023).

① 사회복지에 관한 조사·연구 및 정책 건의

② 사회복지 관련 기관·단체 간의 연계·협력·조정

③ 사회복지 소외계층 발굴 및 민간사회복지자원과의 연계·협력

④ 사회복지 종사자에 대한 교육훈련, 복지증진

⑤ 사회복지에 관한 자료수집, 각종 간행물 발간 및 홍보

⑥ 시·도 및 시·군·구 사회복지협의회 업무지원 및 협력증진

⑦ 국제사회복지단체와의 교류협력

⑧ 자원봉사활동의 진흥

⑨ 사회복지 자원개발 및 정보화사업의 진흥

⑩ 식품자원 기부촉진 기반조성

⑪ 사랑나눔실천 '1인1나눔계좌갖기운동' 전개

⑫ 소아암·백혈병 및 희귀난치성 질환 환아 진료비지원 사업

⑬ 사회공헌 문화주도 및 종합정보 제공

⑭ 보건복지부장관이 위탁하는 사회복지에 관한 업무 등

⑮ 이 회 목적사업 달성을 위한 수익사업 추진

⑯ 그 밖의 이 회 목적 달성에 필요한 사항

* 법적 근거 :「사회복지사업법」제33조제1항제4호

　　　　　　사회복지사업법 시행령 제12조

　　　　　　한국사회복지협의회 정관 제4조

3. 지역사회보장협의체

1) 지역사회보장협의체의 성격

(1) 지역사회보장협의체의 개요

지역사회보장협의체는 지역사회의 복지향상을 위해 구성·운영하는 공공과 민간, 그리고 주민과 학계 전문가가 참여하는 협의 구조이며, 지역사회의 강점을 살리면서 지역사회복지를 현실화하는 토대이다. 지역사회복지와 관련하여 다양한 관계자들의 민주적 의견수렴 채널을 구조화하고, 이를 통하여 복지 자원의 확충, 효율화, 서비스 간 연계를 도모하여 서비스 대상자의 욕구 충족 및 문제해결을 위한 지역의 역량을 강화한다.

지역사회보장협의체의 정의를 세 가지 측면에서 살펴보면 다음과 같다.

첫째, 지역사회보장협의체는 민·관 파트너십을 통하여 지방자치단체와 민간복지 관련기관, 단체와 주민이 함께 주체가 되어 지역의 주요 복지사안에 대해 협의하는 기구이다.

둘째, 사회복지서비스 및 보건의료서비스의 연계·협력을 바탕으로 하는 이용자 중심의 서비스 전달체계 구축, 지역사회복지 자원의 개발 및 지역사회 보장계획을 심의하는 기구이다.

셋째, 지역사회보장협의체는 지역사회의 복지향상을 위하여 구성·운영되는 것으로써 공공과 민간 그리고 주민과 학계 전문가가 함께 참여하여 지역의 복지자원을 확충하고 효율화하며, 서비스 간 연계를 도모하여 서비스 대상자의 욕구 충족 및 문제해결을 위하여 지역의 역량을 강화하기 위한 협의구조이다.

지역사회보장협의체는 지역 내의 다양한 주체들이 참여하여 지역의 강점을 살리고, 지역의 역량을 모아 연계하는 등 활동을 전개하는 중요한 역할을 맡고 있다. 이에 대한 주도적 책임은 공공에서 맡고 있는데, 기초자치단체의 의지와 역량, 지역사회의 참여 정도에 따라 활동에 있어서는 상당한 차이를 보이고 있다.

「사회보장급여법」 제41조에 따르면, 지역사회보장협의체의 설립 근거는 다음과 같이 규정하고 있다.

제41조(지역사회보장협의체)

① 시장·군수·구청장은 지역의 사회보장을 증진하고, 사회보장과 관련된 서비스를 제공하는 관계 기관·법인·단체·시설과 연계·협력을 강화하기 위하여 해당 시·군·구에 지역사회보장협의체를 둔다.

② 지역사회보장협의체는 다음 각 호의 업무를 심의·자문한다.

1. 시·군·구의 지역사회보장계획 수립·시행 및 평가에 관한 사항

2. 시·군·구의 지역사회보장조사 및 지역사회보장지표에 관한 사항

3. 시·군·구의 사회보장급여 제공에 관한 사항

4. 시·군·구의 사회보장 추진에 관한 사항

5. 읍·면·동 단위 지역사회보장협의체의 구성 및 운영에 관한 사항

6. 그 밖에 위원장이 필요하다고 인정하는 사항

③ 지역사회보장협의체의 위원은 다음 각 호의 사람 중 시장·군수·구청장이 임명 또는 위촉한다. 다만, 제40조제4항에 해당되는 사람은 위원이 될 수 없다.

1. 사회보장에 관한 학식과 경험이 풍부한 사람

2. 지역의 사회보장 활동을 수행하거나 서비스를 제공하는 기관·법인·단체·시설의 대표자

3. 「비영리민간단체지원법」 제2조의 비영리민간단체에서 추천한 사람

4. 제44조에 따른 복지위원의 대표자

5. 사회보장에 관한 업무를 담당하는 공무원

④ 지역사회보장협의체의 업무를 효율적으로 수행하기 위하여 지역사회보장협의체에 실무협의체를 둔다.

⑤ 보장기관의 장은 지역사회보장협의체의 효율적 운영을 위하여 필요한 인력 및 운영비 등 재정을 지원할 수 있다.

⑥ 제1항부터 제5항까지에 규정된 사항 외에 지역사회보장협의체, 실무협의체 및 읍·면·동 단위 지역사회보장협의체의 조직·운영에 필요한 사항은 보건복지부령으로 정하는 바에 따라 해당 시·군·구의 조례로 정한다.

지역사회보장협의체 구성·운영의 목적은 다음과 같다(보건복지부, 2023b: 3-4).
① 민관협력의 구심점으로서 지역사회보호체계를 구축·운영한다.
② 수요자 중심의 통합적 사회보장급여를 제공하기 위한 기반을 마련한다.
③ 지역사회 내 사회보장급여 제공기관·법인·단체·시설 간 연계·협력으로 지역복지자원의 효율적 활용체계를 조성한다.
④ 민·관 협력을 통한 사각지대 발굴 및 지원 강화를 위해 읍·면·동 단위에 주민 네트워크를 조직한다.

추진 경과는 다음과 같다.
① 지방분권으로 국가-지방자치단체 또는 지방자치단체-지방자치단체 사이의 새로운 역할 및 합리적 분담의 변화에 따라 복지분야에서는 공공-민간-시민사회의 참여를 통한 지역중심의 사회복지 전달체계 구축의 필요성 대두
② 2003년 7월 「사회복지사업법」을 개정하여 시·군·구 지역사회복지협의체 설치·운영 및 지역사회복지계획 수립을 의무화
③ 2015년 7월 「사회보장급여법」 시행(보건복지부, 2023b: 4).

(2) 지역사회보장협의체 운영의 원칙

지역사회보장협의체 운영의 일반 원칙은 다음과 같다(보건복지부, 2023b: 7-8).

① 지역성
a. 지역주민 생활권역을 배경으로 조직·운영되는 지역사회보장협의체는 지역주민의 복지욕구, 복지자원 총량 등을 고려, 사회보장급여가 필요한 지원대상자에 대한 현장밀착형 서비스 제공기반 마련
b. 일반적으로 모든 지역에서 수행하는 보편적인 사업과 함께, 해당 지역의 특성·복지환경·문화 등을 반영하여 협의체의 기능 범위 내에서 자체 재원을 활용한 지역사업도 추진 가능

② 참여성

a. 네트워크 조직을 표방하는 지역사회보장협의체는 법적 제도나 규제에 앞서 복지문제 해결을 위한 지역주민의 자발적 참여가 일차적인 추동력으로 작용. 특히, 읍·면·동 단위 지역사회보장협의체의 위원 위촉요건으로 관할 지역의 사회보장 증진에 열의가 있는 사람을 포함하여 위원 구성 시 지역주민에 대한 참여 기회를 대폭 개방

b. 지역사회보장협의체의 원활한 기능 수행을 위해서는 공공과 민간의 적극적이고 자발적인 참여 필요

• 지역사회 내 다양한 분야의 대표성을 가진 사회보장과 관련된 서비스를 제공하는 관계 기관·법인·단체·시설 등의 참여를 전제로 함.

• 복지사각지대 및 자원 발굴과 서비스 제공·연계를 위해 다양한 지역주민들의 폭넓은 참여 필요

③ 협력성

a. 지역사회보장협의체는 네트워크형 조직구조를 통해 당면한 지역사회 복지문제 등의 현안을 해결하는 민·관협력기구

b. 지역사회보장계획의 수립·시행·평가를 위한 협의적 의사결정, 상생적 조직 관계, 지역사회 공동체, 사회적 자본 등을 주요 개념으로 두고, 네트워크를 바탕으로 민주적이고 합리적인 방법으로 운영

c. 네트워크 조직으로 조직 및 구성원 사이의 의미 있는 상호관계 존재, 자원 교환 및 공동목적 달성을 위한 지속적 상호작용, 신뢰에 바탕을 둔 상호작용, 합의된 규칙에 의한 통제, 구성원 간 상당 수준의 자율성을 특징으로 함.

④ 통합성

a. 지역사회 내 복지자원 발굴 및 유기적인 연계와 협력을 통하여 수요자의 다양하고 복잡한 욕구에 부응하는 서비스를 통합적으로 제공

b. 지역주민의 삶의 터전인 지역사회를 중심으로 주민의 다양한 복지서비스 욕구를 충족시키기 위해서는 삶의 각 영역을 포괄하는 다양한 서비스(보건, 복지, 문화, 고용, 주거, 교육 등)가 지역사회에서 제공되어야 함.

⑤ 연대성

a. 자체적으로 해결이 곤란한 복지문제는 지역주민 간 연대를 형성하거나, 인근 지역과 연계·협력을 통하여 복지자원을 공유함으로써 해결

b. 공공부문의 서비스를 보완하는 사회복지법인 외에 비영리 시민단체나 조직의 지역복지 활동 참여 확대뿐만 아니라, 가족과 이웃을 통한 복지 욕구의 충족 등 지역사회에서 활동하는 사회보장 주체의 연대가 중요

⑥ 예방성

• 지역주민의 복합적인 복지문제를 조기에 발견하여 예방할 수 있도록 노력

지역사회보장협의체 구성·운영의 기본 원칙은 모든 지역에서 공히 지켜져야 하며, 이는 지역별로 상이한 특성을 지니고 있다는 점을 감안하더라도 반드시 준수해야 한다. 지역사회보장 증진을 위한 민관협력의 거버넌스를 실현하기 위한 지역사회보장협의체가 구성·운영되는 과정에 지켜야 하는 원칙은 다음과 같다(보건복지부, 2023b: 8-9).

① 지역사회보장협의체의 구성이 개방적이고 중립적이어야 한다.

② 민간분야, 지방자치단체, 학계, 주민의 참여를 망라하여 구성해야 한다.

③ 협의체 구성의 대표성을 확보하여야 한다.

④ 협의체 구성에서 균형을 유지하여야 한다. 그리고 특정 조직이나 인물에 편중된 구성이 되지 않도록 한다.

⑤ 실무자의 참여를 포함하는 다층적인 구성이 되어야 한다. 그리고 운영과정에서도 실무자의 참여와 활동이 강화될 수 있도록 한다.

⑥ 협의체 운영이 지역특성을 반영하는 탄력적인 것이어야 한다. 관련 조례의 내용이나 구성, 논의 의제 등에서 지역특성이 반영되어야 한다.

⑦ 지방자치단체의 참여를 보장하되, 궁극적으로 민간의 주도와 공공의 지원의 구조를 지향하여야 한다. 또한 지역사회 거버넌스의 여건에 따라 방식을 달리할 수 있으나, 민간주도·공공지원이라는 지향점은 동일하다.

⑧ 의사소통 채널을 다양화하여야 한다. 수평적 의사소통 채널뿐 아니라, 연석회의 등 다양한 의사소통의 장을 마련하여야 한다.

(3) 지역사회보장협의체의 기능

지역사회보장협의체의 주요 기능은 협치(governance), 연계(network), 통합서비스 지원 기능 등 세 가지로 구분할 수 있다(우수명 외, 2023: 280).

① 협치의 기능은 지역사회보장계획의 수립·이행·평가 등 지역사회보장의 주요 사항에 대하여 민간과 공공이 협의하여 심의 및 자문을 제공한다. 협치의 기능은 주로 대표협의체에서 수행하지만, 실제 의제를 개발하고 사업을 수행할 경우에는 실무협의체(실무분과) 등과 연계하여 협력 추진한다.

② 연계의 기능은 사회보장과 관련된 서비스를 제공하는 관계 기관·법인·단체·시설과 연계 및 협력을 강화하는 기능을 말한다.

③ 통합서비스 지원 기능은 협의체 내 각 분과 간 통합과 조정의 역할을 수행하고 지역주민의 욕구를 반영한 통합적 서비스제공체계를 지원한다. 통합서비스를 제공하기 위해 기존 보건복지뿐만 아니라, 고용·주거·교육·문화·환경 등 다양한 영역과 연계하는 기능을 가진다.

지역사회보장협의체의 기능은 [그림 12-4]와 같다.

[그림 12-4] 지역사회보장협의체의 주요 기능

자료: 보건복지부(2023b: 47).

2) 지역사회보장협의체의 구성

(1) 지역사회보장협의체의 구성체계

① 개념

지역의 사회보장을 증진하고 사회보장과 관련된 서비스를 제공하는 관계 기관·법인·단체·시설과 연계·협력을 위해 시·군·구 단위로 설치하는 민관협력 기구

② 심의사항

시·군·구의 지역사회보장계획 수립·시행 및 평가, 지역사회보장조사 및 지역사회보장지표, 사회보장급여 제공 및 사회보장 추진, 읍·면·동 단위 지역사회보장협의체의 구성 및 운영에 관한 사항 등

③ 법적 근거

「사회보장급여법」 제14조, 제41조, 시행규칙 제5조, 제6조, 제7조

④ 체계

지역사회보장협의체 – 실무협의체 · 실무분과 – 읍 · 면 · 동 협의체의 수평적 네트워크를 통해 지역사회보장증진을 위한 단위별 역할 수행

수평적 네트워크 관계형성은 [그림 12 – 5]와 같다.

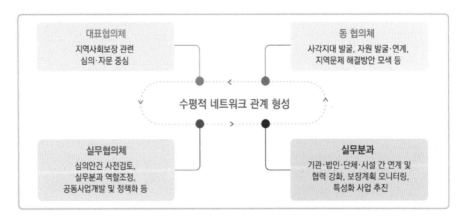

[그림 12-5] 수평적 네트워크 관계형성
자료: 보건복지부(2023b: 15).

⑤ 참여

지역사회보장의 영역을 넓히고 지역의 변화에 능동적으로 대응할 수 있도록 사회보장 전 영역(복지, 보건의료, 교육, 고용, 주거, 문화, 환경)의 참여를 촉구한다. 위원의 위촉이 필요한 경우, 지역 내 사회보장 전 영역의 관련 기관에 공지 및 공모참여를 안내한다.

(2) 지역보장협의체(대표)

① 구성의 원칙

a. 대표성 : 대표협의체의 위원은 공공과 민간을 포함한 해당 시 · 군 · 구의 지역사회보장 이해관계자를 대표할 수 있도록 구성

b. 포괄성 : 대표협의체 위원은 해당 시 · 군 · 구의 지역사회보장 영역(보건 ·

복지·고용·주거 등) 및 연계 분야의 이해관계자를 포괄할 수 있도록 구성

c. 민주성 : 대표협의체 위원은 민주적인 절차와 방법에 의해 임명하거나
위촉

② 위원의 구성 및 선출

a. 시·군·구 사회보장 관련 주요 구성주체인 공공부문 대표·민간부문 대
표·이용자부문 대표 등으로 구성

③ 법적 근거

협의체 위원의 임명/위촉요건은 「사회보장급여법」 제41조에 의거

(3) 시·군·구 지역사회보장협의체

① 시역사회보장계획 수립·시행·평가에 관한 사항 심의·자문
② 지역사회보장지표에 관한 사항 심의·자문
③ 시·군·구의 사회보장급여 제공에 관한 사항 심의·자문
④ 시·군·구의 사회보장 추진에 관한 사항 심의·자문
⑤ 읍·면·동 지역사회보장협의체 운영 지원 및 자문
⑥ 그 밖에 위원장이 필요하다고 인정하는 사항
* 법적 근거 :「사회보장급여법」 제41조제2항

지역사회보장계획 관련 영역별 역할은 <표 12-2>와 같다.

〈표 12-2〉 지역사회보장계획 관련 영역별 역할

지역주민·읍면동 협의체	시·군·구 담당부서	실무협의체(실무분과)	대표협의체
지역사회 의견전달 및 정책제안, 건의	• 과정별 TF구성·운영 • 계획 관련 교육(관련부서·협의체·기관 등) • 계획·시행결과 작성 • 주민참여 촉진·의견수렴	• 계획수립TF 참여 • 계획(안) 사전검토 • 모니터링·평가TF 참여 • 이행점검·결과평가	심의·자문

자료: 보건복지부(2023b: 49).

(4) 읍·면·동 지역사회보장협의체(최선희, 2023: 365).

① 읍·면·동 지역보호체계 구축·운영

② 복지대상자 발굴 업무 관련

③ 복지대상자 지원 확대를 위한 지역자원 발굴 업무 관련

④ 지역 특화사업 추진 업무 관련

* 법적 근거 : 사회보장급여법 시행규칙 제7조

1. 공동모금회의 필요성은?

   ① 자원봉사자의 활성화를 위해 필요하다.
   ② 정부의 책임감을 강조하기 위해 필요하다.
   ③ 민간기관 간의 서비스 조정활동을 위해 필요하다.
   ④ 재원마련을 위한 민간의 부담을 덜어 주기 위해 필요하다.
   ⑤ 세원확보를 위해 필요하다.

2. 사회복지공동모금회의 모금 유형에 관한 설명으로 옳지 않은 것은?

   ① 단체형으로는 손쉽게 많은 액수를 모금할 수 있다.
   ② 특별사업형은 모금의 안정성 확보가 어렵다는 문제가 있다.
   ③ 개별형은 모든 주민의 관심과 참여가 가능하기 때문에 단기간 많은 모금이 가능
      하다.
   ④ 특별사업형은 특별한 프로그램이나 사업을 중심으로 모금하는 방법이다.
   ⑤ 개별형은 많은 시간과 경비가 소요된다는 단점이 있다.

3. 한국사회복지협의회에 관한 설명으로 옳은 것은?

   ① 민간과 공공의 연계 · 협력 · 조정
   ② 복지수요사정에 따른 지역사회보장계획 수립
   ③ 근로능력 있는 저소득층의 자활능력 배양
   ④ 사회복지 관련 기관 · 단체 간의 연계 · 협력 · 조정
   ⑤ 자원봉사 관리자 및 지도자의 교육훈련

4. 다음 중 지역사회보장계획에 포함되지 않는 사항은?

   ① 지역사회보장 수요의 측정, 목표 및 추진전략
   ② 지역사회보장지표의 설정 및 목표
   ③ 사회보장급여의 사각지대 발굴 및 지원방안
   ④ 지역사회보장 전달체계의 예산
   ⑤ 지역사회보장에 필요한 재원의 규모와 조달방안

정답 1. ④ 2. ③ 3. ④ 4. ③

Chapter 13

지역사회복지의 실행기관

개요

사회복지관은 지역사회를 기반으로 일정한 시설과 전문인력을 갖추고 지역주민의 참여와 협력을 통하여 지역사회복지문제를 예방하고 해결하기 위하여 종합적인 복지서비스를 제공하는 시설을 말한다. 재가복지서비스는 사회복지관에서 교육이나 훈련을 받은 사람들이 클라이언트의 기능을 유지·강화·보호하기 위해 도움을 주는 것이며, 도움을 필요로 하는 사람들이 가정에서 도움을 받을 수 있도록 한 것으로, 가족 기능의 약화된 부분을 보완하는 보충적인 서비스를 말한다. 여기에서는 사회복지관과 재가복지센터를 학습하고자 한다.

학습목표

1. 사회복지관의 사업내용
2. 재가복서비스의 사업내용
3. 사례연구

학습내용

1. 사회복지관
2. 재가복지센터

지역사회복지의 실행기관

1. 사회복지관

1) 사회복지관의 성격

(1) 사회복지관의 개요

광교종합사회복지관
(경기, 수원)

사회복지관은 우리나라 사회복지의 발전과정에서 지역사회복지를 실천하는 데 가장 큰 역할을 해 왔으며, 민간 사회복지서비스가 자리를 잡는 과정에 사회복지관은 그 중심이 되었다. 현재에도 사회복지관은 사회복지서비스를 필요로 하는 모든 지역주민을 대상으로 서비스 제공, 재가복지봉사서비스, 사례관리, 주민조직화 등을 통해 지역사회문제를 예방하고 해결하면서 종합적인 복지서비스를 담당하는 중추적인 역할을 하고 있다. 이처럼 사회복지관은 지역사회복지실천의 핵심 현장이다(김영란 외, 2021: 309).

사회복지관(community welfare center)은 사회관(community center), 인보관

(settlement house), 근린관(neighborhood center) 등으로 불린다. 그 기원은 영국의 사회복지법인 토인비 홀(Toynbee Hall), 미국의 헐 하우스(Hull House), 우리나라의 태화여자관이 개관된 데서 비롯된다(홍봉수 외, 2020: 327).

「사회복지사업법」 제2조제5호에 따르면, "사회복지관"이란 지역사회를 기반으로 일정한 시설과 전문인력을 갖추고, 지역주민의 참여와 협력을 통하여 지역사회복지문제를 예방하고 해결하기 위하여 종합적인 복지서비스를 제공하는 시설을 말한다.

보건부지부(2023a: 4)에 따르면, 여기서 지역사회복지란 주민의 복지증진과 삶의 질 향상을 위하여 지역사회 차원에서 전개하는 사회복지를 말한다. 이 사회복지관의 기본적인 성격은 ① 자주성, ② 지역성, ③ 복지성, ④ 다목적성, ⑤ 전문성이다.

사회복지관의 목표는 다음과 같다(보건복지부, 2023a: 4).

> 사회복지관은 사회복지서비스 욕구를 가지고 있는 모든 지역사회주민을 대상으로 보호서비스, 재가복지서비스, 자립능력 배양을 위한 교육훈련 등 그들이 필요로 하는 복지서비스를 제공하고, 가족기능 강화 및 주민 상호간 연대감 조성을 통한 각종 지역사회문제를 예방·치료하는 종합적인 복지서비스 전달기구로서 지역사회주민의 복지증진을 위한 중심적 역할을 수행하여야 한다.

사회복지관의 정의는 다음과 같다(양정하 외, 2021: 204).

첫째, 지역을 근거로 하는 복지기관(community-based agency)이다. 즉, 사회복지관이 설립위치와 사업범위를 지역사회로 한정하고 있다는 의미는 지역적 근거에 기반을 두고 있어야 한다는 것이다.

둘째, 지역주민들의 욕구 및 문제를 파악하여 이에 필요한 서비스를 제공하는 직접서비스 기관이다.

셋째, 사회복지사와 같은 전문인력의 확보를 통해 지역사회주민들의 복지증진을 위한 전문적인 프로그램을 제공하는 복지시설이다.

「사회복지사업법」 제34조의5에 따르면, 사회복지관의 설치는 다음과 같이 규정하고 있다.

제34조의5(사회복지관의 설치 등)

① 제34조제1항과 제2항에 따른 시설 중 사회복지관은 지역복지증진을 위하여 다음 각 호의 사업을 실시할 수 있다.

1. 지역사회의 특성과 지역주민의 복지욕구를 고려한 서비스 제공 사업
2. 국가·지방자치단체 및 민간 부문의 사회복지서비스를 연계·제공하는 사례관리 사업
3. 지역사회 복지공동체 활성화를 위한 복지자원 관리, 주민교육 및 조직화 사업
4. 그 밖에 복지증진을 위한 사업으로서 지역사회에서 요청하는 사업

② 사회복지관은 모든 지역주민을 대상으로 사회복지서비스를 실시하되, 다음 각 호의 지역주민에게 우선 제공하여야 한다.

1. 「국민기초생활 보장법」에 따른 수급자 및 차상위계층
2. 장애인, 노인, 한부모가족 및 다문화가족
3. 직업 및 취업 알선이 필요한 사람
4. 보호와 교육이 필요한 유아·아동 및 청소년
5. 그 밖에 사회복지관의 사회복지서비스를 우선 제공할 필요가 있다고 인정되는 사람

③ 그 밖에 사회복지관의 설치·운영·사업·인력 기준 등에 필요한 사항은 보건복지부령으로 정한다.

사회복지관 규모의 증가는 <표 13-1>과 같다.

〈표 13-1〉 연도별 사회복지관 현황

연도	2005	2010	2015	2020	2021	2022
개소 수	391	425	452	475	475	476

자료: 보건복지부(2023a: 5).

(2) 사회복지관 운영의 기본 원칙

사회복지관이 행하는 사회복지사업은 인도주의와 서비스를 필요로 하는 자의 존엄유지를 전제로 다음 각 호의 기본 원칙에 따라 수행되어야 한다(보건복지부, 2023a: 6-9).

① 지역성의 원칙

사회복지관은 지역사회의 특성과 지역주민의 문제나 욕구를 신속하게 파악하여 사업계획수립 시 반영하여 지역사회의 문제를 해결하고, 이에 따른 서비스를 제공하여야 하며, 지역주민의 적극적 참여를 유도하여 주민의 능동적 역할과 책임의식을 조장하여야 한다.

② 전문성의 원칙

사회복지관은 다양한 지역사회문제에 대처하기 위해 일반적 프로그램과 특정한 문제를 해결할 수 있는 전문적 프로그램이 병행될 수 있도록 지식과 기술을 보유한 전문인력이 사업을 수행하도록 하고, 이들 인력에 대한 지속적인 재교육 등을 통해 전문성을 증진하도록 하여야 한다.

③ 책임성의 원칙

사회복지관은 서비스 이용자의 욕구를 충족하고 지역사회 문제를 해결함에 있어서 효과성을 극대화하기 위하여 최선의 노력을 기울여야 한다.

④ 자율성의 원칙

사회복지관은 다양한 복지서비스를 효율적으로 제공하기 위하여 사회복지관의 능력과 전문성이 최대한 발휘될 수 있도록 자율적으로 운영하여야 한다.

⑤ 통합성의 원칙

사회복지관은 사업을 수행함에 있어 지역 내 공공 및 민간 복지기관 간에 연계성과 통합성을 강화시켜 지역사회복지 체계를 효율적이고 효과적으로 운영되도록 하여야 한다.

⑥ 자원활용의 원칙

사회복지관은 주민욕구의 다양성에 따라 다양한 기능인력과 재원을 필요로 하므로 지역사회 내의 복지자원을 최대한 동원·활용하여야 한다.

⑦ 중립성의 원칙

사회복지관은 정치활동, 영리활동, 특정 종교활동 등에 이용되지 않도록 중립성이 유지되어야 한다.

⑧ 투명성의 원칙

사회복지관은 자원을 효율적으로 이용하고 운영과정의 투명성을 유지하여야 한다.

(3) 사회복지관의 기능

사회복지사업법 시행규칙은 사회복지관의 설치·운영기준 등에 관한 사항을 안내함으로써 사회복지관사업의 운영·관리에 편의를 제공하고자 한다. 이 규정은 사회복지관의 설치·운영에 관하여 적용하되,「사회복지사업법」, 사회복지사업법 시행규칙, 사회복지법인 및 사회복지시설 재무·회계규칙, 지방교부세법 등 관계 법규에서 정하지 않은 사항에 대하여는 본 안내에서 정하는 바를 참고하여 지방자치단체의 장은 자율적으로 시설에 대한 예산을 편성·집행하고 지역실정에 맞는 사업안내서를 작성, 시행한다.

사회복지관의 주요 기능은 다음과 같다(최선희, 2023: 335).

① 관료화되지 않은 기관으로서 주민과의 접촉이 직접적이고, 주민의 생활 전체에 대해 대화를 나눈다.
② 주민에 대해 안정된 거주의 근거를 갖게 한다.
③ 생활문제를 처리하기 위한 새로운 지식과 기술의 응용에 대해 실험을 행한다.
④ 거주하고 있는 장소부근에서 원조를 필요로 하는 자에게 서비스를 제공한다.
⑤ 직접, 간접으로 문화적 활동을 촉진한다.
⑥ 도시계획에 의한 지역사회개발사업의 입안과 실행에 관련해 중요한 서비스를 제공하는 것 등을 거론할 수 있다.

2) 사회복지관의 사업

사회복지관에서는 저소득 취약계층과 지역주민에 대한 실질적인 사회복지서비스가 이루어질 수 있도록 각 사업을 유기적으로 연계하여 실시하여야 한다. 그 내용은 다음과 같다(보건복지부, 2023a: 13-15).

(1) 사회복지관 사업의 대상

사회복지관 사업대상은 사회복지서비스 욕구를 가지고 있는 모든 지역주민으로 한다. 다만, 다음 사항을 주민의 우선적인 사업대상으로 하여야 한다.

① 「국민기초생활보장법」에 따른 수급자 및 차상위계층
② 장애인, 노인, 한부모가족 및 다문화가족
③ 직업 및 취업알선이 필요한 사람
④ 보호와 교육이 필요한 유아·아동 및 청소년
⑤ 그 밖에 사회복지관의 사회복지 서비스를 우선 제공할 필요가 있다고
　 인정되는 사람

(2) 사회복지관 사업 내용

사회복지관은 지역사회의 특성과 지역주민의 복지욕구에 대한 조사결과를 바탕으로 해당 사회복지관의 실정에 적합한 사업 내용을 자율적으로 정하되, 「사회복지사업법」 제34조의5(2021. 12. 21. 공포, 2022.6.22. 시행) 및 동법 시행규칙 별표3에서 정하고 있는 사회복지관의 3대 기능(서비스제공기능, 사례관리기능, 지역조직화기능)을 균형 있게 수행하여야 한다. 다만, 관할 시장·군수·구청장이 지역적 특성을 감안하여 필요하다고 인정한 경우에는 예외사항을 두거나 별도의 사업을 개발·추진할 수 있다.

사회복지관의 사업은 <표 13-2>와 같다.

〈표 13-2〉 사회복지관의 사업

기능	사업분야	사업 및 내용
사례관리기능	사례발굴	지역 내 보호가 필요한 대상자 및 위기 개입대상자를 발굴하여 개입 계획 수립
	사례개입	지역 내 보호가 필요한 대상자 및 위기 개입대상자의 문제와 욕구에 대한 맞춤형 서비스가 제공될 수 있도록 사례개입
	서비스 연계	사례개입에 필요한 지역 내 민간 및 공공의 가용자원과 서비스에 대한 정보 제공 및 연계, 의뢰
서비스 제공 기능	가족기능 강화	1. 가족관계증진사업 : 가족원 간의 의사소통을 원활히 하고 각자의 역할을 수행함으로써 이상적인 가족관계를 유지함과 동시에 가족의 능력을 개발·강화하는 사업 2. 가족기능보완사업 : 사회구조 변화로 부족한 가족기능, 특히 부모의 역할을 보완하기 위하여 주로 아동·청소년을 대상으로 실시되는 사업 3. 가정문제해결·치료사업 : 문제가 발생한 가족에 대한 진단·치료·사회복귀 지원사업 4. 부양가족지원사업 : 보호대상 가족을 돌보는 가족원의 부양부담을 줄여주고 관련 정보를 공유하는 등 부양가족 대상 지원사업 5. 다문화가정, 북한이탈주민 등 지역 내 이용자 특성을 반영한 사업
	지역사회 보호	1. 급식서비스 : 지역사회에 거주하는 요보호 노인이나 결식아동 등을 위한 식사제공 서비스 2. 보건의료서비스 : 노인, 장애인, 저소득층 등 재가복지사업대상자들을 위한 보건·의료 관련 서비스 3. 경제적 지원 : 경제적으로 어려운 지역사회주민들을 대상으로 생활에 필요한 현금 및 물품 등을 지원하는 사업 4. 일상생활 지원 : 독립적인 생활능력이 떨어지는 요보호 대상자들이 시설이 아닌 지역사회에 거주하기 위해서 필요한 기초적인 일상생활지원서비스 5. 정서서비스 : 지역사회에 거주하는 독거노인이나 소년소녀가장 등 부양가족이 없는 요보호대상자들을 위한 비물질적인 지원 서비스

		6. 일시보호서비스 : 독립적인 생활이 불가능한 노인이나 장애인 또는 일시적인 보호가 필요한 실직자·노숙자 등을 위한 보호서비스
		7. 재가복지봉사서비스 : 가정에서 보호를 요하는 장애인, 노인, 소년·소녀가정, 한부모가족 등 가족기능이 취약한 저소득 소외계층과 국가유공자, 지역사회 내에서 재가복지봉사서비스를 원하는 사람에게 다양한 서비스 제공
	교육문화	1. 아동·청소년 사회교육 : 주거환경이 열악하여 가정에서 학습하기 곤란하거나 경제적 이유 등으로 학원 등 다른 기관의 활용이 어려운 아동·청소년에게 필요한 경우, 학습내용 등에 대하여 지도하거나 각종 기능 교육
		2. 성인기능교실 : 기능습득을 목적으로 하는 성인사회교육사업사회복지관의 사업
		3. 노인 여가·문화 : 노인을 대상으로 제공되는 각종 사회교육 및 취미교실 운영사업
		4. 문화복지사업 : 일반 주민을 위한 여가·오락프로그램, 문화 소외집단을 위한 문화프로그램, 그 밖에 각종 지역문화행사사업
	자활지원 등 기타	1. 직업기능훈련 : 소득층의 자립능력배양과 가계소득에 기여할 수 있는 기능훈련을 실시하여 창업 또는 취업을 지원하는 사업
		2. 취업알선 : 직업훈련 이수자 기타 취업희망자들을 대상으로 취업에 관한 정보제공 및 알선사업
		3. 직업능력개발 : 근로의욕 및 동기가 낮은 주민의 취업욕구 증대와 재취업을 위한 심리·사회적인 지원프로그램 실시사업
		4. 그 밖의 특화사업
지역 조직화 기능	복지 네트워크 구축	지역 내 복지기관·시설들과 네트워크를 구축함으로써 복지서비스 공급의 효율성을 제고하고, 사회복지관이 지역복지의 중심으로서의 역할을 강화하는 사업 －지역사회 연계사업, 지역욕구조사, 실습지도
	주민조직화	주민이 지역사회문제에 스스로 참여하고 공동체 의식을 갖도록 주민조직의 육성을 지원하고, 이러한 주민협력강화에 필요한 주민의식을 높이기 위한 교육을 실시하는 사업 －주민복지증진사업, 주민조직화 사업, 주민교육
	자원개발 및 관리	지역주민의 다양한 욕구충족 및 문제해결을 위해 필요한 인력, 재원 등을 발굴하여 연계 및 지원하는 사업 －자원봉사자 개발·관리, 후원자 개발·관리

자료: 사회복지사업법 시행규칙 별표 3.

3) 사회복지관 사업의 기능

(1) 사례관리 기능

① 개념

- 공동사례관리 정의 : 두 개 이상 기관이 협의에 의해 한 대상자(또는 대상가구)를 공동으로 사례관리 하는 협업 체계로, 주사례관리자와 공동사례관리자로 구분하여 역할 및 업무 분담
- 공동사례관리 기준 : 타 기관과의 협업을 통해 더 넓은 범위의 자원을 활용해야 한다고 판단된 경우로, 초기상담과 대상자정보조회(원스크린)를 통해 파악된 정보를 바탕으로 기준을 판단

② 수행주체

민간(시설 등)과 공공(시군구, 읍면동)의 사례관리팀장/사례관리자로, 공동사례관리자를 수행하기로 협의한 담당자

③ 시기

욕구조사(사정) 이후, 사례회의를 통해 협의 후 공동사례관리 결정

④ 공동사례관리 프로세스

사례관리 프로세스상 공동사례관리 수행 절차

- 초기상담, 욕구조사(사정) 이후 통합사례회의를 주최하여 공동사례관리 협의 후 공동사례관리가 필요하다고 판단된 경우, 공동 사례관리 수행

⑤ 공동사례관리 주요 내용

• 사례회의 참석 및 서비스 계획 수립 협의
• 서비스 제공 및 점검 수행 분담
• 공동사례관리 대상자 정보 공유

(2) 사례관리 의뢰

① 개념

• 의뢰요청 : 욕구조사(사정) 결과, 대상자의 특성에 따라 타 기관(공공 또는 타 민간 시설)에서 사례관리가 필요한 경우, 해당기관으로 의뢰 요청
* 대상자의 특성은 아동, 노인, 장애인 등 유형으로, 특성에 따라 전문적이고 특화된 기관에서 사례관리 수행이 적합하다고 판단된 경우에 의뢰할 수 있으며, 사전에 해당 기관과 협의 하여 진행
• 의뢰접수 : 타 기관(공공, 민간)에서 우리 기관으로 사례관리 의뢰를 요청한 경우, 내용 확인 후 승인 또는 반려 처리하여 사례관리 진행

② 수행주체

• (의뢰요청) 민간시설 사례관리자, 공공(지자체) 사례관리자
• (의뢰접수) 민간시설 사례관리자, 공공(지자체) 사례관리자

③ 시기

• (의뢰요청) 사례관리 진행 중 상시 요청
• (의뢰접수) 수시 확인 후 접수

(3) 서비스 의뢰

① 개념

• 서비스 제공계획 수립에 따라 사례관리 대상자에게 제공하기로 한 서비스 또는 사례관리 업무 진행 중 더 이상의 사례관리가 필요하지 않아 단순히 서비스만을 제공 의뢰 요청

② 수행주체
- (의뢰요청) 민간시설 사례관리자, 공공(지자체) 사례관리자
- (의뢰접수) 민간시설 사례관리자, 공공(지자체) 사례관리자

③ 시기
- 초기상담 이후 필요시 수시 신청 가능

2. 재가복지센터

1) 재가복지서비스의 성격

(1) 재가복지서비스의 개요

재가복지서비스는 사회복지관에서 교육이나 훈련을 받은 사람들이 클라이언트의 기능을 유지·강화·보호하기 위해 도움을 주는 것이며, 도움을 필요로 하는 사람들이 가정에서 도움을 받을 수 있도록 한 것으로, 가족기능의 약화된 부분을 보완하는 '보충적인 서비스(supplementary service)'를 말한다.

재가복지서비스는 노인, 장애인, 소녀소년가정, 한부모가정 등 도움이 필요한 클라이언트를 시설에 수용하지 않고 가정에 머물도록 하면서 사회복지시설로 통원하게 하거나, 가정봉사원을 가정으로 파견하여 서비스를 제공함으로써, 이들의 기능을 유지·강화하고 나아가 자립을 돕는 방법이다. 재가복지서비스는 시대적인 변천과 국민들의 사회복지 욕구의 변화에 따라 새로운 프로그램으로 대두되기 시작하였다. 그 이유는, 산업화와 핵가족화로 인해 가족부양에 한계가 왔기 때문이며, 종래의 시설복지서비스보다 비용이 적게 들고 많은 사람들에게 혜택을 줄 수 있기 때문이다.

우리나라에서 사용되는 재가복지서비스의 개념은 지역사회보호와 재가보호의 개념이 혼합된 형태인데, 재가보호에 보다 가까운 개념이다. 가족이라는 장을 중심으로 서비스를 제공한다는 점과 공공 및 민간 조직의 보호를 포함한다는 점에서, 지역사회보호와 재가보호의 개념이 일치하며, 우리나라 재가

복지서비스의 개념도 이러한 기준에 부합한다.

우리나라의 재가복지서비스는 몇 가지 점에서 서구의 지역사회보호와 다른 점을 가진다.

첫째, 우리나라에서는 지금까지 공공조직에 의한 사회적 돌봄이 제공되지 않고 있다. 이것은 우리나라 재가복지서비스 전달체계가 공공복지서비스 전달체계의 부재상태에서 민간조직을 중심으로 형성되었기 때문이다.

둘째, 우리나라의 재가복지서비스는 가족주의의 전통에 따라 가족의 비공식 돌봄을 강조함으로써 사회적 돌봄의 형태 중 재가보호의 성격을 강하게 나타낸다.

셋째, 노인홈 또는 주간보호센터와 같은 가정과 유사한 환경의 조성과 이에 대한 지역사회 내에서 제공되는 다양한 서비스의 제공은, 재가복지서비스의 개념에서 다루어지지 않고 있다. 이러한 점에서 다른 지역사회보호의 개념과 다소 차이를 두고 있다.

재가복지서비스는 시설보호에서 생기는 여러 가지 문제점을 보완하기 위해 도입된 '사회적 보호(social care)'의 한 형태이다. 시설보호는 노인이나 장애인 등 사회적 보호를 요하는 사람들이 일정한 시설에서 의식주를 비롯해 필요한 서비스를 제공받으면서 장기 또는 단기로 거주하는 형태의 사회적 보호이다. 그러나 시설보호에 대해서는 다양한 문제점이 지적되어 왔는데, 이를 살펴보면 다음과 같다.

첫째, 복지시설에 오랜 기간 생활하게 되면서, 나태, 의존, 무료 선호, 불로소득, 무기력 등 이른바 시설병(hospitalization)의 부정적인 측면이 늘어나게 되고, 사회적 적응력이 약화되어 사회로의 복귀가 어려워진다.

둘째, 시설에 입소시켜 서비스를 제공할 경우 사회적 비용이 많이 들기 때문에, 효율성을 제고하여 같은 예산으로 많은 사람에게 사회복지서비스를 제공할 수 있는 재가복지서비스에 대한 필요성이 요구된다.

셋째, 시설에 수용된 클라이언트들은 사회와의 접촉이 줄어들어 사회적 분리감과 소외감이 증가한다. 사회로부터 격리된 클라이언트들은 사회구성원으로서의 역할을 하기 어렵게 되며, 시민으로서 누려야 할 권리도 제약받게 된다.

이러한 문제들은 수용시설에 대한 사회적 수요를 점차 감소하게 했으며, 사회복지서비스가 탈시설화(deinstitutionalization), 사회통합(social integration), 정상화(normalization)를 지향하게 되면서 상대적으로 재가복지서비스에 대한 수요가 증가하게 되었다. 우리나라에서도 해방 이후 급격한 사회혼란과 한국전쟁을 거치면서 불우한 환경의 아동, 노인, 장애인 등을 위한 수용시설사업이 주류를 형성하여 왔다. 그러나 시설보호의 문제점에 대한 인식과 아울러 노인인구의 급속한 증가로 인한 재가노인을 위한 서비스 제공의 필요성, 장애인구의 증가와 함께 재가장애인 서비스 수요의 증가로 재가복지서비스에 대한 필요성은 더욱 늘어나고 있다.

(2) 재가복지서비스의 기본 원칙

재가복지센터에 대한 보건복지부의 운영지침에 의하면, 재가복지서비스란 지역사회 내에서 일정한 시설과 전문인력을 통하여 요보호자에게 필요한 서비스를 제공하는 것이라고 하였다. 재가복지서비스의 기본 원칙은 다음과 같다.

① 적극성의 원칙

서비스 대상자의 요청을 기다리지 아니하고, 적극적으로 서비스 요구를 발굴하여 필요한 서비스를 제공하여야 한다.

② 능률성의 원칙

최소의 비용으로 최대의 효과를 거두기 위하여 인적·물적자원을 효율적으로 운영하여야 한다.

③ 연계성의 원칙

다양한 서비스 욕구를 적절히 충족시키기 위하여 행정기관, 사회봉사단체

등 관련 기관과 수시 연계체계를 갖추고 알선, 의뢰, 자원봉사 등을 수행하여
야 한다.

④ 자립성의 원칙

요보호대상자에 대한 서비스는 본인의 신체적·정신적·사회적 자립 및 자
활을 조성하는 데 주안점을 두어야 한다.

(3) 재가복지서비스의 특성

재가복지서비스는 '재가보호(domiciliary care)'라는 용어로 사용하기도 한다.
재가복지서비스는 고령, 질병, 장애 등으로 인한 생활상의 곤란에 직면하여
타인의 보호가 필요할 때, 시설에 수용하여 보호하는 것이 아니라, 거주하는
지역사회 내에서 가족이나 이웃과 더불어 살 수 있도록 필요한 서비스를 제
공하는 것이다. 이에 따른 재가복지서비스의 특성을 몇 가지 제시하면 다음과
같다.

① 부분적 보호의 제공

지역사회 내의 서비스 제공자는 보건, 교육, 상담 등 관련 영역에 종사하는
전문가, 준전문가, 가정봉사원, 자원봉사자, 비전문가 등이다. 서비스 제공자
는 요보호대상자의 특성상 하루 종일 또는 집중적 보호를 제공하기보다는 서
비스의 시간과 내용에서 부분적 보호를 제공한다.

② 가족 및 이웃의 보호를 전제

재가복지서비스는 가족과 이웃도 보호를 담당하는 주체로 본다. 서비스 제
공자의 모든 시간에 원조를 기대할 수 없는 입장이므로, 방문이나 통원서비스
를 받는 시간을 제외하고는 가족구성원이나 이웃의 사적 보호를 받는 것을
전제로 한다.

③ 가족 전체를 단위로 하는 가족복지서비스

가족은 사회적 지원도 없이 요보호대상자의 서비스나 가사에 매달려서 과

중한 일과에 시달리고 있다. 따라서, 요보호대상자의 보호뿐만 아니라, 가족 구성원의 과중한 부담을 덜어주는 이중의 목적을 가진 서비스를 제공한다.

④ 서비스 시설의 지역적 배치가 중요

지역사회 내의 요보호대상자가 가정에서 서비스를 제공받기 위해서는 가정을 중심으로 서비스의 제공과 자원이 배치되고 있다. 또한 가정과 인접한 지역사회에 시설이나 인력이 배치되어 서비스 접근이 용이해야 한다.

⑤ 새로운 서비스체계를 구조화

지역사회 내에 다양한 서비스 체계로서 자원봉사자 등 사적 원조체계를 새롭게 구축한다. 즉, 기존 서비스 '수급자 – 제공자'의 이원구조에서 '수급자 – 자원봉사자 및 지역주민 – 제공자'의 삼원구조로 공급체계를 구조화할 필요가 있다.

(4) 재가복지서비스의 종류

요보호대상자의 인구학적 특성과 욕구유형에 따라 필요하다고 판단되는 서비스를 제공하되, 그 주요 내용을 예시하면 다음과 같다.

① 가사서비스

집안청소, 식사준비 및 취사, 세탁, 청소 등

② 간병서비스

안마, 병간호 수발, 병원안내 및 동행, 통원 시 차량지원, 병원수속대행, 보건소 안내, 약품구입, 체온측정, 신체운동, 집안소독 등

③ 정서적 서비스

말벗, 상담, 학업지도, 책 읽어 주기, 여가지도, 취미활동 제공, 행정업무

④ 결연서비스

서비스 대상자에 대한 생활용품 및 용돈 등의 재정적 지원 알선, 의부모, 의형제 맺어 주기 등의 서비스

⑤ 의료서비스

지역의료기관, 보건기관과의 연계 및 결연을 통한 정기 또는 수시 방문 진료(수액투약, 혈압체크, 질병상담 및 치료 등)

⑥ 자립지원서비스

탁아, 직업보도, 기능훈련, 취업알선 등 자립능력을 배양할 수 있는 내용의 서비스

⑦ 주민교육서비스

보호대상자의 가족, 이웃, 친지 등을 포함한 지역주민을 위한 재가보호서비스 요령 및 방법 교육

⑧ 기타 사회복지관 내 시설을 활용한 서비스 등

일반적으로 재가복지서비스는 전문적 재가서비스, 재가보호서비스, 예방적 재가서비스, 복지증진서비스로 구성된다.

(1) 전문적 재가서비스

가족구성원의 원조로는 대처할 수 없는 욕구에 대한 서비스이다. 일정 수준 이상의 의료, 간호, 재활, 상담 등의 사회복지서비스가 필요하며, 재가의 경우에는 방문의료, 방문간호, 방문상담 등의 각종 방문서비스가 있다.

(2) 가사, 신변의 원조와 정서적 안정을 위한 재가보호서비스

가족의 힘만으로는 부양을 충족시키지 못할 때 가족 대신 사회적 원조에 의해 보완이 가능한 것을 말한다. 이 서비스는 가사 또는 신변의 원조와 정서적 안정을 위한 것이 주된 활동이다.

(3) 예방적 재가서비스

재가복지에서는 요보호대상이 되지 않도록 사전에 예방활동을 하는 것이다. 따라서, 요보호대상 및 일반 주민도 서비스의 대상이다. 서비스의 내용은 건강교육, 조기진단 및 검진 등의 보건활동이나 식생활 및 주거생활의 개선과 장애인의 발생을 예방하는 활동을 포함한다.

(4) 복지증진서비스

요보호대상자 및 일반 주민을 포함하여 복지증진을 목적으로 한다. 예를 들어, 일반 노인의 사회적 활동 촉진, 노인학교, 노인클럽, 노인을 위한 레크리에이션 활동이 주가 된다. 이외에도 노인복지관, 노인복지센터, 노인정 등의 시설을 통하여 복지증진의 기회를 제공하는 것 등이다.

2) 재가복지서비스의 구성 및 실천모형

(1) 재가복지서비스의 구성요소

재가복지에서의 서비스방법은 재가노인을 위한 가정과 지역사회라는 혼합된 체계의 보호나 장애인의 기능장애를 완화시키고 보완해 주는 사업 내용이 많다. 노인들은 근본적인 질병보다는 노화로 인한 신체의 전반적인 기능약화와 기능장애가 많으며, 무료감이나 고독감에서 오는 심리적 장애도 중요하다. 특히, 기능장애를 나타내는 척도로는 신체적 일상생활수행능력(Physical Activities of Daily Living, PADL), 기본적 일상생활수행능력(Activities of Daily Living, ADL), 사회적(수단적)·도구적 일상생활수행능력(Instrumental Activities of Daily Living, IADL), 기능적 일상생활수행능력(Functional Activities of Daily Living, FADL) 등이 사용된다. 따라서, 서구에서의 재가복지사업은 대부분 지역사회중심재활(Community Based Rehabilitation, CBR)의 장애인복지 차원에서도 다루어진다. 이는 장애인의 재활을 장애인과 그 가족, 그리고 이웃과 지역사회주민들이 서로 협력하여 공동으로 해결하고자 하는 취지이다. 지역사회중심재활(CBR)은 1960년대 말 영국 아일랜드 지방에서 재활 관련 회의 시 점차 늘어나는 장애인에 대하여 지역사회 차원에서 효율적으로 대처해 보자는 의도에서 처음 제안된 것으로, 우리나라에서는 1980년대 중반에 도입되어 발전하고 있다.

지역사회중심재활의 이론적 관점에 따르면, 재활전문가의 직접적인 개입 없이 대다수의 장애인이 지역사회의 인적·물적 자원을 활용하여 욕구해결을 할 수 있다. 지역사회중심재활의 효과로서는 첫째, 지역사회주민의 재활인식과 책임의식 고취, 둘째, 지역사회의 자원을 재활에 동원, 셋째, 장애인에게 스스로 문제를 해결하는 자조의지 강화, 넷째, 훈련된 재활서비스체계 보완 등을 들 수 있다.

이처럼 재가복지서비스는 노인과 장애인을 대상으로 한 지역사회복지의 중핵적인 서비스의 위치를 차지하고 있으며, 재가복지서비스는 종래의 시설복지와 같은 자기완결적인 서비스체계가 아니고, 시설복지 이상의 사회복지 목적의 구현을 위한 새로운 방향을 추구하는 것이라고 볼 때, 재가복지서비스의 구조는 물질적·정신적 영역에서부터 주민들을 위한 수용, 상담, 원조활동을 포함하여 직접적이고 일상적인 대인서비스를 포함한다.

재가복지의 구성요소에는 사적인 수단으로 충족할 수 없는 전문적인 대응을 필요로 하는 전문적 서비스와 가족 등의 욕구충족체제에 대응하는 일상생활원조서비스가 있다. 그러나 아직까지는 재택복지의 구성요소가 필요한 사람에게 언제 어디서나 제공할 수 없는 상태이고, 다양한 공급체계를 하나로 통합하는 종합적인 구성요소의 체계를 확립하지 못하고 있는 실정이다.

재가복지서비스를 실천하기 위한 구성요건의 과제를 살펴보면 다음과 같다.

① 거주공간의 확보

재가복지서비스를 실시하기 위해서는 장애인이든 노인이든지 간에 자립생활을 보장할 수 있는 물리적 환경정비가 필요하다.

② 가정서비스

가정서비스는 재가복지서비스 중에서도 가장 중요한 부분이라고 할 수 있다. 가정서비스에는 정신적·시간적·물리적 원조를 포함한 다양한 서비스가 포함된다.

③ 자기실현서비스

사회복지의 목적은 인간의 특성을 최대한 발휘하는 자립생활의 확보이다. 인간의 특성에는 정신적·문화적인 면을 포함하여 경제적인 면도 포함된다. 일반적으로 자기실현서비스에는 노동, 사회참가, 교류활동, 문화, 취미활동, 여행 등이 포함된다.

④ 보건서비스

보건서비스에는 건강상담, 건강교육, 건강증진, 기능회복, 통원치료 등의 다양한 보건서비스가 포함된다.

⑤ 경제원조

생활보호비가 필요한 보호대상자나 주택개조를 위한 자금의 원조 등을 포함하여 가정에서 경제생활을 충분히 못하는 사람들을 위한 경제원조이다.

(2) 재가복지서비스의 실천모형

재가복지서비스의 실천모형을 이해하기 위해서는 1997년에 개정된 「노인복지법」에서 규정하였던 재가노인을 위한 서비스 영역을 파악하는 것이 우선적으로 필요하다. 즉, 가정봉사원 파견사업, 주간보호사업, 단기보호사업 등 3대 영역이 그것이다. 그리고 2007년에 개정된 「노인복지법」에서는 2008년의 노인장기요양보험제도 실시에 맞추어 1997년에 규정한 서비스 영역을 일부 개편하여 다섯 가지 영역으로 제시하고 있다. 즉, 「노인복지법」 제38조(재가노인복지시설)에서 규정하고 있는 재가노인복지시설의 제공 서비스는 방문요양서비스, 방문목욕서비스, 주·야간보호서비스, 단기보호서비스, 그 밖의 서비스

인데, 이는 노인장기요양보험제도의 재가노인 요양서비스와 일치한다.

「노인복지법」 제38조에 따르면, 제가노인복지시설은 다음과 같이 규정하고 있다.

제38조(재가노인복지시설)

① 재가노인복지시설은 다음 각 호의 어느 하나 이상의 서비스를 제공함을 목적으로 하는 시설을 말한다.

1. 방문요양서비스 : 가정에서 일상생활을 영위하고 있는 노인(이하 "재가노인"이라 한다)으로서 신체적·정신적 장애로 어려움을 겪고 있는 노인에게 필요한 각종 편의를 제공하여 지역사회 안에서 건전하고 안정된 노후를 영위하도록 하는 서비스

2. 주·야간보호서비스 : 부득이한 사유로 가족의 보호를 받을 수 없는 심신이 허약한 노인과 장애노인을 주간 또는 야간 동안 보호시설에 입소시켜 필요한 각종 편의를 제공하여 이들의 생활안정과 심신기능의 유지·향상을 도모하고, 그 가족의 신체적·정신적 부담을 덜어주기 위한 서비스

3. 단기보호서비스 : 부득이한 사유로 가족의 보호를 받을 수 없어 일시적으로 보호가 필요한 심신이 허약한 노인과 장애노인을 보호시설에 단기간 입소시켜 보호함으로써 노인 및 노인가정의 복지증진을 도모하기 위한 서비스

4. 방문 목욕서비스 : 목욕장비를 갖추고 재가노인을 방문하여 목욕을 제공하는 서비스

5. 그 밖의 서비스 : 그 밖에 재가노인에게 제공하는 서비스로서 보건복지부령이 정하는 서비스

② 제1항에 따른 재가노인복지시설의 이용대상·비용부담 및 이용절차 등에 관하여 필요한 사항은 보건복지부령으로 정한다.

이외에도 재가노인복지를 위한 서비스 실천모형과 관련이 있는 유형으로는, 경로우대사업과 방문간호서비스사업, 그리고 재가복지봉사센터사업(현재, 재가복지봉사서비스)도 포함될 수 있다. 그 내용은 다음과 같다.

첫째, 경로우대사업은 노인이 그 가족과 지역사회에 일평생을 기여해 온 공로를 인정하고 수송시설 및 공공시설을 무료로 또는 할인된 금액으로 이용할 수 있도록 정부에서 권장하고 있는 서비스이다. 경로우대사업은 「노인복지법」 제정 이전에는 보사부훈령 제04호인 "경로우대증 발급 및 발급 규정"에 의해 시행되었고, 1981년 제정된 「노인복지법」 제26조(경로우대)에 근거하고 있다.

둘째, 방문간호사업은 1991년부터 보건소에서 생활보호대상 노인들을 대상으로 최초로 시행하였으며, 1993년 간호협회의 가정간호사가 일반인들을 대상으로 가정간호사업을 한 것을 시작으로 1995년에는 저소득층을 포함시켰다. 그리고 1994년에 병원 중심의 가정간호사업을 한 것을 시작으로, 그 후 지역사회복지관이나 노인복지회관에서도 자원봉사 의료인력을 활용하여 수시로 사업을 시행하고 있다. 당초 가정간호에 대한 논의는 1970년대 초에 간호원(사)들에 의해서 필요성이 논의되기 시작하여, 1990년 1월에 의료법 시행규칙 제54조를 개정하여 분야별 전문간호사에 가정간호사 제도를 둔 것이 그 경과이다.

셋째, 노인복지 분야가 아닌 일반 사회복지서비스 대상자들에게 급여되는 재가서비스는, 사회복지관 등에서 부설로 초기에 운영하였던 재가복지봉사센터가 명칭이 변경된 '재가복지봉사서비스'가 있다. 당초 재가복지서비스의 상당부분은 우리나라의 경우 전국적인 조직이 구성되어 있는 지역사회복지관 부설의 재가복지봉사센터에서 공급해 왔으며, 이외에도 노인복지관이나 노인복지기관(센터) 등에서 재가노인들을 대상으로 복지서비스를 실시하고 있다. 이들 재가복지봉사서비스기관이 공통적으로 수행하는 서비스의 급여대상자는, 지역사회 내 저소득 계층을 우선으로 하되, 그 범위는 다음과 같다.

① 국민기초생활보장 수급권자
② 기타 저소득층 가정으로서 재가복지서비스가 필요하다고 인정되는 자
　　(무의탁 국가유공자 및 유족 등)
③ 재가복지서비스를 필요로 하는 지역주민

3) 재가복지서비스의 사업 내용

2008년 7월 노인장기요양보험제도가 실시됨에 따라, 기존 노인재가복지시설로 되어 있던 가정봉사원파견시설, 주간보호시설, 단기보호시설의 명칭을 방문요양서비스, 방문목욕서비스, 주·야간보호서비스, 단기보호서비스 등 재가노인복지시설로 명칭을 통일하고, 서비스 종류로 구분하는 것으로 변경되

었다. 하지만 재가복지서비스의 3대 핵심사업은 일부 명칭이 변경되었지만, 노인재가복지시설에서 제공하는 서비스라는 점은 변동되지 않았다.

전통적으로 재가복지서비스의 3대 핵심사업은, 주간보호사업, 단기보호사업, 가정봉사원 파견서비스로 분류하고 있다. 대체적으로 주간보호사업이나 단기보호사업의 서비스 내용은 비슷하다. 단지, 단기보호사업이란 단기간 동안 숙식을 제공하기 때문에 경우에 따라 24시간을 거주할 수 있는 시설과 인력이 필요하다.

(1) 주간보호사업

주간보호사업은 부득이한 사유로 가족의 보호를 받을 수 없는 노인을 낮 동안 시설에 입소시켜 필요한 서비스를 제공하는 사업을 말한다. 대표적 시설로는 일시보호시설, 탁노소 등이 있다. 영어로는 'Day Care Center, Day Service Center'라고 하며, 우리말로 직역하면, 일시보호시설, 탁아소, 탁노소 등에 해당하나, 우리나라에서는 주간보호사업으로 사용하고 있다. '데이케어(day care)'라고 하는 용어는 사회복지 분야에서 오래전부터 사용되어 왔다. 그 의미는 가정에서 통원을 중심으로 서비스를 제공받을 수 있는 시설을 말한다. 이에 해당하는 대표적인 시설이 보육시설, 즉 어린이집(탁아소)이다.

우리나라의 주간보호사업은 1992년 서울의 한국노인복지회, 은천노인복지센터, 천사양로원 등에서 시작하였다. 1994년 부산의 남광사회복지재단, 애광원, 경기도의 신양원 등으로 확대, 운영되고 있다. 현재는 노인 주야간보호서비스를 제공하는 시설만 전국적으로 800여 개소가 운영되고 있다.

주간보호사업의 목적은 다음과 같다.

첫째, 가정에서만 생활하고 있는 허약한 노인 또는 장애노인에게 사회적으로 고립되어 있는 생활에서 벗어나 자립생활과 심신의 기능이 저하되지 않도록 예방 및 원조하여 주는 데 있다.

둘째, 가정에서 노인을 부양하고 있는 보호자들의 수고와 노력을 덜어 주는 데 있다.

주간보호사업의 역할은 다음과 같다.

첫째, 요보호노인이 증가하는 것에 효율적으로 대처하는 데 있다. 따라서, 일정한 장소에서 요보호노인들에게 복지서비스를 집중적으로 제공하여야 한다.

둘째, 가정에서만 서비스를 제공받는 자들은 외부와의 접촉이 점점 멀어져 정신적으로나 신체적으로 침체될 우려가 있다. 이들을 포함하여 주간보호시설을 통한 동년배들과의 교류 및 접촉은 생의 보람과 향상을 가져올 수 있다.

셋째, 심신의 기능을 유지 또는 향상시킬 수 있다. 결과적으로 노인시설에 입소를 하여야 할 노인이 주간보호시설을 이용함으로써 생활시설에 입소시기를 늦추든가 입소를 하지 않을 수 있다. 또한 지역에서 주간보호서비스를 받을 수 있다고 하는 것은, 시설에 입소하고자 하는 자들로 하여금 지역에서 생활할 수 있다는 생각을 갖게 할 수 있다.

주간보호사업의 주요 서비스 내용은 다음과 같다.
① 주간보호서비스를 이용하는 노인들의 교통서비스
② 생활지도 및 일상생활 동작훈련 등 심신의 기능회복을 위한 서비스
③ 급식 및 목욕서비스
④ 취미, 오락, 운동 등 여가생활서비스
⑤ 노인가족들을 위한 교육 및 상담서비스

(2) 단기보호사업

① 단기보호서비스

단기보호서비스(short stay service)는 집에서 보호를 받고 있는 장애노인을 단기간 수용·보호하는 프로그램으로서 부양 의무자가 병이나 여행 또는 개인적인 일로 보호를 할 수 없을 때 서비스를 제공하는 것을 말한다.

우리나라 단기보호는 1992년 대구, 인천, 광주, 충북, 전북, 전남 등의 실비양로시설이나 요양시설에서 시범적으로 운영되어 왔으며, 현재는 단기보호사업을 노인입소시설에서 제공할 뿐만 아니라, 지역사회복지관, 노인복지관, 재

가노인봉사센터 등 이용시설에서도 허약한 노인이나 심신장애노인을 대상으로 일시적으로 서비스를 제공하고 있다.

② 단기보호서비스 내용

a. 안정과 휴양의 장소 제공
b. 보호·감독의 서비스를 받을 수 있는 점
c. 장애에 따른 사회적 고립을 예방할 수 있다는 점
d. 각종 문제의 상담서비스
e. 가벼운 질병이나 장애에 대한 의료재활서비스

(3) 가정봉사원과 요양보호사 파견사업

가정봉사원 파견사업은 여러 가지로 도움이 필요한 노인, 장애인, 아동의 가정에 가정봉사원을 파견하여, 다양한 재가서비스를 제공하는 사업을 말한다. 가정봉사원은 영어의 'home helper, home maker, home maker-home health aids' 등이 번역·사용된 용어이다. 외국의 경우, 홈 헬퍼는 소정의 활동비를 지급받으면서 활동하는 유급을 의미하고 있다. 가정봉사원의 경우, 유급과 무급으로 분류할 수 있다. 유급 가정봉사원이란, 가정봉사원에 참여한 시간에 대하여 활동비를 지급받으며 활동하는 자들을 말한다. 무급 가정봉사원은 무보수를 원칙으로 활동하는 자원봉사형 가정봉사원을 말한다.

우리나라의 가정봉사원 파견사업은, 1987년 한국노인복지회에서 무의탁노인을 돕기 위해 처음으로 시작하였다. 1989년에는 서울시립노인종합복지관(북부와 남부 노인복지관)에서 무의탁노인을 위한 가정봉사원 파견사업을 실시하였다. 같은 해 「노인복지법」이 개정되어 가정봉사원 파견사업이 노인복지사업으로 규정되어 정부에서 보조금을 지원받을 수 있는 근거가 마련되었다. 1991년 한국사회복지협의회에서 지역복지봉사센터를 전국 15개 지부에 설치하면서 자원봉사자를 모집하여 사회복지시설과 사회복지관에 육성·파견하는 사업을 시작하였다.

1992년 사회복지협의회 부설 지역복지봉사센터, 장애인복지관 부설과 종합사회복지관 부설에 141개소의 재가복지봉사센터가 설립되어 가정봉사원 파견사업이 전국적으로 시작되었다. 1993년에는 「노인복지법」 개정으로 재가노인복지사업이 가정봉사원 파견사업과 주간보호사업 그리고 단기보호사업으로 확대되면서 노인복지사업의 핵심사업으로 발전되었다.

복지선진국의 경우, 그 나라의 사회복지서비스 수준은 가정봉사원의 수, 그리고 이에 투입되는 예산과 정비례할 정도로 가정봉사원 파견사업의 중요성이 인식되고 있다. 2008년 7월부터 시작된 노인장기요양보험제도에 의해 시작된 요양보호사제도는 그동안 재가복지서비스 분야에서 활용되어오던 유급 가정봉사원 인력이 제도화된 것이다. 그러나 우리나라의 요양보호사 자격제도는 누구나가 너무나 쉽게 자격을 취득할 수 있도록 졸속으로 제도화하였다는 점에서 비판받아 마땅하다. 조금은 더 질적으로 전문성을 인정받을 수 있는 전문인력으로 제도화하였어야 했다. 최소한도 요양보호사 자격제도도 2급에서 1급 또는 3급에서 1급까지로 단계적으로 전문성을 인정받을 수 있게 하는 등 제도화하지 못하고 있다.

4) 재가복지센터의 운영

(1) 재가복지센터와 운영주체

재가복지센터
(경남, 창원)

앞으로 정부에서는 재가복지서비스를 전개하는 데 있어서 어느 기관에 위탁할 것인가, 많은 기관과 단체 중에서 중심이 되는 기관과 단체는 어느 기관이 되어야 하는가 하는 운영주체를 결정해야 한다. 우리나라의 경우, 사회복지기관의 운영주체는 대체로 정부기관과 민간법인단체이다.

재가복지서비스의 운영주체는 ① 공공기관(지방자치단체), ② 사회복지법인 및 기타 법인, ③ 복지공사, ④ 협동조합, ⑤ 기업 등으로 확산되고 있다. 이 중에서 복지공사란, 정부에서 설립한 기관으로 한국토지주택공사나 한국전력공

사 등이 있다. 우리나라에도 개정된 「사회복지사업법」에 사회복지법인을 신
고시설과 미신고시설로 나누어, 재가복지사업에 기업이나 종교법인, 개인도
사회복지사업에 참여가 가능하도록 다양하게 열어 놓았다. 선진국에서 실시
되고 있는 복지다원주의(welfare pluralism)가 우리나라에서도 이미 적용되고
있는 셈이다. 또한 종교법인이나 가족계획협회, 농협 등도 재가복지기관을 운
영할 수 있도록 제도화하여 다양한 단체가 재가복지사업에 참여하고 있다.

우리나라의 경우, 재가복지사업의 중추적인 운영주체는 전국적으로 조직화
되어 있는 종합사회복지관 부설 재가복지봉사센터이다. 그 다음은 노인종합
복지관, 장애인종합복지관 부설 재가복지봉사센터와 노인복지사업 지침에 의
해 재가노인복지기관으로 선정된 기관 등이 재가복지서비스 관련시설이 될
수 있다.

(2) 재가복지센터의 기능 및 역할

재가복지센터는 지역사회 내의 사회복지관 부설 센터로 노인, 장애인, 결손
가정 등과 저소득층 가정을 대상으로 종합적 재가복지서비스를 제공한다. 특
히, 지역사회자원을 발굴하고 활용하는 역할 등 매우 포괄적인 서비스를 담당
하고 있다. 노인복지관 부설 단독세대 노인 및 거동이 불편한 노인을 대상으
로 재가복지서비스를 제공한다.

장애인복지관 부설 센터는 재가 장애인 및 가족을 대상으로 순회재활서비
스를 제공하고 있다. 재가복지센터의 기능적 역할을 제시하면 다음과 같다.

① 조사·진단의 역할

재가복지서비스 대상자 및 가정의 욕구조사와 문제의 진단 등을 통해 필요
한 서비스의 종류를 선정한다.

② 서비스 제공의 역할

재가복지서비스 대상별로 측정된 욕구와 문제의 진단내용에 따라 직·간접
적 서비스를 제공한다.

③ 지역사회자원 동원 및 활용의 역할

재가복지서비스의 내실화와 대상자 및 가정의 욕구와 문제해결을 위해 지역사회 인적·물적 자원을 동원, 활용한다.

④ 사업평가의 역할

재가복지서비스 사업을 평가하기 위하여 서비스 기능, 분야별 효과, 자원동원 및 활용효과 등에 관하여 자체 평가하고 그 결과가 사업에 활용되도록 한다.

⑤ 교육기관의 역할

자원봉사자 및 지역주민에게 재가복지서비스사업, 사회복지사업 및 취미, 교양 등에 관한 교육을 제공한다.

⑥ 지역사회 연대의식 고취의 역할

지역사회 내 인적·물적 자원 연계를 통한 계층 간 연대감을 고취시킨다.

(3) 재가복지센터의 프로그램

① 방문간호

방문간호는 보건·의료 분야에서 행해지고 있는 재가간호서비스와 같은 방법이다. 방문간호는 가능하면 자격증을 가지고 있는 간호사에 의해 서비스가 이루어지면 좋겠으나, 자격증 소지자가 절대적으로 부족하기 때문에 문제점으로 제기되기도 한다. 미국에서도 이러한 문제점을 보완하기 위하여 무자격자라 하더라도 '홈 헬스 에이드(home health aid)'라는 명칭으로 방문간호를 실시하고 있다. 그러나 의료보험 급부 대상자들에게만 적용되는 단점도 있다.

우리나라에서는 태화기독교사회복지관이나 YWCA 등에서 실시하고 있는 간병인 프로그램도 재가노인이나 환자들을 위한 방문간호에 일익을 담당하고 있다. 현재에도 기관마다 일정한 훈련을 거쳐 가정에 파견하고 있으나, 가정봉사원 제도와 함께 자격제도를 강화할 필요가 있다.

② 가사원조

가사원조는 가정봉사원들에 의해 실시되는 사업으로 노인과 장애인의 가정, 소년·소녀가정 등의 가사를 돌보아주는 것을 말한다. 재가복지서비스분야에서 가장 큰 비중을 차지하고 있으며, 구미에서의 가정봉사원(home helper) 사업에는 대부분 공무원들이 그 업무를 수행하고 있으며, 일부는 민간복지 분야의 가정봉사원들이 참여하고 있다. 물론 자원봉사자들에 의한 가사원조활동도 많이 있다. 우리나라에서도 가사를 돌보아 주는 가사원조서비스가 재가복지사업의 큰 비중을 차지하고 있다.

③ 식사제공서비스

식사서비스(meals on wheels)는 거동이 불편한 노인을 우선으로 매일 1회에서부터 주 1회까지 대상자의 자립능력에 따라 식사서비스를 제공하는 프로그램이다. 대상자 가정을 방문하여 식사를 직접 만들어 제공하는 방법과 자동차를 이용하여 도시락을 배달하는 방법이 있다. 식사서비스는 영국에서 처음으로 시작되었으나, 지금은 많은 나라에서 활용하고 있다. 식사를 준비하거나 배달을 하면서 노인들의 건강상태나 상담도 할 수 있기 때문에 좋은 프로그램으로 활용되고 있다. 우리나라에서도 현재 밑반찬배달서비스, 도시락배달서비스 등으로 사업을 시작하고 있는데 반응이 매우 좋은 편이다.

④ 목욕서비스

가정에 욕실이 있을 경우에는 주 1-2회 가정봉사원이 방문하여 목욕서비스를 제공한다. 그러나 욕실이 없을 경우에는 목욕차(목욕이 가능한 트럭)를 집 근처까지 이동하여 목욕을 시키는 프로그램이다. 우리나라에서도 현재 목욕서버스 실시가 많이 증가하여 반응은 매우 좋으나, 비용과 인력이 많이 소모되는 단점이 있다.

⑤ 세탁서비스

고령자이면서 허약하거나 장애가 있는 노인들에게 많이 활용되고 있다. 최근에는 가정봉사원이 세탁물을 집으로 가져가서 세탁 후 다음 방문기회에 가져다주는 방법이 늘고 있다. 세탁서비스와 병행하여 대상자와의 상담활동이 전개됨은 물론이다.

이 밖에도 이불건조서비스, 주택개량 및 개선서비스, 재활과 보호기구의 제공 및 대여, 복지전화서비스 등이 있으며, 정기적으로 노인수당의 심부름, 교통안내 및 외출서비스, 보행원조서비스, 기타 서비스 등을 통하여 대상자들의 건강상태를 수시로 파악하고 있다.

이상에서 제시한 것 이외에도 대상자들을 가정봉사원의 집에 초대한다거나, 기타 취미활동으로 우표 모으기, 음악 감상, 레크리에이션 활동 등도 포함된다.

1. 사회복지관 사업의 우선적 대상이 아닌 것은?

   ① 일반지역주민
   ② 빈곤의 악순환이 예측되는 가정과 주민
   ③ 다문화가족
   ④ 유아보호 및 교육이 필요한 가정과 주민
   ⑤ 직업, 부업훈련 및 알선이 필요한 가정과 주민

2. 사회복지관의 5개 사업분야에서 지역사회보호사업이 아닌 것은?

   ① 주민복지증진사업   ② 보건의료서비스
   ③ 경제적 지원   ④ 일상생활지원
   ⑤ 정서지원서비스

3. 재가복지서비스에 대한 설명으로 옳은 것은?

   ① 방문간호, 가사원조, 식사서비스, 목욕서비스를 제공한다.
   ② 재정은 전적으로 법인의 출연금으로 충당한다.
   ③ 예방적 서비스보다 치료적 서비스가 중심이다.
   ④ 고령자이면서 허약한 노인만을 서비스 대상으로 한다.
   ⑤ 사회복지법인에서만 운영할 수 있다.

4. 재가복지의 특성으로 옳은 것은?

   ① 다양한 욕구충족을 위해 서비스 연계를 구축한다.
   ② 신청에 의해서만 서비스를 제공한다.
   ③ 요보호자는 자활에 주안점을 둔다.
   ④ 시설을 중심으로 서비스를 제공한다.
   ⑤ 공공재원에 의한 운영을 원칙으로 한다.

정답 1. ① 2. ① 3. ① 4. ①

참고문헌 References

1. 국내문헌

감정기 외(2010). 『사회복지의 역사』. 경기: 나남.

감정기 외(2015). 『지역사회복지론』. 경기: 나남.

강기정 외(2021). 『사회복지 윤리와 철학』. 경기: 어가.

강철희(2013). 『지역사회복지론』. 서울: 나남.

고광신 외(2017). 『사회복지정책론』. 서울: 동문사.

고명석 외(2017). 『지역사회복지론』. 서울: 동문사.

고수현 외(2015). 『지역사회복지론』. 경기: 양서원.

길귀숙 외(2018). 『사회복지실천론』. 경기: 양서원.

김광희(2015). 『지역사회복지론』. 경기: 공동체.

김구(2023). 『사회복지정책론』. 경기: 어가.

김만호(2016). 『지역사회복지론』. 경기: 양성원.

김범수 외(2016). 『지역사회복지론』. 경기: 지식공동체.

김병 외(2022). 『지역사회복지론』. 서울: 창지사.

김보기 외(2019a). 『사회복지실천론』. 경기: 양성원.

김보기 외(2019b). 『인간행동과 사회환경』. 경기: 양성원.

김보기 외(2020). 『사회복지와 문화다양성』. 서울: 동문사.

김보기 외(2021a). 『가족상담 및 가족치료』. 서울: 조은.

김보기 외(2021b). 『사회복지실천기술론』. 서울: 정원.

김보기 외(2022a). 『사회복지정책론』. 서울: 박영스토리.

김보기 외(2022b). 『복지국가론』. 서울: 동문사.

김보기 외(2023). 『심리학』. 서울: 박영스토리.

김성철 외(2020). 『지역사회복지론』. 경기: 양서원.

김수목 외(2021a). 『사회복지행정론』. 서울: 조은.

김수목 외(2021b). 『사회복지조사론』. 서울: 박영스토리.

김수목 외(2022). 『인간행동과 사회환경』. 서울: 박영스토리.

김수진 외(2014). 『지역사회복지론』. 경기: 양서원.

김영란 외(2021). 『지역사회복지론』. 경기: 공동체.

김영미 외(2022). 『지역사회복지론』. 경기: 양서원.

김영철 외(2021). 『정신건강론』. 서울: 조은.

김영철 외(2022a)『인간행동과 사회환경』. 서울: 박영스토리.

김영철 외(2022b). 『사회복지실천론』. 서울: 박영스토리.

김영철 외(2022c). 『장애인복지론』. 서울: 박영스토리.

김영철 외(2023). 『사회복지행정론』. 서울: 박영스토리.

김용환 외(2022). 『지역사회복지론』. 서울: 동문사.

김욱진 외(2021). 『지역사회복지론』. 경기: 공동체.

김종일(2012). 『지역사회복지론』. 서울: 청목출판사.

김준환 외(2019). 『지역사회복지론』. 서울: 어가.

김태진(2012). 『사회복지의 역사와 사상』. 대구: 대구대학교출판부.

김현호 외(2020). 『지역사회복지론』. 경기: 양성원.

김흥주(2023). 『지역사회복지론』. 서울: 신정.

도미향 외(2022). 『인간행동과 사회환경』. 서울: 신정.

박계자 외(2022). 『프로이트 정신분석상담』. 서울: 조은.

박광준(2013). 『사회복지의 사상과 역사』. 경기: 양서원.

박명현(2011). 『사회복지의 역사』. 경기: 공동체.

박병현(2016). 『사회복지의 역사』. 경기: 공동체.

박서영 외(2015). 『지역사회복지론』. 경기: 정민사.

박원진 외(2018). 『지역사회복지론』. 경기: 양성원.

박종란 외(2020). 『노인복지론』. 서울: 정원.

박종란 외(2021). 『사회복지현장실습』. 서울: 조은.

박주현(2021). 『사회복지정책론』. 서울: 어가.

박태영 외(2014). 『지역사회복지론』. 경기: 정민사.

박태영 · 채현탁(2014). 『지역사회복지론』. 경기: 정민사.

박현식 외(2021). 『지역사회복지론』. 경기: 양서원.

박화상 외(2023). 『사회복지와 문화다양성』. 서울: 박영스토리.

박희숙 외(2018). 『사회복지실천론』. 경기: 공동체.

보건복지부(2015). 「사회보장협의체 운영안내」.

송형철(2018). 『발달심리학』. 파주. 경기: 양성원.

양옥경 외(2018). 『사회복지실천론』. 경기: 나남.

양옥경(2022). 『사회복지 윤리와 인권』. 경기: 공동체.

양정하 외(2021). 『지역사회복지론』. 경기: 공동체.

엄태영(2021). 『지역사회복지론』. 경기: 공동체.

염일열 외(2022). 『지역사회복지론』. 서울: 동문사.

오승환 외(2022). 『지역사회복지론』. 서울: 동문사.

오정수 외(2017). 『지역사회복지론』. 서울: 학지사.

우수명 외(2023). 『지역사회복지론』. 경기: 지식터.

원석조(2023). 『사회복지발달사』. 경기: 지식터.

유동철 외(2017). 『지역사회복지론』. 경기: 양서원.

유해숙(2021). 『지역사회복지론』. 서울: 한국방송통신대학교출판문화원.

이경은 외(2022). 『지역사회복지론』. 서울: 학지사.

이경준 외(2020). 『사회복지실천론』. 서울: 동문사.

이근홍(2020). 『인간행동과 사회환경』. 경기: 공동체.

이승주(2022). 『지역사회복지론』. 서울: 신정.

이영철(2014). 『지역사회복지론』. 경기: 양서원.

이원주(2016). 『지역사회복지론』. 경기: 공동체.

이인순 외(2023). 『사회복지정책론』. 서울: 창지사.

이정우(2023). 『연금과 노후소득보장』. 서울: 학지사.

이지복 외(2022). 『지역사회복지론』. 경기: 정민사.

이평화 외(2023a). 『사회복지와 문화다양성』. 서울: 박영스토리.

이평화(2023b). 『지역사회복지론』. 서울: 박영스토리.

이평화(2023c). 『사회복지정책론』. 서울: 동문사.

장미리 외(2022). 『인간행동과 사회환경』. 서울: 박영스토리.

장미리 외(2023). 『사회복지학개론』. 서울: 박영스토리.

장혜령 외(2021). 『사회복지조사론』. 서울: 조은.

전남련 외(2013). 『지역사회복지론』. 경기: 정민사.

전해황 외(2016). 『지역사회복지론』. 경기: 양서원.

정민기 외(2023a). 『사회복지학개론』. 서울: 박영스토리.

정민기 외(2023b). 『가족복지론』. 서울: 박영스토리.

정민기 외(2023c). 『사회복지역사』. 서울: 박영스토리.

정서영 외(2017a). 『인간행동과 사회환경』. 경기: 양서원.

정서영 외(2017b). 『상담이론과 실제』. 경기: 양서원.

정선영 외(2018). 『상담심리학』. 경기: 양성원.

정성배 외(2022). 『지역사회복지론』. 서울: 창지사.

정태석 외(2023). 『사회학』. 서울: 한울.

정현태 외(2022). 『사회복지 윤리와 철학』. 경기: 지식공동체.

조성희 외(2023). 『사회복지조사론』. 서울: 창지사.

조추용 외(2023). 『지역사회복지론』. 경기: 양서원.

조학래(2019). 『사회복지실천론』. 서울: 신정.

지은구 외(2021). 『지역사회복지론』. 서울: 학지사.

최선희 외(2023). 『지역사회복지론』. 경기: 지식터.

최세영(2021). 『사회복지실천론』. 경기: 어가.

최일섭 외(2006). 『지역사회복지론』. 서울: 서울대학교출판부.

표갑수 외(2021). 『인간행동과 사회환경』. 서울: 신정.

표갑수(2008). 『지역사회복지론』. 서울: 나남.

한신애 외(2018). 『사회복지행정론』. 경기: 양성원.

현승일(2012). 『사회학』. 서울: 박영사.

홍봉수 외(2020). 『지역사회복지론』. 경기: 공동체.

홍숙자 외(2023). 『사회복지역사』. 경기: 양서원.

홍재봉(2017). 『지역사회복지론』. 경기: 양서원.

2. 외국문헌

Adams, R.(2003). *Social work and empowerment* (3rd ed.). UK: Palgrave Macmillan.

Alcock, P.(1996). *Social policy in Britain.* London: Macmillan.

Aldrich, H. E.(1971). Organizational boundaries and interorganizational conflict. *Human Relations, 24* : 279－281.

Aldrich, H. E.(1979). *Organizations and environments.* Englewood Cliffs. NJ: Prentice－Hall.

Arnstein, S. R.(1969). A ladder of citizen participation. *Journal of the American Institute of planners, 33(4)* : 216－224.

Baldock, G.(1990). *Volunteers in Welfare.* Sydney: Allen and Unwin.

Baldock, P. K.(1974). *Community Work and Social Work.* London: R. K. P.

Barber, B.(1992). Opinion polls: Public judgment or private prejudice. *The Responsive Community Vol. 2. no. 2, Spring.*

Barber, B.(1995). *Jihad versus McWorld.* New York: Times Books.

Barker, R. L.(1995). *The Social work dictionary* (3rd ed.). Washington. DC: NASW Press.

Barry, B.(1965). *Political Argument.* London: Routledge & Kegan Paul.

Blau, P.(1964, 2017). *Exchange and power in social life* (2nd Edition, Kindle Edition). New York: Wiley.

Darwin, C. R.(1859, 2022). *On the Origin of Species by Means of Natural Selection.* Independently published.

Dunham, A.(1970). *The New Community Organization.* New York: Thomas Y. Crowell Co.

Dunham, A.(1962). *Community Welfare Organization: Principles and Practice.* Thomas Y. Crowell.

Emerson, R. M.(1962). Power－Dependence Relations. *American Sociological Review, 27(1)* : 31－41.

Federico, C.(1977). *Social Welfare in Today's World.* N.Y.: McCraw－Hill College.

Fellin, P.(2000). *The Community and the Social Worker* (3rd Edition). F. E. Peacock Publishers.

Fellin, P.(2008). Understanding American Communities. In Jack Rothman et al.(Eds.), *Strategies of Community Intervention* (7th edition). Illinois: F. E. Peacock Publishers, Inc.

Gilbert, N., & Terrell, P.(2012). *Dimensions of Social Welfare Policy* (8th edition). New York: Pearson.

Grosser, C. F.(1965). Community Development Programs Serving the Urban Poor. *Social Work. Vol. 10. No. 3. July.*

Grossman, L.(1969). Program Action Issues and Action Organizing Tasks. in Ralph M. Kramer and Harry Specht(Eds.), *Readings in Community Organization Practice.* Englewood Cliffs. New Jersey: Prentice−Hall.

Hardcastle, D. A. et al.(2011). *Community Practice: Theories & Skills for Social Workers* (3rd ed.). New York: Oxford University Press.

Hardina, D.(2013). *Analytical Skills for Community Organization Practice.* New York: Columbia University Press.

Hasenfeld, Y.(1974, 1982). *Human Service Organization.* Pearson.

Hasenfeld, Y.(1992, 2018). *Human Services as Complex Organizations.* SAGE Publications.

Hasenfeld, Y.(1992a). The Nature of Human Service Organization. In Y. Hasenfeld (Ed.). *Human Service Organizations in Human Services as Complex Organizations.* Thousand Oaks. CA: SAGE.

Hasenfeld, Y.(1992b). Theoretical Approaches to Perspectives in Human Service Organizations. In Y. Hasenfeld (Ed.). *Human Services as Complex Organizations.* Thousand Oaks. CA: SAGE.

Hasenfeld, Y.(2000). Social Welfare Administration and Organizational Theory. In R. J. Patti (Ed.). *The Handbook of Social Welfare Management.* Thousand Oaks. London. New Delhi: SAGE.

Homans, G.(1950, 2013). *The Human Group* (1st Edition, Kindle Edition). Routledge.

Ife, J.(2013). *Community Development in an Uncertain World* (Revised ed. edition) Cambridge University Press.

Johns, R. E.(1951). *Community Organization and Agency Responsibility.* New York: Association Press.

Kahn, S.(1978). *How people get power.* New York: McGraw－Hill.

Kahn, S.(1991). *Organizing: A guide for grassroots leaders* (rev. ed.). Silver Spring. MD: NASW Press.

Kahn, S.(1994). *How people get power* (rev. ed.). Silver Spring. MD: NASW Press.

Kahn, S.(1995). Community organization. In *Encyclopedia of social work* (19th ed.). Washington. DC: NASW Press.

Kaminsky, L., & Walmsley, C.(1995). The advocacy brief: A guide for social workers. *The Social Workers, 63* : 53－58.

Kemp, S. P.(1995). Practice with communities. Meyer, Carol H. et Mattaini, Mark A. (sous la direction), *The Foundations of Social Work Practice.* Washington. DC: NASW Press.

Kingsley, G. T. et al.(1997). *Community building: Coming of age.* Washington DC: Development Training Institute, Inc. and the Urban Institute.

Kingsley, G. T.(1996). *Community building: Coming of age.* Urban Institute.

Kirst－Ashman, K. K., & Grafton H. Hull Jr.(2014). *Generalist Practice with Organizations and Communities* (6th edition). Brooks Cole.

Levy, C.(1973). The Value Base of Social Work. *Journal of Education for Social Work, Jan* : 34－42.

Levy, C.(1976). *Social Work and Ethics.* Human Science Press.

Lindeman, E.(1921). *The Community.* New York: Association Press.

Lippitt, R. et al.(1958). *The Dynamics of Planned Change: A Comparative Study of Principles and Techniques.* New York: Harcouit. Brace. Jovanovich.

Maguire, L.(2001). *Clinical Social Work: Beyond Generalist Practice with Individual, Group and Families* (1st Edition). engage Learning.

Mattessich, P. W. et al.(1997). *Community building: What makes it work : a review of factors influencing successful community building.* Fieldstone Alliance.

McNeil, C. F.(1954). *Community Organization for Social Welfare.* in Social Work Year Book. New York: American Association of Social Workers,

Mickelson, J. S.(1995). Advocacy. In R. L. Edwards(Ed.), *Encyclopedia of social work* (19th ed.). Washington. DC: NASW Press.

Midgley, J.(1993). Ideological roots of social development strategies. *Social development Issues, 15(1)* : 1−13.

Morris, R.(1977). Caring for vs. Caring About People. *Social Work, Sep.*: 353−359.

Morrison, K.(2006, 2012). *Marx, Durkheim, Weber: Formations of modern social thought* (2nd Edition, Kindle Edition). Sage.

Netting, F. E. et al.(2022). *Social work macro practice* (7th Edition, Kindle Edition). Pearson.

Perlman, R. et al.(1972). *Community Organization and Social Planning.* New York: John Wiley & Sons.

Popple, K.(1995, 2015). *Analysing community work: Theory And Practice* (2nd edition). Open University Press.

Popple, K.(1996). Community work: British models. *Journal of Community Practice, 3(3−4)* : 147−180.

Rimlinger, G. V.(1971). *Welfare Policy and Industrialization in Europe, America and Russia.* New York and London: John Wieley and Sons.

Ross, M. G.(1955, 1967). *Community Organization: Theory, Principles, and Practice* (2nd ed.). New York: Harper & Brothers.

Rothman, J., & Sager, J.(1998). *Case management: Integrating individual and community practice* (2nd ed.). Boston: Allyn and Bacon.

Rothman, J. (1995, 2005). Approaches to community intervention. In J. Rothman, J. L. Erlich, & J. E. Tropman (Eds.). *Strategies of community intervention.* Itasca. IL: F. E. Peacock.

Rothman, J.(2007, 2013). Multi Modes of intervention at the macro level. *Journal of community practice, 75(4)* : 11−40.

Rubin, H. J., & Rubin, I. S.(2007). *Community Organizing and Development* (4th ed.). Pearson Education.

Sanders, I. T.(1969). Professional Roles in Planned Change. in Ralph M. Kramer and Harry Specht (Eds.). *Readings in Community Organization Practice*. Englewood Cliffs. New Jersey: Prentice−Hall.

Taylor, S. H., & Roberts, W.(2013). *Theory and Practice of Community Social Work*. Raj Publication.

Thompson, D. E., & Thompson, T. A.(1982). Court standards for job analysis in test validation. *Personnel Psychology, 35* : 865−874.

Thompson, J. D.(1967, 2003). *Organizations in action: Social Science Bases of Administrative Theory*. Routledge.

Thomson, J. D.(1949). *Equality*. Cambridge: Cambridge University Press.

Tönnis, F.(1887, 2021). *Community and Society*. Mockingbird Press.

Twelvetrees, A.(2008). *Community work* (4th edition). Palgrave Macmillan.

Warren, R. L.(1963, 1987). *The Community in America* (3 edition). UPA.

Weil, M. O., & Gamble, D. N.(1995). Community Practice Models. In Edwards, Richard(Ed.). *Encyclopedia of Social Work* (19th ed.). New York: National Association of Social Workers.

Weil, M. O.(1996). Model Development in Community Practice: An Historical Perspective. *Journal of Community Practice, 3(3/4)*.

Weil, M. O.(2005, 2012). *The Handbook of Community Practice* (2nd Edition). Sage.

Wilensky, H. L. and Lebeaux, C. N.(1958, 1965). *Industrial Society and Social Welfare*. Russell Sage Foundation.

World Bank(2000). *Social Capital for Development*.

Zimmerman, J. F.(1974). The Metropolitan Area Problem. *The Annals of American Academy of Political and Social Sciences, 416(November)*.

3. 기타

보건복지부(2023a). 「2023 사회복지관 운영 안내」.

보건복지부(2023b). 「2023 지역사회보장협의체 운영 안내」.

보건복지부(홈페이지, 2023c).

사회복지공동모금회(홈페이지, 2023).

복지넷(홈페이지, 2023).

찾아보기 Index

(ㄱ)

가사서비스	346
가사원조	359
가정간호사	352
가정간호사업	352
가정봉사원 파견서비스	353
가정서비스	350
가족구조의 변화	43
가족제도	33
가치	90
가치 갈등	96
가치 상충	96
간병서비스	346
갈등주의의 관점	37
갈등주의이론	118
개인적 지역사회	27
개인주의	102
개입기술	250
객관적인 입장	227
객체(대상)	158
거주공간의 확보	349
건강보호	163
결과 우선 가치	92
결과의 모호성	97
결과평가	190
결연서비스	347
경제원조	350
경험주의	103
계획 및 개입	181

계획가	236
계획가로서의 역할	240
계획모형	207
공공의제 만들기	263
공공의제의 틀을 갖추기	262
공동목표를 강조하는 일	233
공동사회	21
공식·비공식적 인터뷰	178
공적 관계 형성	147
과정평가	189
교육기관의 역할	358
교환구조주의	132
교환주의의 관점	37
교환행동주의	131
교환형태주의	133
구성체계	157
궁극적 가치	93
권력 키우기	262
권력의존이론	125
규범적 욕구	175
그로서의 급진적 주장	242
그로스만의 행동조직가	245
그룹워크	58
그리피스 보고서	69
근로연계복지	76
근린집단사업	148
근사적 가치	93
기관배분형	311
기금 확보와 배당	148

기능별 직접서비스 161
기능적 지역사회조직모형 210
기능주의의 관점 36
기능주의이론 116
기부자 맞춤기금 307
기술상의 정보 235

(ㄴ)

나눔리더 306
나눔리더스클럽 306
나눔명문기업 307
네트워킹 257
노인인구 증가 43
느낀 욕구 175
능률성의 원칙 344

(ㄷ)

다양화 103
단기보호사업 353
단체자치 279
단체자치형 283
대안 선택 184
데이케어 353
델파이기법 180
도구적 가치 93
도덕 105
돌봄의 주체별 직접서비스 162
동원 267

(ㄹ)

로스만의 모형 197

(ㅁ)

명목집단기법 180
목욕서비스 359
문제 발견 및 분석 166
문화적 다양성 94
미국가족사회사업조직협회 73
미디어 옹호 266
민간성의 원칙 314
민관협력의 원칙 314
민속학적 방법 179
민주주의 101

(ㅂ)

박애사상 99
방문간호 358
방법에 관한 조언 235
방어 25
법적 전술 272
보건서비스 350
복지다원주의 71
복지증진서비스 348
분석가로서의 역할 238
불만을 집약하는 일 230
비교욕구 176
비판의식의 개발 95
비판적 의식의 제고 263
빈곤과의 전쟁 75

(ㅅ)

사람 우선 가치 92
사랑의 열매 304

사례관리 기능 340

사실 발견과 조사 147

사업평가의 역할 358

사회계획모형 211

사회교환이론 129

사회계획모형 202

사회보장 163

사회복지공동모금회 302

사회복지관 332

사회복지사업법 81

사회복지체계의 변화 44

사회복지협의회 312

사회운동모형 214

사회인구학적 변화 43

사회자본의 창출 263

사회적 돌봄 162

사회조사방법 178

사회지역계획모형 217

사회지표 분석방법 178

사회지표분석 181

사회진화론 100

사회치료자 역할 236

사회통제 24

사회통합 24

사회행동 269

사회행동모형 204

사회화 23

산출목표 183

상부상조 25

상호작용주의의 관점 37

상호조직이론 136

상호학습 95

새마을운동 80

생태학이론 122

서베이 181

서비스 제공의 역할 357

선행 가치 92

성과목표 184

세탁서비스 360

수단 우선 가치 92

시봄 보고서 68

시설보호, 주거보호, 재가보호 53

시설의 사회화 55

시스템 옹호 266

식사제공서비스 359

실천모형의 선택 219

(ㅇ)

아너 소사이어티 307

안내자 225

압력전술 272

여권주의적 지역사회사업모형 218

역량 있는 지역사회 29

역량건설 262

역할에 대한 설명 229

연계성의 원칙 344

연대성·공동성 49, 323

연합모형 214

예방성 48, 323

예방적 재가서비스 348

오일쇼크 76

옹호 264

옹호기술 266

옹호의 방법 266

옹호자	244
외국원조협의체	79
요부양아동부조	75
요양보호사	356
욕구사정	174
웨일과 갬블의 실천모형	209
윤리	105
윤리강령	107
의료서비스	347
의무 상충	96
의사소통	25
의식제고	262
이념	97
이상적인 지역사회	30
이익사회	21
이중관계	110
인간의 존엄성	98
인공지능	34
인구구조	31
인구대상별 직접서비스	160
인도주의	99
인보관	64
인적자원 동원 전술	268
인종차별철폐 지역사회사업 모형	218
일시보호시설	353
일차적 역할	225
임파워먼트	94, 260

(ㅈ)

자기 목소리 내기	263
자기결정	94
자기실현서비스	350

자기역할의 수용	228
자기주장	262
자립성의 원칙	345
자립지원서비스	347
자선조직협회	64, 73
자원동원이론	127
자원활용의 원칙	335
자율성의 원칙	335
재가복지봉사센터	352, 357
재가복지센터	342, 356
적극성의 원칙	344
전문가	238
전문가 역할	234
전문성의 원칙	314, 335
전문적 재가서비스	347
전술적 연결	272
정보화	34
정상화	54
정서적 서비스	346
정치 · 사회 행동 모형	213
정치적 권력강화모형	209
정치적 옹호	266
조력자	243
조력자 역할	230
조사 · 진단의 역할	357
조사기술	234
조정	257
조직가로서의 역할	241
조직화를 격려하는 일	231
조직화의 단계	255
종합성 · 전체성	49
좋은 대인관계를 육성하는 일	232

좋은 지역사회   27
주간보호사업   353
주도능력   226
주민교육서비스   347
주민욕구 중시의 원칙   314
주민자치   279
주민자치형   283
주민참가의 원칙   314
주체(기관)   157
중개자   243
중립성의 원칙   336
지리적 지역사회조직모형   210
지방분권화   287
지방의원선거   287
지방자치   278
지방자치의 구성요소   282
지방자치의 유형   283
지방화시대   44
지역배분형   311
지역보장협의체   326
지역사회   16
지역사회 개방이론   35
지역사회 만들기   51
지역사회 보존이론   35
지역사회 상실이론   35
지역사회 연대의식 고취의 역할   358
지역사회개발   148
지역사회계획   147
지역사회관심개발모형   199, 208, 217
지역사회교육모형   217
지역사회보장협의체   318
지역사회보호   52, 66

지역사회보호모형   216
지역사회복지   45, 50
지역사회복지 전달체계   293
지역사회복지실천   52, 144
지역사회복지실천모형   196
지역사회복지실천의 원칙   148
지역사회연계모형   208
지역사회와 사회문제   166
지역사회와의 동일시   228
지역사회의 구조적 변화   42
지역사회의 사회문제   159
지역사회의 사회적·경제적 개발 모형   211
지역사회자원 동원 및 활용의 역할   358
지역사회조직   51
지역사회조직모형   217
지역사회조직화   251
지역사회진단   234
지역사회집단 접근   178
지역사회체계   18
지역사회포럼 및 공청회   179
지역사회행동   148
지역사회행동모형   218
지역성   50, 321
지역성의 원칙   335
지역특성 존중의 원칙   314
진화론   122

(ㅊ)

착한가게   306
착한가정   306
착한일터   306
참여성   322

참여정부 287
책임성의 원칙 335
체계이론 120
초점집단인터뷰 180
추진회 149

(ㅋ)

케이스워크 58
코로나19 34
크라우드 펀딩 307
클라이언트체계의 다중성 97

(ㅌ)

타 조직과의 협상 272
타 지역사회에 관한 정보 235
탁노소 353
탈시설화 54
테일러와 로버츠의 모형 207
토인비 홀 64
통합성 322
통합성의 원칙 335
투명성의 원칙 336

(ㅍ)

평가 235
포플의 실천모형 216
표출된 욕구 175
프로그램 개발 및 조정 모형 207
프로그램 개발 및 지역사회연계 모형 212
프로그램 배분형 311
프로그램 운영 147

프로그램의 실천 186

(ㅎ)

한국전쟁 79
합법성의 확보 271
합작 258
항의전술 272
행동가 244
행동집단 273
행정가로서의 역할 241
헐 하우스 73
현물기부 307
협력 257
협력성 322
협상의 전개 273
홈 헬퍼 355
힘 또는 권력의 불균형 97
힘(권력) 키우기 263
힘의 결집 271

저자소개 Author Profile

이평화

서울사회복지대학원 사회복지학과 석사
서울기독대학교 일반대학원 사회복지학과 박사
참편한장수요양원 대표 / 사) 더 나눔 이사
즐거운 사회적 협동조합 이사
전) 서정대학교 호텔경영과 겸임교수
전) 세한대학교 사회복지상담학과 겸임교수
경기대학교 평생교육원 교수
서울기독대학교 평생교육원 교수
서울사회복지대학원대학교 평생교육원 교수
<저서> 지역사회복지론, 사회복지정책론, 사회복지와 문화다양성
　　　　논문 쉽게 풀어쓰는 꿀팁, 요양보호사시험에 나오는 것만 요약집

곽호경

경희대학교 경영학 학사석사
Caroline University(LA, US) 뇌인지융합(복지, 상담)전공 박사
브레인창조경영문화연구소 대표 / 대한민국신지식인 선정(2022)
서울시 교육청 평생교육지원단 / 메인콘텐츠 슘페터 디렉터(창업컨설팅)
사) 한국선진교통문화연합회 교육본부장 / KBS공공기관 NCS기반 블라인드 면접관
HNK기업인증부설연구소(ITS인증원 인재개발센터) 수석연구원
인천도시공사 마케팅분야 기술자문위원 / 한국보드게임산업협회 전문강사
서울시 자원봉사 교육강사 / 서울마포구 자원봉사센터 대표교육강사
한국치매예방본부 치매예방관리사 / 서울광역치매센터 기억친구 리더
여성가족부 성폭력·가정폭력 전문상담원
행정안전부 초미세먼지관리사 / 글로벌문화교육연구원 인구교육전문가
경희대학교 경영대학원 총동문회 동문비즈니스네트워크팀 사무총장
서울사회복지대학원대학교 교수 / 동국대 미래융합인재아카데미 진로적성상담사
<저서> 지역사회복지론, 노인복지론

김수목

한세대학교 대학원 사회복지학 박사(Ph.D)
서울사회복지대학원 대학교 사회복지학 석사
목포대학교 대학원 법학 석사
EK티처사이버대학 강사 / 배움사이버대학 강사
법무부 보호관찰위원 / 안양시 선거관리위원
대한민국신지식인(2022)
서울사회복지대학원대학교 교수
<저서> 지역사회복지론, 인간행동과 사회환경, 사회복지행정론, 사회복지조사론

김태화

인천대학교 정책대학원 사회복지학 석사
서울한영대학교 일반대학원 사회복지학과 박사
노인요양원 및 재가시설운영
인천미추홀노인인력개발센터 센터장
재능대학교 외래교수
한국열린사이버대학교 특임교수
호원대학교 외래교수
<저서> 지역사회복지론, 사회복지개론

지역사회복지론

초판발행	2024년 2월 5일
지은이	이평화 · 곽호경 · 김수목 · 김태화
펴낸이	노 현
편 집	김다혜
기획/마케팅	조정빈
표지디자인	Ben Story
제 작	고철민 · 조영환
펴낸곳	㈜ 피와이메이트
	서울특별시 금천구 가산디지털2로 53, 한라시그마밸리 210호(가산동)
	등록 2014. 2. 12. 제2018-000080호
전 화	02)733-6771
f a x	02)736-4818
e-mail	pys@pybook.co.kr
homepage	www.pybook.co.kr
ISBN	979-11-6519-437-6 93330

정 가   24,000원

박영스토리는 박영사와 함께하는 브랜드입니다.